R 데이터 구조와
알고리즘

R 데이터 구조와 알고리즘

효율적인 데이터 구조와 알고리즘으로
애플리케이션의 속도와 성능을 높이자

PKS 프라카시 · 아슈튜니 스리 크리슈나 라오 지음

김우현 옮김

[PACKT] PUBLISHING   i!i 에이콘

지은이 소개

PKS 프라카시^{PKS Prakash}

미국 위스콘신 매디슨^{Wisconsin-Madison} 대학에서 산업 및 시스템 엔지니어링으로 박사 학위를 받았다. 그리고 영국 워릭^{Warwick} 대학교에서 두 번째 공학 박사 학위를 받았다. 헬스케어, 제조업, 제약업, 전자상거래 분야 등 다양한 영역의 선두 기업에서 비즈니스와 관련된 예측 모델링, 가상 계측, 예방적인 유지보수, 근본 원인 분석, 프로세스 시뮬레이션, 사기 탐지, 조기 경보 시스템 구축 등의 업무에서 데이터 과학자로 일해 왔다. 현재 Dream11 기업에서 부사장 및 실무 책임자로 일하고 있다. Dream11은 세계에서 가장 큰 판타지인 크리켓, 축구, 카바디 게임을 제공하는 기업이다. 제조업과 헬스케어 분야에서 경영 효율성 향상을 위한 연구 및 관리, 소프트웨어 도구, 고급 알고리즘에 대한 글을 IEEE-Trans, EJOR, IJPR 같은 주요 저널에 폭넓게 기고했다. 『Evolutionary Computing in Advanced Manufacturing』에서 한 개 장을 쓴 공동 저자며, 'Intelligent Approaches to Complex Systems'를 편집했다.

아슈튜니 스리 크리슈나 라오^{Achyutuni Sri Krishna Rao}

싱가포르의 국립 대학에서 기업 비즈니스 분석(데이터 과학)으로 석사 학위를 받았다. 데이터 과학자로서 제조업, 헬스케어 및 제약업 분야에서 일했다. R의 열렬한 지지자며, 오픈소스 커뮤니티에서 활발히 활동 중이다. 프리랜서며, 기술 블로그(http://rcodeeasy.blogspot.com) 운영과 마라톤을 열정적으로 한다. 현재 선두적인 컨설팅 회사에서 데이터 과학 컨설턴트로 활동하고 있다.

감사의 말

이름을 일일이 열거할 수 없을 정도로 많은 사람들의 참여와 도움이 있었기에 이 책이 완성될 수 있었다. 그들의 공헌에 진심으로 감사드린다. 그중에서도 이 프로젝트에 참여한 팩트출판사의 직원분들에게 진심으로 감사 인사를 드리고 싶다. 이 책은 데닝 핀토(원고 편집자)와의 초기 토론에서 아이디어를 얻었으며, 특히 그에게 특별한 고마움을 전한다. 그가 없었다면 이 책은 절대로 나올 수 없었을 것이다. 또한, 이 책이 적절한 시기에 나오도록 힘써준 푸자 맵스카와 시디 차반(콘텐츠 편집자), 수니스 쉬티(기술 편집자)에게도 감사를 표한다. 이 책의 품질이 좋아지도록 피드백을 많이 해준 바히드 미잘 릴리(감수자)에게도 감사의 말을 전하고 싶다.

기술 감수자 소개

바히드 미잘 릴리 Vahid Mirjalili

소프트웨어 엔지니어/데이터 과학자로서 현재 미시건 주립대학교에서 컴퓨터 과학 박사 과정을 진행 중이다. 통합 패턴 인식과 생물 측정i-PRoBE, Integrated Pattern Recognition and Biometrics 연구소에서 대규모 데이터셋에서 얼굴 이미지의 속성 분류에 관한 연구를 한다. 게다가 파이썬 프로그래밍뿐만 아니라 데이터 분석 및 데이터베이스에 대한 컴퓨팅 개념을 가르치고 있다. 데이터 마이닝을 전공했으며, 예측 모델링과 데이터에서 인사이트를 추출하는 일에 매우 관심이 많다. 또한, 파이썬 개발자로서 오픈소스 커뮤니티에서 활발하게 활동 중이다. 데이터 과학과 컴퓨터 알고리즘의 다양한 영역에 대한 튜토리얼 만드는 것을 즐기며, 이 튜토리얼은 깃허브 저장소(http://github.com/mirjalil/DataScience)에서 확인할 수 있다.

옮긴이 소개

김우현(woosa7@daum.net)

대학생 시절 선배와 함께 창업을 한 후 20년 가까이 소프트웨어 개발자로 살아오다가 데이터 분석 분야에서 인생 후반기를 위한 새로운 길을 만들어 가고 있다. 현재 국민대학교 경영대학원에서 빅데이터 MBA 과정에 재학 중이며, 숙명여자대학교 나노/바이오 전산화학 연구센터에서 머신 러닝 연구원으로 일하고 있다.

옮긴이의 말

알고리즘과 데이터 구조를 명확히 알고 이 둘을 조화롭게 사용하면 애플리케이션의 속도와 성능을 향상시킬 수 있다. 알고리즘을 처음 대하는 사람이라도 이 책을 통해 기초적인 알고리즘 분석 기법을 이해할 수 있으며, 어떤 알고리즘의 성능이 좋고 나쁜지 판단할 수 있게 될 것이다.

그 뒤에 이어지는 링크드 리스트와 스택, 큐를 다루는 부분은 조금 어려울 수도 있지만, 개발자들이 매우 많이 사용하는 데이터 구조이기 때문에 익숙한 부분도 많을 것이다.

이 책에서 핵심적인 부분은 정렬 알고리즘, 검색과 인덱싱, 그래프 알고리즘을 다루고 있는 5장부터 8장까지라고 생각된다. 많이 사용하는 아홉 가지 정렬 알고리즘을 그림으로 알기 쉽게 보여주고 있으며, 그 동작 원리와 성능의 장단점을 자세히 설명하고 있다.

또한, 관계형 데이터베이스에서 주로 사용하는 인덱싱의 개념이 어떻게 발전해 현재까지 오게 되었는지 알 수 있다. 최근 들어 더 중요해지고 있는 그래프 데이터 구조에 대한 내용도 상당히 유용할 것이다.

각 알고리즘과 데이터 구조에 대해 이 책에서는 R 코드로 예제를 실행해 볼 수 있지만, 군이 일일이 실행해 보지 않아도 전체적인 내용을 이해하는 데 어려움은 없을 것이다. 또한, R 언어를 모르는 사람이라도 코드 이외의 부분만 읽어보면 핵심적인 내용을 충분히 배울 수 있다.

차 례

2장 알고리즘 분석   49

9장 프로그래밍과 무작위 알고리즘 277

10장 함수형 데이터 구조 297

들어가며

데이터 구조는 특정 데이터를 효율적으로 체계화하고 처리하는 방식을 나타낸다. 데이터 구조는 문제 해결에 매우 중요하며, 재사용 가능한 코드를 작성할 수 있는 완벽한 솔루션을 제공한다. 이 책은 분석 및 인텔리전스 분야에서 일하고 있는 R 사용자들이 데이터 구조에 대한 역량을 강화하는 것에 목적을 두고 있다. R은 벨 연구소(예전에는 AT&T, 지금은 루슨트 테크놀러지)에서 개발한 것으로, 통계적인 처리와 시각화를 위해 매우 잘 설계된 언어이자 개발 환경이다. 이 책은 독자들이 알고리즘의 계산 효율성과 자원 사용 관점에서 최적화된 알고리즘을 설계할 수 있게 해줄 것이다. 먼저 여러 가지 데이터 구조와 알고리즘과의 관계를 설명하고, 알고리즘 분석과 평가에 대해 논의한 후, 알고리즘을 작성하는 프로세스를 학습한다. 그리고 고전적인 데이터 구조뿐만 아니라 함수형 데이터 구조의 통합성을 이해할 수 있게 설명한다. 리스트, 스택, 큐, 딕셔너리와 같은 데이터 구조의 기초와 함께 인덱싱, 정렬, 검색까지 더 깊은 주제도 다룬다. 또한, 그래프, 동적 계획법, 무작위 알고리즘과 같은 주제도 이야기한다.

이 책의 목표는 R을 사용한 데이터 구조의 개념을 수립하는 것이다.

이 책의 구성

1장, **시작하기** R 기초 수립에 중요한 데이터 구조 관련 배경 지식과 그 중요성을 알아본다.

2장, **알고리즘 분석** 알고리즘 분석을 위한 동기 부여, 기본 표기법, 기초적인 기법에 대해 설명한다.

3장, 링크드 리스트 링크드 리스트의 기초를 세우고, 선형 링크드 리스트, 이중 링크드 리스트, 원형 링크드 리스트 등과 같은 링크드 리스트의 다양한 형태를 알아본다.

4장, 스택과 큐 배열과 링크드 리스트 기반의 스택과 큐를 소개하고 R에서 구현해 본다.

5장, 정렬 알고리즘 삽입 정렬, 버블 정렬, 선택 정렬, 셸 정렬 등 다양한 정렬 알고리즘에 대해 설명하고, 서로 다른 알고리즘을 비교해서 보여준다.

6장, 검색 옵션 탐색 벡터 및 링크드 리스트를 포함한 리스트에 대한 검색 처리에 대해 상세히 알아본다. 또한, 자기조직화 리스트와 해시 개념도 살펴본다.

7장, 인덱싱 디스크에서 파일을 구조화하고 대용량의 데이터를 체계화하는 데 핵심적인 인덱싱 개념을 설명한다. ISAM, 2-3 트리, B-트리, B+ 트리 등을 자세히 살펴본다.

8장, 그래프 그래프 데이터 구조 및 구현을 위한 기초를 정립한다. 또한, 순회, 최단 경로 문제, 최소 비용 신장 트리 알고리즘에 대해서도 알아본다.

9장, 프로그래밍과 무작위 알고리즘 정적인 데이터 구조에서 무작위 스킵 리스트와 같은 무작위 데이터 구조로 개념을 확장해 살펴본다. 또한, 프로그래밍 개념과 여러 가지 애플리케이션을 학습한다.

10장, 함수형 데이터 구조 함수형 데이터 구조와 지연된 평가에 대해 소개한다. 그리고 R에서 함수형 스택과 함수형 큐를 다룬다.

준비 사항

알고리즘 설계와 데이터 과학에 대한 탐구심과 인내심, 열정이 필요하다. 데이터 구조가 다루는 범위와 그 적용은 매우 광범위하다.

R 또는 다른 프로그래밍 언어에 잘 알고 있으면 좋다. 프로그래밍과 데이터 분석에 대한 예비 경험도 도움이 될 것이다. 애플리케이션 개발에 상당히 도움이 되는 알고리즘에 대해 고마워하는 마음도 필요하다.

이 책의 대상 독자

이 책은 데이터 구조를 효율적으로 사용하고자 하는 R 개발자를 위한 것이다. R에 대한 기본 지식을 알고 있어야 한다.

편집 규약

정보의 종류를 구분하기 위해 여러 가지 편집 규약을 사용했다. 각 사용 예와 의미는 다음과 같다.

본문에서 코드 단어는 다음과 같이 표시한다.

"install.packages() 명령을 사용해 R 콘솔에서 새로운 R 패키지를 설치하고 컴파일할 수 있게 해준다."

코드 블록은 다음과 같이 표시한다.

```
if (테스트 표현식)
{
    true일 경우 실행되는 명령문
}
```

명령행 입력이나 출력은 다음과 같이 표시한다.

```
pip3 install --upgrade pip
pip3 install jupyter
```

메뉴 혹은 대화 상자에 표시되는 단어는 다음과 같이 표시한다.

"새로운 R 노트북을 시작하려면 그림 1.7에 보이는 것처럼 오른쪽에 있는 New 탭을 클릭한 후 R kernel을 선택한다."

 경고나 중요한 노트는 박스 안에 이와 같이 표시한다.

 팁과 트릭은 박스 안에 이와 같이 표시한다.

19

독자 의견

독자로부터의 피드백은 항상 환영이다. 이 책에 대해 무엇이 좋았는지 또는 좋지 않았는지 소감을 알려주기 바란다. 독자 피드백은 독자에게 필요한 주제를 개발하는 데 매우 중요하다.

일반적인 피드백을 우리에게 보낼 때는 간단하게 feedback@packtpub.com으로 이메일을 보내면 되고, 메시지의 제목에 책 이름을 적으면 된다. 여러분이 전문 지식을 가진 주제가 있고, 책을 내거나 책을 만드는 데 기여하고 싶으면 www.packtpub.com/authors에서 저자 가이드를 참조하기 바란다.

고객 지원

팩트출판사의 구매자가 된 독자에게 도움이 되는 몇 가지를 제공하고자 한다.

예제 코드 다운로드

이 책에 사용된 예제 코드는 http://www.packtpub.com의 계정을 통해 다운로드할 수 있다. 다른 곳에서 구매한 경우에는 http://www.packtpub.com/support를 방문해 등록하면 파일을 이메일로 직접 받을 수 있다. 또한 에이콘출판사의 도서정보 페이지인 http://www.acornpub.co.kr/book/R-structures-algorithms에서도 예제 코드를 다운로드할 수 있다.

다음 과정을 통해 예제 코드를 다운로드할 수 있다.

1. 웹사이트에 이메일 주소와 패스워드를 사용해서 로그인 또는 가입한다.
2. 위쪽의 SUPPORT 탭을 선택한다.
3. Code Downloads & Errata를 클릭한다.
4. Search 부분에 책의 제목을 입력한다.
5. 원하는 책을 선택한다.

6. 책을 구매한 곳을 드롭다운 메뉴에서 선택한다.

7. Code Download를 클릭한다.

파일을 다운로드 받은 후 다음 프로그램의 최신 버전으로 압축을 해제하면 된다.

- 윈도우: WinRAR / 7-Zip

- 맥 OS: Zipeg / iZip / UnRarX

- 리눅스: 7-Zip / PeaZip for

이 책의 코드는 깃허브의 다음 저장소에서도 다운로드할 수 있다.

https://github.com/PacktPublishing/R-Data-Structures-and-Algorithms

그 외의 다양한 책과 비디오의 코드도 https://github.com/PacktPublishing/에서 얻을 수 있다.

컬러 이미지 다운로드

이 책에서 사용된 스크린샷과 다이어그램의 컬러 이미지를 PDF 파일로 제공한다. 컬러 이미지는 결과물의 변화를 이해하는 데 도움이 될 것이다. https://www.packtpub.com/sites/default/files/downloads/RDataStructuresandAlgorithms_ColorImages.pdf에서 PDF 파일을 다운로드할수 있다. 또한 에이콘출판사의 도서정보 페이지인 http://www.acornpub.co.kr/book/R-structures-algorithms에서도 컬러 이미지를 다운로드할 수 있다.

오탈자

내용을 정확하게 전달하기 위해 최선을 다했지만, 실수가 있을 수 있다. 팩트출판사의 책에서 코드나 텍스트상의 문제를 발견해서 알려준다면 매우 감사하게 생각할 것이다. 그런 참여를 통해 다른 독자에게 도움을 주고, 다음 버전에서 책을 더 완성도 있게 만들 수 있다. 오자를 발견한다면 http://www.packtpub.com/support를 방문해 이 책을 선택하고, 정오표 제출 양식을 통해 오류 정보를 알려주기 바란다. 보내준 내용이 확인되면 웹사이트에 그 내용이 올라가거나, 해당 서적의 정오표 섹션에 그 내용이 추가될 것이다. http://www.packtpub.com/support에서 해당 타이틀을 선택하면 지금까지의 정오표를 확인할 수 있다. 한국어판은 에이콘출판사 도서정보 페이지 http://www.acornpub.co.kr/book/R-structures-algorithms에서 찾아볼 수 있다.

저작권 침해

저작권 침해는 모든 인터넷 매체에서 벌어지고 있는 심각한 문제다. 팩트출판사에서는 저작권과 라이선스 문제를 아주 심각하게 인식하고 있다. 어떤 형태로든 팩트출판사 서적의 불법 복제물을 인터넷에서 발견했다면 적절한 조치를 취할 수 있게 해당 주소나 사이트 명을 즉시 알려주길 부탁한다. 의심되는 불법 복제물의 링크를 copyright@packtpub.com으로 보내주기 바란다. 저자와 더 좋은 책을 위한 팩트출판사의 노력을 배려하는 마음에 깊은 감사의 뜻을 전한다.

질문

이 책에 관련된 질문이 있다면 questions@packtpub.com을 통해 문의하기 바란다. 최선을 다해 질문에 답해 드리겠다. 한국어판에 관한 질문은 이 책의 옮긴이나 에이콘출판사 편집 팀(editor@acornpub.co.kr)으로 문의해주기 바란다.

1
시작하기

빠르고 효율적인 정보 검색은 대다수 컴퓨터 프로그램의 일차적인 목적이다. 데이터 구조와 알고리즘은 데이터를 더 빠르게 처리하고 검색하려는 목적을 이루는 데 도움이 된다. 데이터로부터 추론될 수 있는 다음과 같은 질문에 대답할 때 정보 검색은 알고리즘과 쉽게 통합될 수 있다.

- 매출은 시간이 지남에 따라 어떻게 증가하는가?
- 고객의 방문 시간 분포는 어떤가?
- 오후 3시에서 6시 사이에 방문한 모든 고객 중에서 아시아인 대비 중국인은 얼마나 많이 구매하는가?
- 모든 방문 고객 중에서 같은 도시에서 온 사람은 얼마나 되는가?

이 질문들에 대한 데이터를 처리하는 데 있어서, 특히 빅데이터 상황이라면 데이터 구조와 알고리즘은 데이터 검색을 수행하는 데 아주 중요한 역할을 한다. 이 책에서는 정보 처리에 일반적으로 사용되는 리스트, 큐, 스택과 같은 기본적인 데이터 구조와 그에 대립되는 다른 데이터 구조에 대해 설명할 것이다. 또한, 정의된 데이터 구조의 검색 및 처리 성능에 대한 데이터 구조 및 알고리즘 평가 방법에 대해서도 알아볼 것이다.

알고리즘은 복잡성과 효율성에 기반해 평가된다. 복잡성은 알고리즘 설계가 프로그래밍과 디버깅하기 쉽게 돼 있는지를 나타내고, 효율성은 알고리즘이 컴퓨터의 자원을 최적으로 사용하는지를 말해준다. 이 책은 데이터 구조를 사용하는 알고리즘의 효율성 부분에 초점을 맞출 것이며, 1장에서는 데이터를 추출해내기 위해 사용되는 데이터 구조와 알고리즘의 중요성에 대해 이야기할 것이다.

데이터 구조 소개

집적회로[IC]는 발명된 이후로 평방 인치당 트랜지스터의 수가 매년 두 배씩 증가한다는, 1965년에 발표된 무어의 법칙에 따라 컴퓨터의 계산 능력은 향상되고 있다. 1975년 그는 포화 상태로 인해 매년이 아닌 2년마다 두 배가 된다고 예측을 수정했다.

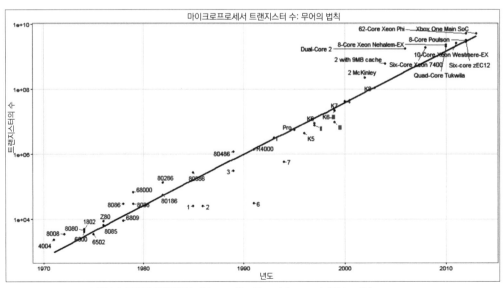

▲ 그림 1.1 무어의 법칙(참조: data credit – Transistor count, Wikipedia)

컴퓨팅 능력이 계속 향상되고 있음에도 불구하고, 문제의 복잡성과 데이터 소스도 지난 10여 년간 기하급수적으로 증가하면서 효율적인 알고리즘의 필요성도 더 강조되고 있다.

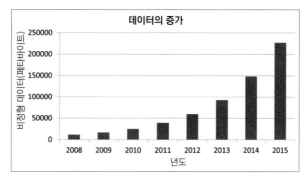

▲ 그림 1.2 비정형 데이터 크기의 증가(참조: Enterprise strategy group 2010)

2008년에서 2015년 사이에 일어난 데이터의 폭발은 정형, 반정형, 비정형 등 모든 종류의 데이터셋을 사용해 통찰력을 끌어내기 위해 많은 노력을 기울이는 데이터 과학이라는 새로운 분야로 이끌었다. 그러므로 대규모의 데이터를 효율적으로 다루기 위해서는 데이터셋을 효율적으로 저장하고 검색하는 것이 매우 중요하다. 예를 들어 사전에서 한 단어를 찾을 때 만약 데이터가 무작위로 구성돼 있다면 많은 시간이 걸릴 것이다. 그래서 정렬된 리스트 데이터 구조는 단어의 빠른 검색을 보증한다. 또한, 입력 위치를 기반으로 도시에서 최적의 이동 경로를 찾는 것은 도로 연결망, 위치 정보, 지오메트리 형태로 저장된 데이터를 필요로 한다. 이상적으로 문자, 정수, 부동소수 등과 같은 기존의 내장 데이터 타입으로 저장된 변수도 스칼라 유형의 데이터 구조라고 할 수 있다. 그러나 공식적으로 데이터 구조는 컴퓨터에서 연관된 정보를 조직화해 효율적으로 사용할 수 있는 하나의 스킴^{scheme}으로 정의된다.

알고리즘의 경우 충분한 공간과 시간이 주어진다면 관심 있는 질문에 대답하기 위해 어떤 데이터셋이라도 저장하고 처리할 수 있다. 하지만 정확한 데이터 구조를 선택하는 것은 컴퓨터의 메모리와 자원을 절약하는 데 상당한 도움이 된다. 예를 들어 매일 방문하는 고객의 수를 정수형 데이터 타입이 아닌 부동소수형 데이터 타입으로 설정한다면 두 배의 메모리를 필요로 하게 된다. 하지만 현실세계에서 컴퓨터의 자원과 공간은 항상 제한돼 있다. 그러므로 주어진 자원과 시간 안에서 원하는 목표를 이룰 수 있다면 효과적인 솔루션이라고 할 수 있다. 이것은 알고리즘을 설계하는 동안 서로 다른 데이터 구조들 간의 성능을 비교하는 비용함수로 사용할 수 있다. 데이터 구조를 선택할 때 고려해야 할 두 가지 주요한 제약은 다음과 같다.

- 선택한 데이터 구조에서 지원해야 하는 항목 추가, 항목 삭제, 검색과 같은 기본적인 작업을 결정하기 위해 문제를 분석한다.
- 각 작업에 대한 자원 제약사항을 평가한다.

데이터 구조는 문제 상황에 따라 선택된다. 예를 들어 전체 데이터가 초기에 로드되고, 데이터에 대한 변경이나 추가가 없으면 비슷한 데이터 구조가 요구된다. 하지만 위 상황에서 데이터 구조에 삭제 작업이 포함된다면 데이터 구조 구현은 좀더 복잡해질 것이다.

 코드를 다운로드하는 자세한 방법은 이 책의 서문에 있으니 꼭 확인하기 바란다. 이 책을 위한 코드는 깃허브의 주소는 https://github.com/PacktPublishing/R-Data-Structures-and-Algorithms다. 또한, 출판사의 다양한 책들과 비디오의 소스 코드는 https://github.com/PacktPublishing/에서 확인 가능하다.

추상 데이터 타입과 데이터 구조

추상 데이터 타입ADT, Abstract Data Type은 데이터 구조에 대한 기능과 처리를 고수준에서 정의할 때 사용되며, 데이터 구조를 상세하게 구현하기 전에 확인해야 한다. 예를 들어 링크드 리스트를 구현하기 전에 정의된 링크드 리스트에서 다음 중 수행하려는 작업이 무엇인지 아는 것이 좋을 것이다.

- 링크드 리스트에 항목을 추가할 수 있어야 한다.

- 링크드 리스트로부터 항목을 삭제할 수 있어야 한다.

- 링크드 리스트에서 항목을 검색할 수 있어야 한다.

- 링크드 리스트가 비어 있는지 아닌지 확인할 수 있어야 한나.

정의된 추상 데이터 타입은 전략을 수립하기 위해 필요하다. 이 책에서는 여러 가지 데이터 구조에 대한 추상 데이터 타입을 더 자세하게 알아볼 것이다. 추상 데이터 타입의 정의를 말하기 전에, 데이터 구조를 위한 생태계를 구성하는 데이터 타입과 그 특성에 대해 먼저 이해하는 것은 매우 중요하다.

데이터 타입은 불리언^{boolean}, 정수^{integer}, 부동소수^{float}, 문자열^{string} 등과 같이 데이터의 다양한 유형을 분류하는 방법이다. 데이터셋을 효율적으로 분류하기 위해서 모든 데이터 타입은 다음과 같은 특성을 가져야 한다.

- **원자성**^{atomic} : 하나의 단위 개념으로 정의될 수 있어야 한다.

- **추적 가능성**^{traceable} : 같은 데이터 타입으로 묶을 수 있어야 한다.

- **정확성**^{accurate} : 모호하지 않아야 한다.

- **명확성**^{clear}**과 간결성**^{concise} : 이해 가능해야 한다.

데이터 타입은 다음과 같이 두 가지로 나눌 수도 있다.

- 내장$^{Built-in}$ 데이터 타입
- 파생^{Derived} 데이터 타입

한 언어에 내장돼 지원되는 데이터 타입을 내장 데이터 타입이라고 한다. R은 다음과 같은 데이터 타입을 지원한다.

- 정수형^{Integers}
- 부동소수형^{Float}
- 불리언^{Boolean}
- 문자열^{Character}

내장 데이터 타입과 통합돼 추가, 삭제, 정렬, 병합 등과 같은 연관된 작업을 처리하기 위해 다음과 같은 파생 데이터 타입이 있다.

- 리스트^{List}
- 배열^{Array}
- 스택^{Stack}
- 큐^{Queue}

파생 데이터 타입 또는 데이터 구조는 두 가지 부분에서 연구된다.

- 추상 데이터 타입 또는 수학/논리 모델
- 프로그램 구현

추상 데이터 타입은 소프트웨어에서 데이터 타입의 실현이다. 우리는 일반적으로 데이터 구조에 대해 사용자가 사용하는 고수준의 기능이나 작업에 관심을 갖지만, 내부적으로 이 기능들이 어떻게 동작하는지에 대해서는 모른다. 예를 들어 한 사용자가 금융 소프트웨어에서 검색 기능을 사용해 스미스 씨의 거래 이력을 검색한다고 하자. 사용자는 이 작업이 동작하는 방법 또는 데이터 구조의 자세한 구현에 대해서는 전혀 알지 못한다. 그러므로 추상 데이터 타입의 동작은 오직 입력과 출력에 의해서만 관리된다.

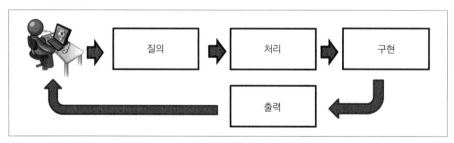

▲ 그림 1.3 추상 데이터 타입 프레임워크

추상 데이터 타입은 데이터 타입이 어떻게 구현되는지 알 수 없다. 사용자에게 숨겨지고 외부의 접근으로부터 보호되기 때문인데, 이것이 캡슐화의 개념이다. 데이터 구조는 추상 데이터 타입이 프로그래밍 언어에 의해 구현되는 부분이다. 추상 데이터 타입은 그림 1.4에 보이는 것처럼 여러 가지 구현 전략에 의해 달성될 수 있다.

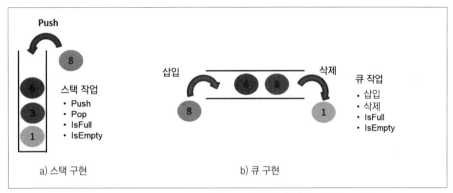

▲ 그림 1.4 정수형 데이터 타입으로 된 배열을 사용한 스택과 큐 구현

추상 데이터 타입에서 제공되는 추상화는 프로그래밍의 복잡성을 관리하는 데 도움이 된다. 추상 데이터 타입은 구현에 필요한 형식과 작업을 결정하기 때문에 논리 형식이라고 한다. 추상 데이터 타입은 특정 형식의 데이터 구조를 사용해 구현된다. 추상 데이터 타입을 구현하기 위해 사용한 데이터 구조는 데이터 타입의 물리적인 형식이다.

문제와 알고리즘과의 관계

문제는 수행돼야 할 작업으로 정의할 수 있다. 수행할 작업의 실행은 일차적으로 두 요소로 나눌 수 있다.

- 데이터
- 알고리즘

그러나 문제의 제약사항, 자원 제약사항, 허용된 시간 등 개발에 영향을 줄 수 있는 다른 관리 요인이 있을 수도 있다.

문제의 데이터 요소는 숫자, 텍스트, 파일과 같이 우리가 다루어야 할 정보를 나타낸다. 예를 들어 회사의 직원 정보를 관리하길 원한다고 가정하면 거기에는 직원 이름 및 그와 관계된 자세한 항목들이 포함된다. 이 데이터는 정기적으로 관리되고 업데이트돼야 한다.

문제의 알고리즘 부분은 상세한 구현을 나타낸다. 여기에는 현재의 데이터를 어떻게 관리할 것인가 하는 문제가 수반된다. 데이터와 문제의 요구 사항에 따라 데이터 구조를 선택한다. 그리고 데이터 구조에 따라 데이터셋을 관리하기 위한 알고리즘을 정의해야 한다. 예를 들어 회사의 직원 데이터셋을 링크드 리스트 또는 딕셔너리에 저장할 수 있다. 데이터를 저장하기 위해 정의된 데이터 구조를 기반으로 검색, 추가, 삭제가 이루어지며, 데이터 구조상에 수행되는 작업들은 알고리즘에 의해 제어되고 프로그램으로서 구현된다. 그러므로 프로그램은 어떤 작업을 하기 위해 컴퓨터에 주어지는 단계적인 명령이라고 할 수 있다.

$$프로그램 = f(알고리즘, 데이터 구조)$$

정리하면 프로그램은 모든 문제와 자원 제약사항을 고려해 선택된 알고리즘을 사용해 정의된 문제를 해결하기 위한 단계적인 명령들의 그룹이다. 이 책에서는 여러 가지 데이터 구조와 알고리즘의 구현을 시연하기 위해 R을 사용할 것이다.

R 기초

R은 로스 이하카$^{Ross\ Ihaka}$와 로버트 젠틀맨$^{Robert\ Gentleman}$에 의해 설계되고 만들어진 통계 프로그래밍 언어이다. 이것은 AT&T의 벨 연구소에서 만든 S 언어에서 파생돼 나왔다. 통계 분석뿐만 아니라, R은 강력한 시각화 기능을 지원한다. R은 오픈소스며, 일반 공중 라이선스^{GPL} 하에서 자유롭게 배포 가능하다.

Comprehensive R Archive Network(이하 CRAN)이라는 저장소에는 다양한 분석에 사용되는 8,400개 이상의 패키지가 있으며, 무료로 설치 및 사용할 수 있다.

R은 인터프리터 기반의 직관적인 문법을 사용하는 고수준의 언어이다. R은 시스템 또는 서버의 메모리에서 실행되며, 실행 환경 내의 모든 파일, 함수, 파생된 결과들은 모두 객체로 저장된다. R이 실행되는 아키텍처는 그림 1.5에서 볼 수 있다.

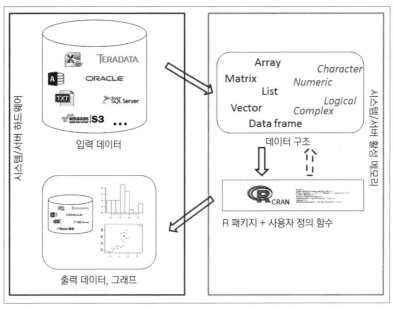

▲ 그림 1.5 로컬/서버 모드에서 R의 아키텍처

R 설치

R은 윈도우, 맥 OS X, 리눅스 등 모든 OS에 설치된다. 최신 버전의 설치 파일은 CRAN(https://cran.r-project.org) 및 여러 미러 사이트에서 다운로드할 수 있다. 또한, 32비트와 64비트 아키텍처를 모두 지원한다.

r-base-dev는 많은 내장 함수들을 가지고 있기 때문에 설치를 권장한다. 또한, 이는 install.packages() 명령을 사용해 R 콘솔에서 직접 새로운 R 패키지를 설치하고 컴파일할 수 있게 해준다.

설치 후에 R은 프로그램 파일, 바탕 화면 단축 아이콘, 또는 명령어 입력창 등을 통해 호출할 수 있다. 기본 설정 상태에서 R 콘솔은 다음과 같이 보인다.

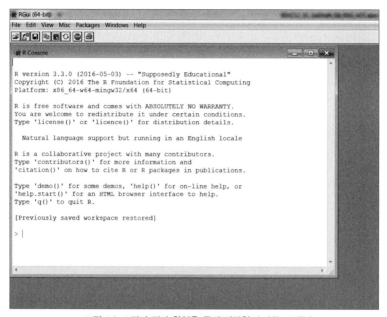

▲ 그림 1.6 코딩과 결과 확인을 즉시 시작할 수 있는 R 콘솔

R은 주피터 노트북Jupyter Notebook 안에서 커널로 사용될 수 있다. 주피터 노트북은 문서 작성, 코드 작성과 결과 확인을 통합적으로 할 수 있게 해주는 웹 기반 애플리케이션이다. 명령창에서 pip 명령을 사용해 주피터 노트북을 설치할 수 있다.

```
pip3 install --upgrade pip
pip3 install jupyter
```

셸 또는 명령창을 열고 다음 명령을 실행하면 브라우저에 주피터 노트북 인터페이스가 시작된다.

```
jupyter notebook
```

R 노트북을 시작하려면, 오른쪽의 New 탭을 클릭하고, 그림 1.7에 보이는 것처럼 R 커널을 선택한다. R 커널은 파이썬처럼 주피터 노트북의 기본 사양이 아니다.

파이썬과 주피터 설치할 때 권장되는 아나콘다^{Anaconda} 배포판은 https://www.
continuum.io/downloads에서 다운로드할 수 있다. R essentials는 아나콘다 설
치 후에 다음 명령을 통해 설치할 수 있다.

```
conda install -c r r-essentials
```

▲ 그림 1.7 R 노트북 생성을 위한 주피터 노트북

노트북이 생성되면 각 셀에서 코드 작성을 시작할 수 있다. R은 공식적인 컴파일
을 필요로 하지 않고 런타임에 코드를 실행하기 때문에 코딩을 하면 바로 결과를
확인할 수 있다. 콘솔 화면은 Windows 탭 아래의 몇 가지 옵션을 사용해 조정할 수
있다. 하지만 R을 위한 강력하고 생산적인 사용자 인터페이스를 제공하는 통합개
발환경^{IDE, Integrated Development Environment}을 사용할 것을 강력히 권한다. 널리 사용
되는 통합개발환경 중 하나로 무료이며 오픈소스인 RStudio가 있다. 자체 서버인
RStudio Server Pro도 제공된다. Rstudio의 인터페이스는 다음에 보이는 스크린
샷과 같다.

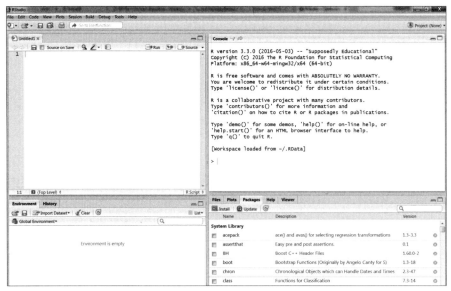

▲ 그림 1.8 R을 위해 널리 사용되는 통합개발환경, RStudio

R의 기본 데이터 구조

R은 다양한 데이터 구조를 지원하며, 표 1.1과 같이 차원과 각 요소의 타입(동질성 또는 이질성)에 따라 분류할 수 있다.

	동질성	이질성
1 차원	벡터	리스트*
2 차원	매트릭스	데이터 프레임
n 차원	배열	

* 리스트는 복합적인 용도로 인해 n차원으로 변환될 수 있다.

▲ 표 1.1 R의 기본 데이터 구조

동질성 데이터 구조는 모두 같은 타입의 콘텐츠로 구성되며, 이질성 데이터 구조는 다양한 타입의 콘텐츠를 가질 수 있다. 데이터 테이블 등의 다른 모든 데이터 구조는 기본 데이터 구조에서 파생될 수 있다. 데이터 타입과 특성에 대해서는 3장에서 자세히 다룰 것이다.

R의 연산자

R에서 연산자^{operator} 문법은 다른 프로그래밍 언어와 매우 비슷하다. 다음은 연산자의 목록과 그에 대한 설명이다.

다음 표는 다양한 산술 연산자이다.

연산자	설명
+	더하기
−	빼기
*	곱하기
/	나누기
** 또는 ^	제곱
%%	나눈 나머지
%/%	나눈 정수의 몫

▲ 표 1.2 R의 기본 산술 연산자

다음 표는 다양한 논리 연산자이다.

연산자	설명
==	정확히 같다.
〈	~보다 작다.
〉	~보다 크다.
〈=	~보다 작거나 같다.
〉=	~보다 크거나 같다.

▲ 표 1.3 R의 기본 논리 연산자

R에서 실행해볼 수 있는 다음 예제를 살펴보자. 우선 V라는 벡터를 할당한 후 이 벡터에 더하기, 빼기, 제곱근, 로그와 같은 연산을 수행했다. 어떤 연산이든 벡터는 각각의 요소에 적용된다.

```
> V <- c(1,2,3,4,5,6) # 벡터 V를 할당한다.
> V
[1] 1 2 3 4 5 6
> V+10   # 벡터 V의 각 요소에 10을 더한다.
[1] 11 12 13 14 15 16
> V-1  # 벡터 V의 각 요소에서 1을 뺀다.
[1] 0 1 2 3 4 5
> sqrt(V)   # 벡터 V의 각 요소에 제곱근 연산을 수행한다.
[1] 1.000000 1.414214 1.732051 2.000000 2.236068 2.449490
> V1 <- log(V)   # 벡터 V에 로그 변환을 한 후 V1에 저장한다.
> V1
[1] 0.0000000 0.6931472 1.0986123 1.3862944 1.6094379 1.7917595
```

R의 제어문

루프loop와 조건식 같은 제어문은 모든 프로그래밍 언어의 필수적인 부분이며, R은
아주 직관적인 문법으로 제어문을 지원한다.

If 조건문

if 조건문의 문법은 다음과 같다.

```
if (테스트 표현식) {
    조건이 true일 경우 실행할 명령문
}
```

테스트 표현식이 true이면 명령문을 실행한다. 표현식이 false이면 아무 일도 일
어나지 않는다.

다음 예제는 벡터 x를 정의한 후, x가 5보다 크거나 작은지 확인하기 위해 두 개의
조건문으로 분리해 넘겼다. 두 조건 중 하나라도 만족되면 x값은 콘솔에서 해당
if 문의 바로 다음 줄에 출력된다.

```
> x <- 10
> if (x < 5) print(x)
> if (x > 5) print(x)
[1] 10
```

If...else 조건문

if ... else 조건문의 문법의 다음과 같다.

```
if (테스트 표현식) {
    true일 경우 실행되는 명령문
} else {
    false일 경우 실행되는 명령문
}
```

이 시나리오는 테스트 표현식이 true이면 if 조건 아래에 있는 명령문이 실행되고, 그렇지 않으면 else 문 아래의 명령문이 실행된다. 다음 예제에서 10을 가진 벡터 x를 정의한다. 그런 다음 x를 2로 나누었을 때 그 나머지로 1을 반환하는지 (R은 1을 불리언 값 true으로 읽는다) 확인한다. True이면 x값과 함께 홀수라고 출력하며, 그렇지 않으면 짝수라고 출력한다.[1]

```
> x=10
> if (x %% 2)
+ {
+   print(paste0(x, " :홀수"))
+ } else {
+   print(paste0(x, " :짝수"))
+ }
[1] "10 :짝수"
```

Ifelse 함수

ifelse() 함수는 일차적으로 벡터에 사용하는 조건문이며, if...else 조건문과 같은 형식이다. 이 조건부 함수는 벡터의 각 요소에 개별적으로 적용된다. 따라서 이 함수의 입력값도 벡터이고, 출력값도 역시 벡터이다. ifelse() 함수의 문법은 다음과 같다.

ifelse (테스트 표현식, true일 경우 실행할 명령문, false일 경우 실행할 명령문)

---

1 RStudio에서 한글을 사용할 경우에는 텍스트 인코딩을 UTF-8로 설정한 후 사용할 것을 권장한다. - 옮긴이

이 함수의 첫 번째 인수는 테스트 표현식이며, 반드시 논리적인 결과를 반환해야 한다. 조건이 true이면 바로 다음의 명령문을 실행하며, 그렇지 않으면 마지막의 명령문을 실행한다.

다음 예제에서는 벡터 x에 1부터 6까지 정수 값을 할당한다. 벡터 x의 각 요소에 조건을 적용해 각 요소가 홀수인지 짝수인지 확인한다.

```
> x <- 1:6
> ifelse(x %% 2, paste0(x, " :홀수"), paste0(x, " :짝수"))
[1] "1 :홀수" "2 :짝수" "3 :홀수"
[4] "4 :짝수" "5 :홀수" "6 :짝수"
```

for 루프

for 루프는 기본적으로 연속된 값들로 이루어진 벡터에 대해 명령문을 반복할 때 사용된다. 벡터는 숫자, 문자, 불리언 또는 복합형 등 어떤 타입이라도 가능하다. 반복할 때마다 명령문이 수행된다. for 루프의 문법은 다음과 같다.

```
for(x in 연속형 벡터) {
    반복 수행될 명령문
}
```

루프는 벡터 안에 있는 모든 요소가 모두 소모될 때까지 계속된다.

다음은 for 루프의 예제이다. 벡터 x에 값을 할당하고, for 루프를 통해 x의 각 요소를 콘솔에 출력한다.

```
> x <- c("John", "Mary", "Paul", "Victoria")
> for (i in seq(x)) {
+   print(x[i])
+ }
[1] "John"
[1] "Mary"
[1] "Paul"
[1] "Victoria"
```

중첩 for 루프

중첩 for 루프^{nested for loop}는 다음에 보이는 것처럼 for 루프 안에 또 다른 for 루프를 정의한 것이다.

```
for(x in 연속형 벡터)
{
    반복 수행될 첫 번째 명령문
    for(y in 연속형 벡터)
    {
        반복 수행될 두 번째 명령문
        .........
    }
}
```

중첩 for 루프에서, 이전 for 루프의 연속형 벡터를 기반으로 가능한 모든 횟수만큼 후속 for 루프가 반복 수행된다. 이것은 3×3 매트릭스를 mat에 정의하는 다음 예제를 통해 설명할 수 있다. 최종 목표는 연속된 더하기 연산을 통해 매트릭스 안에 있는 모든 값의 총합을 구하는 것이다. 첫 번째로 sum을 0으로 초기화한다. sum 변수는 순차적으로 매트릭스 내의 모든 요소와 자신을 더한 값으로 업데이트된다. 매트릭스의 각 행의 모든 열의 값을 sum에 더하는 연산 순서로 중첩 for 루프를 정의했다.

```
> mat <- matrix(1:9, ncol = 3)
> sum <- 0
> for (i in seq(nrow(mat)))
+ {
+   for (j in seq(ncol(mat)))
+   {
+     sum <- sum + mat[i, j]
+     print(sum)
+   }
+ }
[1] 1
[1] 5
[1] 12
[1] 14
[1] 19
```

```
[1] 27
[1] 30
[1] 36
[1] 45
```

While 루프

R에서 while 루프는 특정 조건이 만족된다면 계속 반복하는 루프이다. 그 문법은
다음과 같다.

```
while (테스트 표현식)
{
    조건이 true일 경우 수행할 명령문 (반복적 수행)
}
```

예제를 통해 while 루프를 자세히 알아보자. 객체 i를 1로 초기화한다. 매 반복마
다 만족돼야 할 테스트 표현식은 i < 10이다. 처음에 i = 1이므로 조건이 true가
돼 while 루프 안의 명령문이 수행된다. 명령문에 의하면 i는 콘솔에 출력되고 그
다음에 1을 증가시킨다. 이제 i는 2가 되었고, 다시 한 번 테스트 표현식의 조건이
true인지 false인지 확인한다. 그 결과가 true라면 명령문이 수행된다. 루프는
조건이 false가 될 때까지, 이 경우에는 i가 10이 될 때까지 반복된다. 여기서 i가
증가되는 부분은 매우 중요하며, 이것이 없으면 루프가 무한 반복될 수 있다.

```
> i <- 1
> while (i < 10)
+ {
+   print(i)
+   i <- i + 1
+ }
[1] 1
[1] 2
[1] 3
[1] 4
[1] 5
[1] 6
[1] 7
[1] 8
[1] 9
```

루프 내에서 사용하는 특수한 명령문

R에서는 break 또는 next 명령으로 루프를 변경할 수 있다. 이것은 명령 수행에 요구되는 다른 조건들을 루프 내에 추가하는 데 도움이 된다.

break 명령

break 명령문의 문법은 그냥 break이다. break는 남은 반복을 멈추고 루프를 종료할 때 사용된다. break 명령이 중첩 루프에서 사용될 경우 break가 언급된 가장 안쪽 루프는 종료되지만 그 바깥쪽 루프에는 영향을 미치지 않는다.

다음은 i가 8이 되면 루프가 종료되는 예제이다.

```
> for (i in 1:30)
+ {
+   if (i < 8)
+   {
+     print(paste0("현재값은 ",i))
+   } else {
+     print(paste0("현재값은 ",i," 루프 종료"))
+     break
+   }
+ }
[1] "현재값은 1"
[1] "현재값은 2"
[1] "현재값은 3"
[1] "현재값은 4"
[1] "현재값은 5"
[1] "현재값은 6"
[1] "현재값은 7"
[1] "현재값은 8 루프 종료"
```

next 명령

next 명령문의 문법도 그냥 next이다. next 명령은 조건에 기반해 루프 내의 중간 과정을 반복하지 않고 넘길 때 사용된다. next 명령에 대한 조건이 만족되면 루프 내에서 그 아래의 모든 작업을 수행하지 않고 다음 순번의 반복을 시작한다.

다음은 2로 나누어서 나머지가 1인 조건을 만족하는 홀수인 경우만 출력하는 예제이다.

```
> for (i in 1:10)
+ {
+   if (i %% 2)
+   {
+     print(paste0(i, " : 홀수"))
+   } else {
+     next
+   }
+ }
[1] "1 : 홀수 "
[1] "3 : 홀수 "
[1] "5 : 홀수 "
[1] "7 : 홀수 "
[1] "9 : 홀수 "
```

반복 루프

반복 루프repeat loop는 어떤 조건(테스트 표현식)이 없이 수없이 반복되는 무한 루프의 일종이다. 그래서 사용자는 break 명령문을 사용해 루프가 종료되도록 반드시 종료 조건을 명확하게 언급해 주어야만 한다. 반복 루프의 문법은 다음과 같다.

```
repeat {
    break 명령과 명확한 종료 조건을 가지고 있는 반복할 명령문
}
```

다음 예제는 i를 1로 초기화한다. 그다음, 한 번의 for 루프 반복마다 i를 세 제곱한 값을 cube 객체에 넣고 729보다 큰지 아닌지 조건을 검증한다. 동시에 i를 1만큼 증가시킨다. 조건이 만족되면 break 명령을 통해 for 루프가 종료된다.

```
> i <- 1
> repeat
+ {
+   cube <- i ** 3
+   i <- i + 1
+   if (cube < 729)
```

42

```
+    {
+        print(paste0(cube, " : 729보다 작다. 루프에 머무른다."))
+    } else {
+        print(paste0(cube, " : 729보다 크거나 같다. 루프에서 나온다."))
+        break
+    }
+ }
[1] "1 : 729보다 작다. 루프에 머무른다."
[1] "8 : 729보다 작다. 루프에 머무른다."
[1] "27 : 729보다 작다. 루프에 머무른다."
[1] "64 : 729보다 작다. 루프에 머무른다."
[1] "125 : 729보다 작다. 루프에 머무른다."
[1] "216 : 729보다 작다. 루프에 머무른다."
[1] "343 : 729보다 작다. 루프에 머무른다."
[1] "512 : 729보다 작다. 루프에 머무른다."
[1] "729 : 729보다 크거나 같다. 루프에서 나온다. "
```

R의 1등급 함수

R은 그 핵심이 기본적으로 함수형 언어이다. R에서 함수는 데이터 타입처럼 취급되며, 1등 시민으로 여겨진다. 다음 예제는 R이 모든 것을 함수 호출로 생각한다는 것을 잘 보여준다. 여기서 + 연산자 자체도 하나의 함수이다.

```
> 10+20
[1] 30
> "+"(10,20)
[1] 30
```

다음은 ^ 연산자도 함수임을 보여준다.

```
> 4^2
[1] 16
> "^"(4,2)
[1] 16
```

자, 이제 R 프로그래머에겐 매우 중요하고 또 널리 사용되는 함수라는 개념에 뛰어들어 보자.

벡터화된 함수는 프로그래머가 주어진 벡터의 각 개별 요소 수준에서 함수를 실행할 수 있게 해주는 가장 유명한 함수의 개념 중 하나다. 이 벡터는 데이터 프레임, 매트릭스, 또는 리스트의 일부분일 수도 있다. 이해를 돕기 위해 다음 예제를 자세히 살펴보자. 값이 정의된 벡터 V_in 내 각각의 요소에 연산을 수행하려고 한다. 연산은 벡터의 각 요소를 제곱한 후 V_out 벡터로 출력하는 것이다. 다음과 같이 세 가지 접근법을 사용해 구현할 수 있다.

접근법 1: for 루프를 사용해 각 요소 수준에서 연산을 수행한다. 이것은 S 언어 스타일을 사용해 벡터 할당을 수행하기 때문에 세 가지 방법 중 가장 원시적인 방법이다.

```
> V_in <- 1:100000   # 입력 벡터
> V_out <- c()        # 출력 벡터
> for(i in V_in)      # 입력 벡터에 대한 for 루프
+ {
+   V_out <- c(V_out,i^2)   # 출력 벡터에 저장
+ }
```

접근법 2: 여기서 벡터화된 함수 개념이 같은 목적을 이루는 데 사용된다. 벡터화된 프로그래밍에서 루프는 (R 내부적으로) C 언어로 구현돼 있기 때문에 접근법 1처럼 R에서 구현되는 for 루프보다 훨씬 빠르다. 다음 작업을 실행하는 데 걸리는 시간은 순식간이다.

```
> V_in <- 1:100000   # 입력 벡터
> V_out <- V_in^2    # 출력 벡터
```

접근법 3: 이 접근법에서는 고차 함수 또는 중첩 함수가 같은 목적을 달성하는 데 사용된다. R에서 함수는 1등 시민으로 여겨지기 때문에 다른 함수의 인수로서 함수를 호출할 수 있다. 폭넓게 사용되는 중첩 함수로는 apply familiy가 있다. 다음 표는 apply familiy에 대한 요약이다.

함수	입력 데이터 타입	출력 데이터 타입
apply	데이터 프레임, 매트릭스 또는 배열 (margin 옵션 필요)	벡터, 매트릭스, 배열, 리스트
lapply	벡터, 리스트, 데이터 프레임 또는 매트릭스 내의 변수들	리스트
sapply	벡터, 리스트, 데이터 프레임 또는 매트릭스 내의 변수들	매트릭스, 배열, 리스트
mapply(다변수 sapply)	벡터, 리스트, 데이터 프레임 또는 매트릭스 내의 변수들	매트릭스, 배열, 리스트
tapply	비정형 배열	배열
rapply	벡터, 리스트, 데이터 프레임 또는 매트릭스 내의 변수들	리스트

▲ 표 1.4 apply familiy 내의 다양한 함수들

예제를 통해 이 함수를 확인해보자. apply 함수는 데이터 프레임, 매트릭스 또는 배열에 적용할 수 있다. 매트릭스에 사용해보자.

```
> x <- cbind(x1 = 7, x2 = c(7:1, 2:5))
> col.sums <- apply(x, 2, sum)
> row.sums <- apply(x, 1, sum)
```

lapply는 벡터, 리스트 또는 데이터 프레임이나 매트릭스 내의 변수에 적용할 수 있다. lapply 예제는 다음과 같다.

```
> x <- list(x1 = 7:1, x2 = c(7:1, 2:5))
> lapply(x, mean)
```

다음은 사용자 정의 함수를 사용해 벡터에 sapply 함수를 적용한 것이다.

```
> V_in <- 1:100000   # 입력 벡터
> V_out <- sapply(V_in, function(x) x^2)   # 출력 벡터
```

mapply는 다변수 sapply라고 할 수 있다. mapply의 첫 번째 입력값은 함수이며, 그 뒤로 다음과 같은 입력 매개변수들이 온다.

```
mapply(FUN, ..., MoreArgs = NULL, SIMPLIFY = T, USE.NAMES = T)
```

두 벡터에 대해 rep 함수를 적용한 mapply의 예제는 다음과 같다.

```
> mapply(rep, 1:6, 6:1)
```

위 함수는 R의 rep 함수를 호출해 입력값인 1에서 6까지의 수를 mapply 함수의 두 번째 차원을 이용해 6번에서 1번으로 줄여가며 복제한다(즉, 1은 6번, 2는 5번, ..., 6은 1번 복제). tapply는 비정형 배열의 각 셀에 함수를 적용한다. 다음 예제는 다중 배열로 리스트를 만드는 것이다.

```
> dat<- list(c(4, 2, 6, 1, 5), c("P", "S", "N", "K", "K"))
> tapply(1:5, dat, sum)
    K  N  P  S
1   4 NA NA NA
2  NA NA NA  2
4  NA NA  1 NA
5   5 NA NA NA
6  NA  3 NA NA
```

위 출력 결과는 각 요소의 위치를 값으로 갖는 두 벡터 간의 관계이다. rapply 함수는 아래 보이는 것처럼 lapply 함수의 재귀 함수다.

```
> X <- list(list(a = pi, b = list(c = 1:1)), d = "a test")
> rapply(X, sqrt, classes = "numeric", how = "replace")
```

위 함수는 리스트 내의 모든 숫자형 클래스에 제곱근을 적용하고 그 값을 새로운 값으로 바꾼다(숫자형 클래스가 아닌 리스트의 요소에는 영향을 미치지 않는다).

연습문제

1. 특정 조건을 기준으로 몇 가지 특성(열)과 관측치(행)를 추출하는 여러 방법을 생각해 낼 수 있는가?

   ○ 데이터셋 - UCI KDD의 엘니뇨 데이터셋(https://kdd.ics.uci.edu/databases/ el_nino/el_nino.html)

- humidity ⟩ 88% 그리고 air temperature ⟨ 25.5도인 관측치의 위도와 경도를 추출

- 각 표현식을 검증하기 위해 10,000회 반복

2. apply family의 함수 내에 다양한 인수를 추가할 수 있는가? 그렇다면 여러 개의 인수를 추가하는 문법은 무엇인가?

3. 일반적인 개념에서 for 루프는 apply 함수보다 느리다고 한다. 이것은 사실인가 아닌가? 만약 거짓이면 이 개념이 무효가 되는 조건은 무엇인가?

4. 원, 사각형 등의 기하학적 객체의 면적을 계산하기 위한 추상 데이터 타입을 정의해보자.

요약

지난 수십년 간 컴퓨터의 계산 능력은 지속적으로 증가하고 있으며, 다양한 산업군에서 저장되는 데이터의 양도 역시 증가하고 있다. 데이터의 크기에 대응하기 위해서 빠르고 효율적인 정보 검색이 더욱 요구된다.

1장에서는 추상 데이터 타입과 데이터 구조를 소개했다. 추상 데이터 타입은 다양한 데이터 구조에 대한 기능과 처리를 고수준에서 정의하기 위해 사용되며, 알고리즘은 추상 데이터 타입을 구현하기 위해 사용된다. 데이터 타입은 원자성, 추적 가능성, 정확성을 가져야 하며, 명확성 및 효율성을 위해 분명하고 간결한 특징을 지녀야 한다. 또한, 데이터 타입, 조건적 루프, 제어문, 함수를 포함한 R의 기초를 배웠다.

알고리즘에 따른 계산 시간은 데이터 구조와 알고리즘을 선택할 때 가장 중요한 목표이다. 다음 2장에서는 알고리즘 분석을 위한 기초적인 내용을 다룰 것이다.

2

알고리즘 분석

알고리즘은 컴퓨터의 자원을 사용해 실행해야 하는 프로그램의 전체적인 윤곽을 통제하는 일련의 단계적인 명령들의 집합이라고 정의할 수 있다. 실행은 R, 파이썬, 자바 등 어떤 프로그래밍 언어라도 가능하다. 데이터는 모든 프로그램에 있어서 복잡한 구성 요소며, 데이터가 어떻게 구성돼 있는지(데이터 구조)에 따라 실행 시간은 매우 달라질 수 있다. 데이터 구조가 좋은 알고리즘 구현의 핵심인 이유가 여기에 있다. 이 책에서는 실행 시간 또는 시간 복잡성에 주로 집중할 것이며, 프로그램 실행 중 메모리 사용과 실행 시간과의 관계도 부분적으로 다룰 것이다. 2장에서는 다음 주제를 상세하게 다룬다.

- 최선, 최악, 평균의 경우

- 컴퓨터 vs. 알고리즘

- 알고리즘 점근 분석asymptotic analysis

  ○ 상한upper bounds 추정 = 빅 오 표기법Big O notation

  ○ 하한lower bounds 추정 = 빅 오메가 표기법Big Ω notation

○ 빅 세타 표기법^{Big Θ notation}

  ○ 단순화 규칙

  ○ 분류 규칙

- 프로그램의 성능 추정

- 문제 분석

- 시스템 공간 한계

- 경험적 분석

데이터 구조로 시작하기

데이터 구조는 알고리즘의 핵심적인 부분이다. 자세히 설명하기 전에 한 가지 예를 생각해보자. 사용자가 입력한 유한한 길이를 가진 양의 정수를 정렬해 오름차순으로 출력하는 알고리즘을 프로그래밍해야 한다. 사용자가 정의한 입력과 사용자가 원하는 출력 사이의 연결 고리 역할을 하는 정렬 알고리즘은 다음과 같이 다양한 방법으로 접근할 수 있다.

- 버블 정렬^{bubble sort}과 셸 정렬^{shell sort}: 정렬의 단순한 형태이지만 매우 비효율적이다.

- 삽입 정렬^{insertion sort}과 선택 정렬^{selection sort}: 주로 작은 데이터셋 정렬에 사용된다.

- 병합 정렬^{merge sort}, 힙 정렬^{heap sort}, 퀵 정렬^{quick sort}: 평균 시스템 런타임 시간 복잡성(빅 세타 표기법)에 기반한 효율적인 정렬 방법이다.

- 계수 정렬^{counting sort}, 버킷 정렬^{bucket sort} 기수 정렬^{radix sort} 등의 분산 정렬^{distributed sort}: 런타임과 메모리 사용량 모두 다룰 수 있다.

이 각각의 방법은 결과적으로, 특정 인스턴스의 집합을 더 효과적으로 처리할 수 있다. 이렇게 말하면 좋은 알고리즘에 대한 개념을 흐리게 된다. 알고리즘은 다른 많은 특성 중에 다음과 같은 것을 가지고 있어야 좋은 알고리즘이라고 할 수 있다.

- 짧은 실행 시간
- 더 적은 메모리 사용량
- 읽기 쉬운 코드
- 입력값에 대한 일반성

일반적으로 한 문제는 다양한 알고리즘을 통해 접근할 수 있으며, 각각의 알고리즘은 다음과 같은 매개변수를 기초로 평가될 수 있다.

- 시스템 런타임
- 메모리 요구 사항

하지만, 이 매개변수들은 일반적으로 다음과 같은 외부 환경 요인에 의해 영향을 받는다.

- 데이터 구조에 대한 처리
- 시스템의 소프트웨어 및 하드웨어 구성
- 코드를 작성하고 컴파일하는 스타일
- 프로그래밍 언어

모든 외부적인 요인을 제어하는 것은 거의 불가능하기 때문에 성능 비교를 위해 다양한 알고리즘의 시스템 런타임을 예측하는 것(이상적 시나리오 분석)은 어렵다. 이상적 시나리오 분석을 위해서는 알고리즘을 구현하고 실행시켜야 하기 때문이다. 그래서 알고리즘을 설계할 때는 알고리즘 성능을 추정하기 위해 점근 분석을 사용한다.

점근 분석은 전체 프로그램을 실제적으로 작성하고 컴파일하는 과정 없이 알고리즘의 효율성을 평가하는 방법이다. 점근 분석은 입력 데이터의 크기와 연산 작업의 개수를 기초로 가상의 시스템 런타임을 나타내는 함수 식이다. 이 함수 식은 입력 데이터의 증가율은 시스템 런타임과 정비례한다는 원리를 바탕으로 한다. 예를 들어 삽입 정렬의 경우 크기는 입력 벡터의 길이를 나타내고, 작업의 수는 정렬 연산의 복잡성을 나타낸다. 점근 분석은 알고리즘의 장점과 단점을 비교하기보다는 알고리즘을 구현하는 데 들어가는 수고의 양을 추정하기 위해 사용된다. 다음 표는 널리 사용되는 증가 함수를 보여준다. 더 자세한 내용은 뒷부분에서 설명한다.

입력 데이터의 크기	이중 로그 함수	로그 함수	선형 함수	n배 로그 함수	2차 함수	3차 함수	지수 함수
n	$\log\log n$	$\log n$	n	$n*\log n$	n^2	n^3	2^n
4	1	2	2^2	2^3	2^4	2^6	2^4
16	2	4	2^4	2^6	2^8	2^{12}	2^{16}
256	3	8	2^8	2^{11}	2^{16}	2^{24}	2^{256}
512	~3.2	9	2^9	$\sim2^{12}$	2^{18}	2^{27}	2^{512}
1,024	~3.3	10	2^{10}	2^{13}	2^{20}	2^{30}	2^{1024}
5,000	~3.62	~12.28	2^{12}	$\sim2^{16}$	$\sim2^{24}$	$\sim2^{36}$	2^{5000}
10,000	~3.73	~13.28	2^{13}	$\sim2^{17}$	$\sim2^{26}$	$\sim2^{39}$	2^{10000}
50,000	~3.96	~15.61	2^{16}	$\sim2^{20}$	$\sim2^{32}$	$\sim2^{49}$	2^{50000}
100,000	~4.05	~16.61	2^{17}	$\sim2^{21}$	$\sim2^{34}$	$\sim2^{51}$	2^{100000}
1000,000	~4.31	~19.93	2^{20}	$\sim2^{24}$	$\sim2^{40}$	$\sim2^{60}$	$2^{1000000}$

▲ 그림 2.1 복잡성 추정을 위해 사용되는 다양한 증가 함수

일반적으로 사용되는 증가 함수는 입력 데이터의 크기를 기반으로 하며, 알고리즘의 성능을 분석하는 데 사용된다. 또한, 알고리즘의 시스템 런타임 추정을 위한 가상의 함수로도 사용된다.

R에서의 메모리 관리

메모리 관리는 일차적으로 사용 가능한 메모리에 대한 관리와 함수를 더 유연하고 빠르게 실행하기 위해 요구되는 추가적인 메모리에 대한 예측을 포함한다. 여기서는 R 환경에서 객체의 저장과 관련된 메모리 할당의 개념을 다룰 것이다.

메모리 할당에 있어서 R은 객체에 따라 서로 다르게 메모리를 할당한다. 메모리 할당은 pryr 패키지의 object_size 함수를 사용해 확인할 수 있다. pryr 패키지는 install.packages("pryr") 명령으로 CRAN 저장소로부터 설치할 수 있다. 이 패키지는 R 버전 3.1.0 이상에서만 사용 가능하다. pryr 패키지의 object_size 함수는 R 기본 패키지의 object.size 함수와 비슷하다. 하지만 다음과 같은 점에서 더 정확하다.

- 현재 객체와 연관된 환경의 크기도 포함한다.

- 주어진 객체 내의 공유된 요소까지 고려된다.

다음은 R에서 메모리 할당량을 보기 위해 object_size 함수를 사용한 예제이다.

```
> object_size(1)      # 한 개의 숫자형 벡터에 할당된 메모리
48 B
> object_size("R")    # 한 개의 문자형 벡터에 할당된 메모리
96 B
> object_size(TRUE)   # 한 개의 논리형 벡터에 할당된 메모리
48 B
> object_size(1i)     # 한 개의 복소수형 벡터에 할당된 메모리
56 B
```

객체에 요구되는 저장 공간은 다음과 같은 요인들과 관련이 있을 수 있다.[1]

- **메타데이터**metadata: 객체의 메타데이터는 문자형, 정수형, 논리형 등과 같이 객체 타입에 따라 정의된다. 객체 타입은 디버깅할 때도 매우 유용하다.

- **노드 포인터**node pointer: 노드 포인터는 서로 다른 노드들 간의 연결을 유지하며, 사용되는 노드 포인터의 개수에 따라 메모리 필요량도 변한다. 예를 들어 이중 링크드 리스트는 이전 노드와 다음 노드를 연결하는 두 개의 노드 포인터를 사용하기 때문에 단순 링크드 리스트보다 메모리가 더 많이 필요하다.

---

1 대부분의 컴파일러는 구조체의 각 요소를 메모리에 위치시킬 때 성능 향상을 위해 CPU가 접근하기 쉬운 단위로 끊어서 배치한다. 64비트 CPU는 한 번에 8바이트(=64비트)를 한 블록으로 읽는다. 그래서 메모리 할당 후 메모리 블록의 뒤쪽에 남는 빈 공간을 패딩 비트(padding bits)로 채우고, 다음 메모리 블록에 그다음 요소를 할당한다. - 옮긴이

- **속성 포인터**attribute pointer: 속성에 대한 참조를 유지하기 위한 포인터이다. 특히 변수에 의해 저장된 데이터에 대한 메모리 할당을 줄이는 데 도움이 된다.
- **메모리 할당**: 현재 사용중인 시스템 공간을 나타내는 벡터의 길이
- **크기**: 벡터의 길이만큼 실제로 할당된 시스템 공간의 크기
- **메모리 패딩**memory padding: 패딩은 구조체의 각 요소에 적용된다. 예를 들어 각 요소는 8바이트 경계 이후에 시작된다.

object_size() 명령은 다음 그림에 보이는 것처럼 내재된 메모리 할당량을 보기 위해 사용된다.

S. No.	데이터 타입	패키지	메모리 할당량 (bytes)
1	Numeric	base	40
2	Character	base	40
3	Logical	base	40
4	Complex	base	40
5	Vector	base	40
6	List	base	40
7	Matrix	base	208
8	Data Frame	base	560
9	Data Table	data.table	846

▲ 그림 2.2 R의 다양한 데이터 타입이 초기화될 때 할당되는 메모리

앞에서 각 데이터 구조/타입에 할당되는 메모리 크기를 확인했다. 이제 정수, 문자열, 불리언, 복소수 같은 여러 데이터 타입을 가진 벡터의 길이를 늘려가는 시나리오를 시뮬레이션해보자. 시뮬레이션은 다음과 같이 벡터의 길이를 0에서 60까지 늘려가며 수행된다.

```
> vec_length <- 0:60
> num_vec_size <- sapply(vec_length, function(x) object_size(seq(x)))
> char_vec_size <- sapply(vec_length, function(x) object_size(rep("a",x)))
> log_vec_size <- sapply(vec_length, function(x) object_size(rep(TRUE,x)))
> comp_vec_size <- sapply(vec_length, function(x) object_
size(rep("2i",x)))
```

`num_vec_size`는 요소를 0부터 60개까지 가지고 있는 각 숫자형 벡터에 필요한 메모리 크기를 저장한 변수이다. 이 숫자형 벡터의 요소들은 함수에 선언한 것처럼 순차적으로 증가하는 정수이다. 마찬가지로 문자열 벡터, 논리형 벡터, 복소수형 벡터의 증가하는 메모리 필요량을 계산해 `char_vec_size`, `log_vec_size`, `comp_vec_size`에 저장한다. 이 시뮬레이션을 통해 얻은 결과는 다음 코드를 사용해 시각화할 수 있다.[2]

```
> par(mfrow = c(2,2))
> plot(num_vec_size ~ vec_length, xlab = "Numeric seq vector",
+ ylab = "Memory allocated (in bytes)", type = "n")
> abline(h = (c(0,8,16,32,48,64,128)+40), col = "grey")
> lines(num_vec_size, type = "S")
```

앞의 코드를 실행한 결과는 그림 2.3과 같다. 벡터에 할당되는 메모리는 벡터의 길이와 사용되는 객체 타입에 따르는 함수임을 알 수 있다. 그런데 그 관계가 선형적으로 보이지 않고 계단식으로 증가되는 것처럼 보인다. 이것은 더 좋고 일관된 성능을 제공하기 위해 R이 처음에 RAM에서 큰 블록의 메모리를 할당하고 내부적으로 관리하기 때문이다. 이 메모리 블록은 벡터의 데이터 타입과 그 내부의 요소 개수를 기반으로 벡터에 개별적으로 할당된다. 초기에 특정 수준(숫자형/논리형 벡터는 128바이트, 문자형/복소수형 벡터는 176바이트)까지는 메모리 블록이 불규칙적으로 증가하지만, 그 이후로는 8바이트의 작은 크기로 증가하며 안정되는 것을 볼 수 있다.

---

2 이 코드는 생략된 부분이 있으므로 전체 코드를 다운로드해서 실행해 볼 것을 권장한다. – 옮긴이

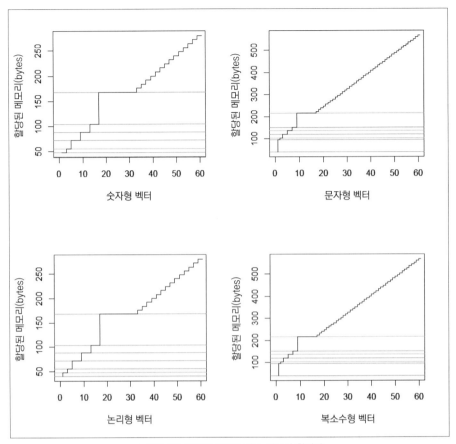

▲ 그림 2.3 벡터의 길이에 따른 메모리 할당량

초기에 할당된 메모리 크기의 차이 때문에 숫자형 벡터와 논리형 벡터는 비슷한 메모리 할당 패턴을 보이며, 복소수형 벡터는 문자형 벡터와 비슷하다. 메모리 관리는 알고리즘이 효율적으로 동작하는 데 도움이 되지만, 알고리즘은 프로그램 실행 전에 런타임을 기준으로 평가해야 한다. 다음 절에서는 함수의 런타임을 얻고 그것을 다른 비슷한 함수들과 비교하는 것과 관련된 기본 개념을 이야기할 것이다.

R에서의 시스템 런타임

시스템 런타임은 서로 다른 여러 알고리즘을 비교할 때 핵심적인 역할을 한다. 이 과정은 여러 가지 옵션을 비교해 최선의 알고리즘을 선택하는 데 도움이 된다. 다양한 알고리즘을 벤치마킹하는 것은 이후 장에서 자세히 다룰 것이다.

CRAN에 있는 microbenchmark 패키지는 어떤 구문, 함수, 코드의 런타임을 밀리세컨드 이하의 단위까지 측정할 때 사용된다. 그 정확성은 `system.time()` 함수를 대치할 만하다. 또한, 모든 측정이 C 코드로 수행되기 때문에 오버헤드를 최소화한다. 다음 방법들은 경과 시간을 측정하는 데 사용된다.

- 윈도우 OS의 `QueryPerformanceCounter` 인터페이스
- 리눅스 OS의 `clock_gettime` API
- 맥 OS의 `mach_absolute_time` 함수
- 솔라리스 OS의 `gethrtime` 함수

이 책에서는 예제로 기본 데이터셋인 mtcars 데이터를 사용한다. 이 데이터는 1974년 Motor Trend US 잡지에서 얻은 것이며, 32개 자동차의 연료 소비량과 10가지 특성을 비교한 내용으로 구성돼 있다(1973-1974년 모델).

이제 한 정수형 속성(carb, 카뷰레터)의 고유한 값에 따라서 특정한 숫자형 속성(mpg, 갤런당 마일)의 평균을 계산하는 연산을 수행하려고 한다. 이 작업은 `aggregate`, `group_by`, `by`, `split`, `ddply(plyr)`, `tapply`, `data.table`, `dplyr`, `sqldf` 등의 다양한 방법으로 수행할 수 있다. 설명을 위해 다음 네 가지 방법을 사용했다.

- `aggregate` 함수:

  aggregate(mpg~carb, data=mtcars, mean)

- `plyr` 패키지의 `ddply`:

  ddply(mtcars, .(carb), function(x) mean(x$mpg))

- data.table 형식:

```
library(data.table)
mtcars_tb = data.table(mtcars)
mtcars_tb[, mean(mpg), by=carb]
```

- group_by 함수:

```
library(dplyr)
summarize(group_by(mtcars, carb), mean(mpg))
```

위에 제시한 네 가지 방법의 성능을 평가하기 위해 microbenchmark 패키지를 사용한다. 각 방법을 1,000번 반복한 결과를 평가해 보자.

```
> library(microbenchmark)
> MB_res <- microbenchmark(
+   Aggregate_func = aggregate(mpg~carb, data=mtcars, mean),
+   Ddply_func = ddply(mtcars, .(carb), function(x) mean(x$mpg)),
+   Data_table_func = mtcars_tb[, mean(mpg), by=carb],
+   Group_by_func = summarize(group_by(mtcars, carb), mean(mpg)),
+   times=1000
+ )
```

그 결과는 다음과 같다.

```
> MB_res
Unit: microseconds
            expr       min        lq       mean    median         uq       max neval
 Aggregate_func   851.489  913.8015  1001.9007   944.775  1000.4905  6094.209  1000
     Ddply_func  1370.519 1475.1685  1579.6123  1517.322  1575.7855  6598.578  1000
Data_table_func   493.739  552.7540   610.7791   577.495   621.6635  3125.179  1000
  Group_by_func   932.129 1008.5540  1095.4193  1033.113  1076.1825  4279.435  1000
```

그림 2.4는 각 접근법으로부터 얻은 실행 시간의 분산을 그린 플롯이다.

```
> library(ggplot2)
> autoplot(MB_res)
```

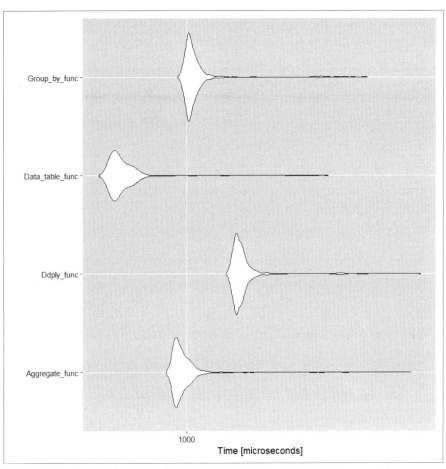

▲ 그림 2.4 집계 연산의 각 방법을 1,000번 반복했을 때 실행 시간(microseconds)

주어진 데이터셋에 대한 네 가지 방법 중 data.table이 다른 것에 비해 적은 시간에 효과적으로 수행됐다. 그러나 이 방법들은 대량의 관측치와 많은 수의 속성을 가진 데이터셋이 주어진 시나리오에서 검증해 볼 필요가 있다.

최선, 최악, 평균적인 경우

시스템 런타임 성능을 기준으로 특정 알고리즘에 대한 코드를 최선, 최악, 평균의 범주로 분류할 수 있다. 자세한 이해를 위해 정렬 알고리즘을 생각해보자. 정렬 알고리즘은 숫자형 벡터를 오름차순으로 배열하기 위해 사용되며, 출력 벡터는 첫 번째 요소로 가장 작은 숫자, 마지막 요소는 가장 큰 숫자를 가지고 있어야 하고, 그 가운데 요소들은 순차적으로 증가해야 한다. 5장에서 다양한 형태의 정렬 알고리즘을 자세히 다룰 것이지만, 여기서는 삽입 정렬로 구현할 것이다. 삽입 정렬에서 벡터 안의 요소들은 이동 위치를 기준으로 정렬된다. 최선, 최악, 평균의 경우는 데이터에 종속적이다. 이제 삽입 정렬 알고리즘에 대한 최선, 최악, 평균의 경우 시나리오를 정의해보자.

- **최선의 경우**: 최선의 경우는 실행 시간이 최소인 경우이다. 예를 들어 벡터의 모든 요소들이 이미 오름차순으로 정렬돼 있으면 정렬에 걸리는 시간은 최소가 된다.

- **최악의 경우**: 최악의 경우는 벡터를 완전히 정렬하는데 가능한 최대의 시간이 필요한 경우이다. 예를 들어 벡터 안의 모든 요소가 거꾸로 내림차순으로 배열돼 있다면 정렬하는 데 가장 많은 시간이 필요하다.

- **평균의 경우**: 평균의 경우는 벡터의 정렬을 마치는 데 중간 정도의 시간이 필요한 경우이다. 예를 들어 벡터의 요소 중 절반은 오름차순으로 돼 있고 나머지 절반은 내림차순으로 돼 있는 경우이다. 평균의 경우는 서로 다르게 배열돼 있는 요소들을 가진 많은 벡터들을 사용해 평가된다.

일반적으로 최선의 경우 시나리오는 알고리즘을 가장 낙관적으로 평가하기 때문에 알고리즘을 벤치마크할 때 고려되지 않는다. 그러나 만약 최선의 경우가 발생할 확률이 높다면 최선의 경우 시나리오를 사용해 알고리즘을 비교할 수 있다. 최선의 경우와 반대로 최악의 경우 시나리오는 알고리즘을 가장 비관적으로 평가한다. 이것은 주로 철도 네트워크 통제, 항공 교통 통제와 같은 실시간 애플리케이션에 쓰이는 알고리즘을 벤치마크할 때 사용된다. 종종 입력 데이터의 분포를 잘 알 수 없는 경우가 있는데, 그럴 때는 최악의 경우 시나리오를 기초로 알고리즘 성능을 평가하는 것이 안전하다.

일반적으로 평균의 경우 시나리오가 알고리즘 성능의 대표적인 척도로 사용된다.

하지만 이것은 입력 데이터의 분포를 알고 있는 경우에만 유용하다. 평균의 경우 시나리오는 입력 데이터의 분포가 왜곡돼 있으면 알고리즘을 적절하게 평가하지 못할 수 있다. 정렬 작업에 있어서, 만약 대부분의 입력 벡터가 내림차순으로 정렬돼 있다면 평균의 경우 시나리오는 알고리즘을 평가하기 위한 최선이 아닐 수도 있다.

간단히 말해서 입력 데이터 분포와 함께 실시간 애플리케이션 시나리오는 최선, 최악, 평균의 경우를 기반으로 알고리즘을 분석하기 위한 주요 기준이다.

컴퓨터 vs. 알고리즘

이 절에서는 주로 컴퓨터 구성과 알고리즘 런타임 간의 상호 절충 관계를 자세히 다룬다. 두 대의 컴퓨터 A와 B가 있고, B는 A보다 10배 빠르다. 100,000개의 관측치가 있는 데이터 프레임에 대한 알고리즘의 시스템 런타임이 컴퓨터 A에서는 약 60분이다. 알고리즘의 시스템 런타임 함수 식은 n^3이다. 그런데 이 함수 식은 알고리즘의 실행을 완료하기 위해 필요한 연산 작업 수의 증가와 동등하다고 할 수 있다. 즉, 시스템 런타임의 함수 식과 연산 작업 증가율은 같다. 다음 상황들은 이 상호 절충 관계를 이해하는 데 도움이 될 것이다.

상황 1: 컴퓨터 A보다 10배 빠른 컴퓨터 B는 알고리즘의 시스템 런타임을 60분에서 6분으로 줄일 수 있을까?

컴퓨터 A와 B의 데이터셋 크기가 같다면 그 대답은 아마도 "예"일 것이다. 하지만 데이터 프레임의 크기를 10배 늘리면 다음과 같은 상황이 발생한다.

상황 2: 컴퓨터 A보다 10배 빠른 컴퓨터 B에서 1,000,000개로 관측치가 늘어난 데이터 프레임을 알고리즘이 60분 안에 처리할 수 있을까?

컴퓨터 구성의 변화뿐만 아니라 입력 데이터의 크기 변화도 다루어야 하고, 이 경우는 알고리즘이 비선형적으로 (여기서는 세제곱 형태) 수행되기 때문에 까다로워진다. 다음 표는 주어진 알고리즘의 증가 함수에 대해 늘어난 입력 데이터 프레임을 정해진 시간 내에 처리하는, 컴퓨터 A보다 10배 빠른 컴퓨터 B의 가용성을 설명한다. 60분 동안 컴퓨터 A가 100,000번의 연산을 처리할 수 있고, 반면에 컴퓨터 B는 1,000,000번의 연산을 수행할 수 있다고 가정한다. k는 양의 실수인 상수 ~ 컴퓨터 A와 B에서 같은 x분의 시간이다.

증가 함수 f(n)	~컴퓨터 A에서 10만 번의 연산에 사용되는 데이터 프레임의 크기(n_1)	~컴퓨터 B에서 100만 번의 연산에 사용되는 데이터 프레임의 크기(n_2)	n_1에서 n_2로 방법론 변경	n_1에 대한 n_2의 비율
$k * n$	$100,000 / k$	$1,000,000/k$	$n_2 = 10 * n_1$	10
$k*Log_{10}(n)$	$10^{100,000/k}$	$10^{1,000,000/k}$	$n_2 = \sqrt[k]{10}\, n_1$	$\sqrt[k]{10}$
$k*nLog_{10}(n)$	$10^{100,000/k}>$ $n_1 > \sqrt{(100,000/k)}$	$10^{1,000,000/k}>$ $n_2 > \sqrt{(1,000,000/k)}$	$\sqrt{10} * n1 < n_2 < k * n_1$	$\sqrt{10}$ to 10
$k*n^2$	$\sqrt{(100,000/k)}$	$\sqrt{(1,000,000/k)}$	$n_2 = \sqrt{10} * n_1$	$\sqrt{10}$
$k*n^3$	$\sqrt[3]{100,000/k}$	$\sqrt[3]{1,000,000/k}$	$n_2 = \sqrt[3]{10} * n_1$	$\sqrt[3]{10}$
$k*2^n$	$Log_2(100,000/k)$	$Log_2(1,000,000/k)$	$n_2 = Log_{10^5/k}(10^6/k) * n_1$	$Log_{10^5/k}(10^6/k)$

▲ 그림 2.5 크기가 다른 데이터 프레임을 사용한 일반적인 증가 함수의 성능 비교

각 알고리즘 증가 함수에 대해 알아보자.

- **선형**: 그림 2.5를 보면, 상수 *k*에 상관없이 컴퓨터 B는 같은 60분 동안 10배 더 큰 입력 데이터 프레임을 처리할 수 있다. 즉, 선형 런타임 함수를 가진 알고리즘의 처리 속도는 상수 *k*에 독립적이다. 입력 데이터의 절대적인 크기가 런타임에 영향을 미친다. 또한, 런타임이 고정된 값으로 주어진 경우, 한 시스템이 다른 시스템보다 *i*배 빠르다면 빠른 시스템의 데이터 처리 가용성은 느린 시스템보다 *i*배 더 높다. 그러므로 두 컴퓨터의 상대적인 성능은 알고리즘의 증가율 상수 *k*에 독립적이다.

- **제곱, 세제곱**: 상수 *k*에 대해 컴퓨터 B는 60분의 같은 시간 내에 입력 데이터 프레임을 10의 제곱근(3.16), 10의 세제곱근(2.15) 배로 처리할 수 있다. 여기서

도 역시 컴퓨터 B의 성능은 상수 k에 영향을 받지 않는다. 다시 말해서, 컴퓨터 A보다 10배 빠른 컴퓨터 B는 주어진 시간 내에 선형 함수의 경우 10배를 처리하는 것에 비해 (제곱근 함수 식의 경우 제곱근의 성능인) 3.16배의 데이터만을 처리할 수 있다. 그러므로 i 제곱근(i는 2, 3, 4 등)의 내재적인 특성 때문에 컴퓨터의 성능이 빨라진다고 해도 그에 따르는 입력 데이터 크기에 대한 이익은 높은 비율로 줄어든다.

- 로그: 이 함수는 보통 두 가지 형태로 사용된다.

  ○ Log(n): 입력 데이터 프레임의 크기 증가는 두 가지 요소에 의존적이다. 하나는 시스템의 컴퓨팅 성능의 증가분이고, 다른 하나는 상수 k이다. 그러나 입력 데이터 크기의 증가는 시스템 성능 증가분의 k 제곱근 값에 정비례하기 때문에 시스템의 컴퓨팅 구성과 그 성능 간의 차이는 계속된다.

  ○ nLog(n): 시스템의 컴퓨팅 성능 증가에 따른 처리 가능한 입력 데이터 크기의 증가량은 이차 함수를 사용해 얻은 값보다 크지만 선형 함수를 가진 알고리즘보다는 낮다.

- 거듭제곱(지수): 거듭제곱 함수에서 알고리즘의 시스템 런타임은 입력 데이터 크기가 증가할 때 지수 함수적으로 증가한다. $k = 1$인 경우, 컴퓨터 A에서 100,000번의 연산을 수행하는 입력 데이터의 크기는 ~11이다. 마찬가지로, 컴퓨터 B에서 1,000,000번의 연산을 수행하는 입력 데이터의 크기는 ~14이다. 그러므로 $n_2 = n_1 + 3$이라고 할 수 있다. 이것은 시스템의 성능이 10배 좋아져도 같은 시간 내에 처리할 수 있는 데이터 크기의 증가는 미미하다는 것을 분명히 보여준다. 지수 함수 또는 거듭제곱 함수를 가진 알고리즘에 대한 입력 데이터 크기의 증가는 곱셈이라기보다는 거의 덧셈이라고 할 수 있다. 즉, 컴퓨터 A에서 100,000건의 데이터를 처리할 때 시스템 런타임이 60분이라면, 그보다 10배 빠른 컴퓨터 B에서는 60분 동안 100,003건 크기의 입력 데이터만 처리하는 것이다. 그러므로 지수 함수를 갖는 알고리즘의 성능은 다른 증가 함수와 많이 다르다.

이제 상황 3으로 들어가 알고리즘과 컴퓨터 사이의 상호 절충 관계를 살펴보자.

상황 3: n^3 증가 함수를 가진 알고리즘에 대해서 컴퓨터의 성능 가용성을 높이는 것과 증가 함수 자체가 바뀌도록 알고리즘을 재구성하는 것 중 어떤 것이 더 좋을까?

시스템의 성능을 증가시키는 시나리오는 이미 상황 2에서 살펴봤으니, 알고리즘의 증가 함수를 재구성하는 상황을 분석해보자.

현재, 알고리즘이 가지고 있는 함수 식은 n^3이다. 입력 데이터의 크기가 1,000일 경우 전체 연산의 수는 $1,000^3$이 된다. $nLog_{10}(n)$ 함수를 갖도록 이 알고리즘을 수정한다고 가정하면 연산 작업의 수는 $1,000^3$보다 아주 낮은 3,000으로 줄어들 것이다. $n > 2$이라면 n^3 함수의 연산 작업 수는 $nLog_{10}(n)$ 함수의 연산 작업 수보다 10배 이상 많아진다. 이것은 컴퓨터의 성능을 10배 늘리는 것보다 알고리즘을 재구성해 증가 함수를 바꾸는 것이 훨씬 바람직하다는 것을 말해준다.

이 상호 절충 관계를 요약하면 다음과 같다.

- 느린 증가율을 가진 알고리즘은 대량의 데이터를 처리할 때 컴퓨터의 구성을 업그레이드하는 것보다 더 좋은 성능을 보여준다.
- 빠른 증가율을 가진 알고리즘은 대량의 데이터를 처리할 때 성능 증가율은 컴퓨터의 가용성을 높이는 것에 비례하지 않을 수도 있다.

알고리즘 점근 분석

알고리즘은 컴퓨터가 이해할 수 있는 언어로 주어진 문제를 분석하고 계산하기 위해 설계된 단계적인 절차임을 앞에서 배웠다. 알고리즘의 점근 분석은 필요한 경계 조건^{boundary conditions}과 함께 런타임 성능 또는 증가율을 결정하기 위해 사용하는 수학적 표기법이다. 경계 조건은 컴퓨터의 구성, 입력 데이터 크기의 증가, 증가 함수의 계수(앞의 '컴퓨터 vs. 알고리즘' 절에서 언급된 상수 k) 등의 요인에 의해 좌우된다. 하지만 대량의 데이터셋을 처리하기 위한 능력은 증가 함수의 상수 값보다 컴퓨터의 계산 성능 증가에 좀 더 의존적이다. 또한, 다양한 증가 함수의 곡선은 그 방정식에서 상수 값과 상관없이 교차한다. 그러므로 증가율 또는 시스템 런타임 함수의 상수는 컴퓨터 수준에서 또는 알고리즘 수준에서 비교할 때 일반적으로 무시된다. 그럼에도 불구하고 다음 상황에서는 상수를 고려하는 것이 바람직하다.

- 데이터 크기가 매우 작은데 알고리즘은 커다란 데이터셋에 최적화되도록 설계된 경우
- 매우 다양한 요인에 의해 상수가 서로 다른 알고리즘을 비교할 필요가 있을 때. 하지만 매우 느린 증가율을 가진 알고리즘은 일반적으로 고려되지 않기 때문에 이런 상황은 매우 드물게 발생한다.

점근 분석은 또한, 알고리즘의 런타임을 추정하는 입력 데이터 크기의 함수이기 때문에 알고리즘의 최선, 최악, 평균적인 경우를 결정하는 데 사용된다. 예를 들어 정렬 알고리즘의 성능은 입력 벡터의 증가분을 이용해 추정할 수 있다. 다음은 표준적인 삽입 정렬과 병합 정렬의 점근 함수이다.

- **표준 삽입 정렬**: $f(n) = \alpha + c * n^2$
- **표준 병합 정렬**: $f(n) = \alpha + c * n * log_2(n)$

두 함수에서 α와 c는 상수이며, n은 입력 벡터의 길이를 나타낸다.

여기서 점근 분석은 시스템 런타임 소비 시간 측면에서 알고리즘 성능의 근사값만 제공한다는 것을 명심해야 한다.

다음에 나오는 점근 표기법은 알고리즘의 런타임을 계산할 때 복잡성을 결정하기 위해 일반적으로 사용된다.

상한 또는 빅 오 표기법

알고리즘 실행 시간의 상한[3]은 'O'로 표시한다. 이것은 최악의 경우 시나리오를 추정할 때 사용되며, 주어진 입력 벡터 길이에 대해 가장 긴 실행 시간을 결정한다. 즉, 이것은 알고리즘 증가율의 최댓값이다.

---

3 '상한'은 찾고자 하는 값보다 큰 값이 처음 나타나는 위치를 말하며, 반대로 '하한'은 찾고자 하는 값보다 작은 값이 처음 나타나는 위치를 말한다. – 옮긴이

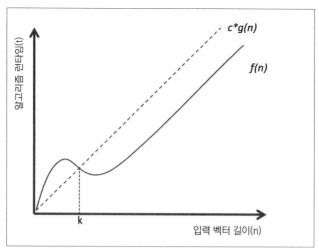

▲ 그림 2.6 n>k일 때 f(n)은 g(n)의 빅 오이다

다양한 입력 벡터 길이 n을 기초로 알고리즘의 런타임 t를 결정하는 두 함수 f와 g를 생각해보자. 입력 벡터의 길이가 증가함에 따라 알고리즘의 실행 시간도 실질적으로 증가하기 때문에 함수 $f(n)$과 $g(n)$은 음수이거나 감소하지 않는다. 이 함수는 주어진 알고리즘의 최선, 최악, 평균의 경우 시나리오에 대한 실행 시간과 같다.

그림을 통해 볼 수 있듯이, 초기에 $n<k$인 경우 $c^*g(n)$은 $f(n)$보다 낮지만, 그 뒤에 $n>k$인 경우에는 $c^*g(n)$이 $f(n)$보다 높다. 그러므로 이 알고리즘의 상한은 다음과 같이 나타낼 수 있다.

$f(n) = O(g(n))$, 즉 $n>k>0$이고 $c>0$일 때 $f(n) < c^*g(n)$이다.

그러므로 모든 가능한 입력 벡터의 길이 $n(n>k>0)$과 임의의 상수 $c(c>0)$에 대해서 $g(n)$보다 $f(n)$이 더 빨리 실행될 때만 증가 함수 $f(n)$을 가진 알고리즘을 $g(n)$의 '빅 오'라고 한다.

이제 실행 시간이 2차의 다항식 $f(n)$으로 표현되는 알고리즘을 생각해보고, $f(n)$의 상한을 나타내는 $g(n)$을 결정해보자.

$f(n) = 25 + 12n + 32n^2 + 4^*log(n)$

$n>0$인 경우:

$$f(n) < 25n^2 + 12n^2 + 32n^2 + 4n^2$$

$$f(n) < (25 + 12 + 32 + 4)n^2$$

$$f(n) = O(n^2), g(n)\text{이 } n^2\text{이고 } c=(25+12+32+4)$$

하지만 이 접근법에는 한계가 있다. 선형 함수의 계수가 매우 높으면 실제 시나리오에서는 고차의 다항식 또는 작은 계수의 지수가 선호된다.

다음은 알고리즘 성능을 추정하기 위해 일반적으로 사용되는 증가 함수의 차수 유형이다. 그림에서 볼 수 있듯이 $2^{O(n)}$과 $O(2^n)$은 서로 다른 결과와 다른 해석을 내놓는다.

증가 함수 차수의 유형	빅 오 표기법을 사용한 표현
상수	$O(1)$
선형	$O(n)$
2차	$O(n^2)$
i차	$O(n^i)$
로그	$O(\log_2 n)$
$n\log_2(n)$	$O(n \log_2 n)$
i차 다항식	$n^{O(i)}$
지수	$2^{O(n)}$ or $O(2^n)$ *

▲ 그림 2.7 다양한 증가 함수의 빅 오 표기법

하한 또는 빅 오메가 표기법

알고리즘 실행 시간의 하한은 'Ω'로 표시한다. 이것은 알고리즘의 최소 수행 시간 또는 주어진 입력 벡터 길이에 대한 최선의 경우 시나리오를 추정할 때 사용된다. 즉, 알고리즘의 최소 증가율을 말한다.

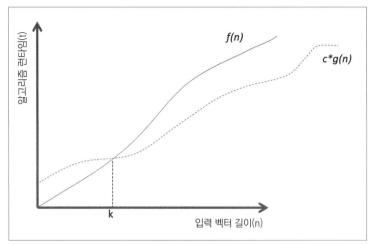

▲ 그림 2.8 n>k일 때 f(n)은 g(n)의 빅 오메가다

다양한 입력 벡터 길이 n을 기초로 알고리즘의 런타임 t를 결정하는, 음수가 아니고 감소하지 않는 두 함수 $f(n)$과 $g(n)$을 생각해보자. 이 함수는 주어진 알고리즘의 최선, 최악, 평균의 경우 시나리오에 대한 실행 시간과 같다.

그림을 통해 볼 수 있듯이, 초기에 $n<k$인 경우 $c*g(n)$은 $f(n)$보다 높지만, 그 뒤에 $n>k$인 경우에는 $c*g(n)$이 $f(n)$보다 낮아진다. 그러므로 이 알고리즘의 하한은 다음과 같이 나타낼 수 있다.

$f(n) = \Omega(g(n))$, 즉 $n>k>0$ 이고 $c>0$일 때 $f(n) > c*g(n)$이다.

그러므로 모든 가능한 입력 벡터의 길이 $n(n>k>0)$과 임의의 상수 $c(c>0)$에 대해서 $g(n)$보다 $f(n)$이 더 느리게 실행될 때만 증가 함수 $f(n)$을 가진 알고리즘을 $g(n)$의 '빅 오메가'라고 한다.

이제 실행 시간이 2차의 다항식 $f(n)$으로 표현되는 알고리즘을 생각해보고, $f(n)$의 하한을 나타내는 $g(n)$을 결정해보자.

$f(n) = 25 + 12n + 32n^2 + 4*log(n)$

$n>0$인 경우, 하한의 최댓값은 다음과 같다.

$f(n) > 25n^2$

$f(n) > \Omega(n^2)$, $g(n)$이 n^2이고 $c=25$.

하한의 최솟값은 다음과 같다.

$f(n) > 25$

$f(n) > \Omega(25)$

여기서 $g(n)$은 상수이며 $c=25$이다.

빅 세타 표기법

'빅 오'와 '빅 오메가'는 각각 알고리즘 실행 시간의 상한(최대)과 하한(최소)을 설명한다. 세타(θ)는 같은 함수를 이용해 알고리즘 런타임의 상한과 하한 모두를 결정할 때 사용된다. 다시 말해서 빅 세타 표기법은 실행 시간에 점근적으로 강하게 묶여 있다. '점근적으로'라는 말은 오직 대량의 관측치에 대해서만 중요하기 때문이며, '강하게 묶여 있다'는 것은 실행 시간이 일정한 상수 요인 범위 내에 있기 때문이다.

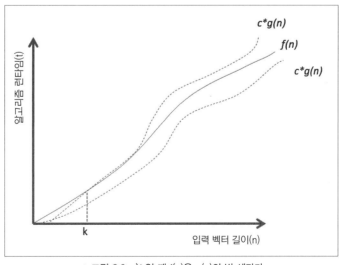

▲ 그림 2.9 n>k일 때 f(n)은 g(n)의 빅 세타다

다양한 입력 벡터 길이 n을 기초로 알고리즘의 런타임 t를 결정하는, 음수가 아니고 감소하지 않는 두 함수 $f(n)$과 $g(n)$을 생각해보자.

$n>k>0$이고 $c>0$이라면, $f(n) = \theta(g(n))$이다(오직 $O(g(n)) = \Omega(g(n))$인 경우에만).

단순화 규칙

빅 오(상한), 빅 오메가(하한), 빅 세타(평균)는 알고리즘의 증가율 또는 시스템 런타임을 나타내는 함수 방정식의 가장 단순한 형식이다. 단순화 규칙은 공식적인 점근 분석에 대한 걱정을 덜기 위해 단순한 형식을 사용하는 것이다. 이 규칙은 빅오, 빅 오메가, 빅 세타 모두에 적용 가능하다. 하지만 다음 그림은 빅 오 점근선에 대해서만 표시했다.[4]

특성	규칙 정의	해석
전이(transitive)	$f(n) = O(g(n))$이고 $g(n) = O(h(n))$이면 $f(n) = O(h(n))$	상한의 상한은 항상 모든 증가 함수 $f(n)$의 상한이다.
상수(constants)	$f(n) = O(c*g(n))$이면 상수 $c>0$에 대해 $f(n) = O(g(n))$	모든 증가 함수 $f(n)$의 단순 규칙을 정할 때 상수는 무시될 수 있다.
순차(sequence)	$f_1(n) = O(g_1(n))$이고 $f_2(n) = O(g_2(n))$이면 $f_1(n)+f_2(n) = O(max(g_1(n), g_2(n)))$	두 증가 함수가 순차적으로 실행될 때는 단순 규칙 중 가장 비용이 높은 부분이 고려된다.
루프(loop)	$f(n) = O(g(n))$이면 $n*f(n) = n*O(g(n))$. n은 루프 안에서 반복되는 횟수	증가 함수가 루프 안에서 실행될 때 반복과 관련된 비용은 단순하게 추가될 수 있다.

▲ 그림 2.10 단순화 규칙 정의와 해석

이 단순화 규칙은 이어지는 장들에서 알고리즘의 증가 함수 또는 시스템 런타임에 대한 비용을 평가할 때 계속 사용된다.

분류 규칙

두 선형 증가 함수 $f(n)$과 $g(n)$을 생각해보자. 분류 규칙은 어떤 함수가 더 좋은 성능을 가지고 있는지 결정할 때 사용된다. 분류 규칙은 다음과 같이 극한 정리를 이용해 평가할 수 있다.

---

4 데이터의 크기가 작을 때는 증가 함수의 모든 요소가 알고리즘의 성능 차이를 나타내는 중요한 요인이 된다. 그러나 데이터 크기가 커질수록 계수와 최고차 항을 제외한 나머지는 의미가 없어진다. 단순화 규칙이란 이런 이유로 점근 표기법에서 최고차 항으로만 간략하게 표시해 알고리즘의 성능을 비교하기 쉽도록 한 것이다. – 옮긴이

$$\lim_{n \to \infty} \frac{f(n)}{g(n)} = \frac{\lim\limits_{n \to \infty} f(n)}{\lim\limits_{n \to \infty} g(n)}$$

다음은 $f(n)$과 $g(n)$을 분류할 때 사용하는 세 가지 시나리오이다.

조건	관측	비교를 위한 단순화 공식
극한이 무한대로 향할 경우	f(n)이 g(n)보다 더 빠른 증가율을 갖는다.	f(n) = Ω(g(n))
극한이 0을 향할 경우	f(n)이 g(n)보다 느린 증가율을 갖는다.	f(n) = O(g(n))
극한이 0보다 큰 상수를 향할 경우	f(n)과 g(n)은 비슷한 증가율을 갖는다.	f(n) = θ(g(n))

▲ 그림 2.11 분류 규칙

프로그램의 계산 능력 추정

이제 점근 분석을 사용해 프로그램 또는 알고리즘에서 여러 요소들의 계산 능력을 추정해 보자.

요소 1 – 할당 연산자

각 개체(숫자, 문자, 복소수 또는 논리형)를 객체에 할당하는 것은 일정한 시간을 필요로 한다. 개체는 벡터, 데이터 프레임, 매트릭스나 다른 것일 수도 있다.

```
int_Vector <- 0:60
```

그러므로 할당 작업의 점근선(빅 세타 표기법)은 $\theta(1)$이다.

요소 2 – 단순 루프

루프 내에서 할당 작업을 하는 단순 for 루프를 보자.

```
a <- 0
for(i in 1:n)
  a <- a + i
```

다음은 각 코드 라인에 대한 점근선이다.

코드 라인	시스템 런타임	단순화 규칙	점근선 (빅 세타 표기법)
a <- 0	상수	상수	$\theta(1)$
for(i in 1:n)	—		
a <- a + i	상수(n번 반복)	루프	$\theta(n)$

▲ 그림 2.12 단순 for 루프의 점근 분석

그러므로 단순화 규칙을 사용한 이 for 루프의 전체 비용은 $\theta(n)$이다.

요소 3 – 복잡한 루프

while 루프와 루프 내에서 할당 작업을 하는 중첩 for 루프가 있는 복잡한 루프를 살펴보자.

```
a <- 1
i <- 1
b <- list()
while(i<=n)
{
  a <- a+i
  i <- i+1
}
for(j in 1:i)
    for(k in 1:i)
    {
        b[[j]] <- a+j*k
    }
```

다음은 각 코드 라인에 대한 점근선이다.

코드 라인	시스템 런타임	단순화 규칙	점근선 (빅 세타 표기법)
a <- 1 i <- 1 b <- list()	상수	상수	$\theta(c_1) \sim \theta(1)$
while(i<=n)	---		

{
  a <- a + i
  i<- i+1
}
	상수(n번 반복)	루프	$\theta(c_2 * n) \sim \theta(n)$

for(j in 1:i) for(k in 1:i)	---		

{
   b[[j]] <- a+j*k
}
	상수(j와 k 수만큼 반복)	중첩 루프	$\theta(c_3 * n^2) \sim \theta(n^2)$

▲ 그림 2.13 복잡한 루프에 대한 점근 분석

그러므로 단순화 규칙을 사용한 이 루프의 전체 비용은 $\theta(n^2)$이다.

요소 4 – 조건문을 가진 루프

다음 예제 코드처럼 내부에 if...else 조건문을 가진 for 루프를 살펴보자.

```
a <- 1
for(i in 1:n)
{
  if(i <= n/2)
  {
    for(j in 1:i)
    a <- a+i
  } else {
    a <- a*i
  }
}
```

다음은 각 코드 라인에 대한 점근선이다.

코드 라인	시스템 런타임	단순화 규칙	점근선 (빅 세타 표기법)
a <- 1	상수	상수	$\theta(c_1) \sim \theta(1)$

for(i in 1:n)
{. . .
}
	—		

if(i <= n/2)
{
  for(j in 1:i)
    a <- a+i
}
	상수(n(n+3)/8번 반복)	if 조건이 true일 때
		중첩 루프
			$\theta(c_2 * n(n+3)/8) \sim \theta(n^2)$

else{
  a <- a*i
}
	상수 (n/2번 반복)	if 조건이 false일 때
		단순 루프
			$\theta(c_3 * n) \sim \theta(n)$

▲ 그림 2.14 조건절이 있는 루프에 대한 점근 분석

if...else 조건문을 가진 이 루프의 단순화 규칙을 사용한 전체 비용은 $\theta(n^2)$이다. if...else 조건문의 비용 평가는 최악의 경우 시나리오를 사용한다. 여기서 최악의 경우 시나리오는 if 조건문이 true일 때이며, else 조건에 있는 단순 for 루프 대신에 중첩 for 루프가 실행된다. 그러므로 최대 증가율(또는 시스템 런타임)은 조건문의 점근선에 대한 추정이 반영됐다.

요소 5 - 재귀 명령문

루프 안에서 조건이 만족될 때까지 같은 함수를 반복해서 호출하는 것을 재귀 명령문이라고 한다. 가장 일반적으로 사용되는 재귀 명령문은 팩토리얼 함수이다. 다음은 정수 n의 팩토리얼을 계산하는 코드이다.

```
fact_n <- 1
for(i in 2:n)
{
  fact_n <- fact_n * i
}
```

다음은 각 코드 라인에 대한 점근선이다.

코드 라인	시스템 런타임	단순화 규칙	점근선 (빅 세타 표기법)
fact_n <- 1	상수	상수	$\theta(c_1) \sim \theta(1)$
for(i in 2:n) {. . . }	—		
fact_n <- fact_n * i	상수(n번 반복)	루프	$\theta(c_2 * n) \sim \theta(n)$

▲ 그림 2.15 재귀 명령문의 점근 분석

단순화 규칙을 사용한 이 재귀 명령문의 전체 비용은 $\theta(n)$이다.

문제 분석

알고리즘은 문제 분석을 위한 본질적인 기초를 형성하며, 각 문제는 다양한 알고리즘을 사용해 분석될 수 있다. 더 나아가, 앞에서 살펴보았듯이, 알고리즘은 자신의 함수적 성능을 기초로 평가된다. 하지만 여기서 알고리즘 수만큼 많은 솔루션을 가지고 있는 문제를 어떻게 평가할 것인가 하는 기초적인 질문이 발생한다.

m개의 (m은 무한대로 수렴한다) 알고리즘을 가진 문제를 생각해보자. 상한 또는 최악의 경우 시나리오는 최선의 경우 알고리즘의 상한보다 낮을 수 없고, 하한 또는 최선의 경우 시나리오는 최악의 경우 알고리즘의 하한보다 높을 수 없다. 즉, 한 알고리즘의 하한과 상한을 정의하는 것이 더 쉽지만, 전혀 고려해보지 않은 알고리즘이 있을 수 있기 때문에 문제에 대해 정의할 때 곤란해진다.

이 문제는 이어지는 장들에서 예제와 함께 더 상세히 다룰 것이다.

공간 한계

지금까지 알고리즘의 성능은 오직 알고리즘의 시스템 런타임 함수를 사용해 추정했다. 그와 더불어 시스템 공간 또는 가용 메모리는 알고리즘 개발자에게 또 다른 중요 제약사항이 될 수 있다. 런타임 증가 함수가 주로 입력 데이터 구조의 크기에 의존적이라면, 그와 달리 공간 증가 함수는 데이터 구조의 유형과 크기 모두에 의존적이다. 예를 들어 k바이트 크기의 요소 n개를 가진 벡터는 $k*n(\theta(n))$바이트의 메모리가 필요하다. 각 데이터 구조에 요구되는 시스템 공간은 효율적인 데이터 액세스를 위한 데이터 저장 모드에 따라 다르다.

예를 들면, 링크드 리스트는 리스트의 요소들뿐만 아니라 내부적인 탐색을 쉽게 하기 위한 포인터도 저장하고 있다. 포인터는 유지비 같은 부가적인 요소이므로 추가적인 저장 공간 할당이 필요하다. 그러므로 유지비가 적은 데이터 구조는 공간 증가 함수 관점에서 알고리즘의 성능을 향상시킬 수 있다.

그러나 한 알고리즘을 효과적으로 추정하기 위해서는 시스템 런타임과 요구되는 저장 공간 사이에 상호 절충 관계가 있어야 한다. 최고의 알고리즘은 적은 공간과 적은 런타임을 가질 것이다. 하지만 현실적으로 알고리즘 개발자가 두 가지 모두를 만족시키는 것은 매우 어렵다. 필요한 저장 공간을 줄이기 위해서 개발자는 데이터 정보를 인코딩하는 경향이 있다. 그러나 이것은 디코딩하기 위한 추가적인 시간이 필요하기 때문에 결과적으로 시스템 런타임을 증가시킨다. 그와 반대로, 개발자는 시스템 런타임을 줄이기 위해 저장 공간을 더 많이 소비해 알고리즘이 실행되는 동안 데이터 저장 정보를 재구성하기도 한다.

이와 관련된 자세한 내용은 뒤에 나오는 장들에서 다룰 것이다.

연습문제

1. 다음은 몇 가지 증가 함수이다. 성능이 가장 느린 것에서 빠른 것 순으로 정렬할 수 있는가?

   ○ $10n^3$

   ○ $3(log_e n)^2$

   ○ $10n$

   ○ $100n$

   ○ $Log_2 n^2$

   ○ $Log_2 n^3$

   ○ $Log_3 n^2$

   ○ $Log_3 n^3$

   ○ $n^{1.5}$

2. 다음 질문에 답하라.

   ○ R 환경에서 현재 사용 중인 총 메모리를 어떻게 추정할 수 있을까? R의 맥락에서 가비지 컬렉션^{GC}의 목적은 무엇인가?

   ○ 10개의 범주형 속성이 있는 매트릭스 또는 10개의 팩터^{factor}를 가진 데이터 프레임 중 어떤 것이 더 큰 크기를 차지하는가?

   ○ 고정된 수의 속성(15개의 칼럼)을 가진 데이터 프레임과 매트릭스가 있다. 관측치가 다섯 번 증가하는 것에 대한 메모리 할당을 추정하고 플롯을 그릴 수 있는가?

   ○ 왜 data.table은 data.frame보다 많은 메모리를 차지하는가?

3. data.table은 데이터 전처리 및 변환과 관련해 성능(연산의 실행이 빠른) 측면에서 확장 가능한가?

   (힌트: 많은 변수와 관측치를 가지고 각 시나리오를 microbenchmark로 여러 번 반복해 측정)

4. 팩토리얼 $n(n!)$에 대한 최선, 최악, 평균의 경우 시나리오는 무엇인가?

5. 컴퓨터 A보다 100배 빠른 컴퓨터 B를 생각해보자. 한 알고리즘이 주어진 시간 t 동안에 시스템 A에서 100,000번 반복한다고 가정해보자. 다음은 시스템 런 타임을 나타내는 함수이다.

- $10n\log_2 n$

- $5n^3$

- $8\log_3 n^2$

다음을 계산하라.

- 시스템 B에서 100,000번 반복을 완료하는 데 필요한 시간

- 주어진 시간 t 동안에 시스템 B에 의해 처리되는 반복 횟수

6. 입력 데이터 크기 n에 적절한 극한값을 사용한 점근 분석을 통해 다음 함수 $f(n)$과 $g(n)$ 간의 관계를 결정하라.

- $f(n) = n\log n$; $g(n) = n^2\log n$

- $f(n) = n^2$; $g(n) = 2^n$

- $f(n) = 25$; $g(n) = 2^{10}$

- $f(n) = 2^n$; $g(n) = 3^n$

- $f(n) = n\log n$; $g(n) = (\log n)^2$

7. 다음 코드의 빅 세타를 추정하라

- (1)

```
for(i in 1:100)
{
  a = i*10
  b = a+50
}
```

- (2)

```
i=1; a=0
while(i<100)
{
```

```
    a = c(a,i)
    I = i+1
}
```

○ (3)

```
a = data.frame(i=0, j=0)
for(i in 1:100)
{
  for(j in 1:100)
  {
    a[i,1] = i
    a[j,2] = j
  }
}
```

○ (4)

```
a = 50
for(i in 1:100)
{
  if(i <= a)
    print("i is less than or equal to a")
  else
    print("i is greater than a")
}
```

요약

2장에서는 R에서의 알고리즘 성능 추정에 대한 기본 개념과 차이점을 간략하게 살펴봤다. R의 메모리 관리 및 시스템 런타임에 대한 개념도 다루었다. 알고리즘의 성능을 추정하는 최선, 최악, 평균의 경우 시나리오에 대해서도 이야기했다. 추가로 컴퓨터 성능과 알고리즘의 시스템 런타임 간의 상호 절충 관계, 알고리즘 점근 분석, 단순화 규칙과 분류 규칙, 프로그램의 계산 능력 추정에 대한 내용을 다뤘다. 3장에서는 R의 기본적인 데이터 구조와 리스트의 개념에 대해서 다룬다.

3 링크드 리스트

3장에서는 동질적인 개체들로 이루어진 데이터 타입인 벡터와 요소 데이터 타입 element data type을 자세히 다룬다. 또한, 3장은 연속 메모리 할당에서 링크드 리스트 linked list와 같은 비연속 메모리 할당 데이터 타입으로 넘어갈 것이다. 링크드 리스트 데이터 구조는 데이터를 수집해 그 앞과 뒤에 오는 다른 개체와의 상대적인 관계를 통해 데이터를 정렬한다. 선형 데이터 구조는 두 개의 끝을 갖고 있으며, 항목을 추가 또는 삭제하는 방법에 따라 다른 데이터 구조와 구별할 수 있다. 3장에서는 선형 링크드 리스트, 이중 링크드 리스트, 원형 링크드 리스트 등과 같은 링크드 리스트의 다양한 형태를 다룰 것이다. 그리고 다음과 같은 주제를 소개할 것이다.

- 벡터와 같은 R의 내장 데이터 타입과 요소 데이터 타입[1]
- R의 S3, S4, 참조 클래스를 사용해 객체지향 프로그램 작성

---

1 이 책에서 '요소 데이터 타입'은 R의 팩터, 매트릭스, 배열, 데이터 프레임, 리스트를 말한다. - 옮긴이

- 배열 기반 리스트 구현

- 링크드 리스트

- 리스트 구현 비교

- (리스트 내) 개체 구현

- 이중 링크드 리스트

- 원형 링크드 리스트

- 벡터와 원자 벡터

R의 데이터 타입

데이터 구조에 대해 이야기하기 전에, R 프로그래밍 언어에서 제공하는 데이터 타입을 먼저 살펴보자. 동질성 데이터 타입인 기본 데이터 구조는 특정 데이터셋을 빠르게 액세스하기 위해 연속적인 셀 시퀀스 방식의 메모리 할당을 기반으로 한다. 이를 위해 모든 동질성 타입은 하나의 데이터 타입만 지원한다.

예를 들어 그림 3.1에서 각 개체는 숫자형, 논리형, 문자열 데이터 타입을 갖고 있지만, 벡터에는 모두 문자열 데이터 타입으로 저장된다.

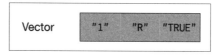

▲ 그림 3.1 문자열 데이터 타입으로 저장된 벡터의 예

마찬가지로 그림 3.2에 보이는 것처럼 여러 데이터 타입을 갖고 있는 매트릭스는 강제로 문자열 데이터 타입으로 저장된다. 배열은 매트릭스가 2차원에서 다차원으로 확장된 것이다.

Name	Age	Sex		Name	Age	Sex
"Matt"	21	"M"		"Matt"	"21"	"M"
"Adny"	35	"M"		"Andy"	"35"	"M"
"Parita"	49	"F"		"Parita"	"49"	"F"
"Krishna"	60	"M"		"Krishna"	"60"	"M"
character	numeric	character				

▲ 그림 3.2 숫자형과 문자열 데이터로 구성된 매트릭스는
문자열 데이터 타입을 가진 2차원 매트릭스로 저장된다

동질성 데이터 구조의 모든 개체들은 같은 데이터 타입이어야 하기 때문에, R은 그림 3.3과 같이 서로 다른 데이터 타입을 그 우선순위에 따라 가장 유연한 타입으로 결합하려고 시도한다.

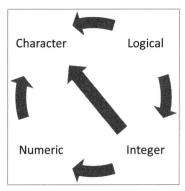

▲ 그림 3.3 데이터 타입의 강제적 형변환 우선순위

그림 3.3을 보면 문자열 데이터 타입이 동질성 데이터 타입 중에서 가장 우선순위가 높다. 논리형은 정수형으로 변환되고, 정수형은 실수형으로 변환된다. 이 그림에 보이는 것은 모두 내장 데이터 구조이다. 다음 그림은 다른 데이터 타입으로 강제 변환시키는 연산자를 보여준다.

R의 연산자	형변환		예시	
	From	To		
as.numeric	Character	Numeric	"1", "2.5","3" --->	1, 2.5, 3
			"A","B","C" --->	NA, NA, NA
	Logical	Numeric	TRUE --->	1
			FALSE --->	0
as.character	Numeric	Character	1, 2, 3, 4 --->	"1", "2", "3", "4"
	Logical	Character	TRUE --->	"TRUE"
			FALSE --->	"FALSE
as.logical	Numeric	Logical	0 --->	FALSE
			Non-Zero --->	TRUE
	Character	Logical	"F", "FALSE" --->	FALSE
			"T", "TRUE" --->	TRUE
			Others --->	NA

▲ 그림 3.4 여러 가지 데이터 타입의 강제 형변환

벡터와 원자 벡터

벡터는 연속적인 메모리 할당으로 여러 개체를 저장하는 대표적인 데이터 구조이며, 각 셀은 인덱스를 통해 액세스된다. $v[2]$라는 표현은 벡터 v의 두 번째 개체를 가리킨다. R은 여섯 가지의 기본 원자 벡터atomic vector를 가지고 있다.

다음 그림은 여섯 가지 원자 벡터의 유형typeof과 모드mode, 저장 모드storage mode를 보여준다.

유형	모드	저장 모드
logical	logical	logical
integer	numeric	Integer
double	Numeric	double
complex	complex	complex
character	character	character
raw	raw	raw

▲ 그림 3.5 원자 벡터의 모드와 저장 모드

연속적인 메모리 할당 및 인덱스를 통한 액세스는 항목을 삽입 또는 삭제할 때 비용이 많이 들게 만든다. 예를 들어 한 회사에서 이름, 성별, 나이, 부서 등 현재 근무 중인 직원의 세부 정보를 관리하려고 한다. 간단하게 생각해서 직원 이름을 저장하는 데 벡터 표현을 사용한다고 가정해보자. m명의 직원이 현재 근무 중이고, Navi라는 이름의 새 직원이 회사에 들어 왔다. 직원 이름은 순서대로 정렬돼 저장되므로, 다음 그림처럼 새 직원은 Bob 다음에 저장돼야 한다.

▲ 그림 3.6 벡터에 항목을 삽입하는 경우

이 작업을 수행하기 위해 Bob 이외의 다른 모든 직원 이름은 하나씩 뒤로 이동해야 하며, 이때 벡터에 삽입되는 위치가 k라면 $m-k$만큼 작업이 수행된다. 삭제 작업도 마찬가지로 그림과 같이 모든 항목이 뒤에서 앞으로 이동해야 한다.

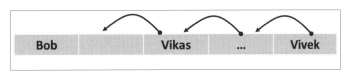

▲ 그림 3.7 벡터에서 항목을 삭제하는 경우

요소 데이터 타입

R은 고유한 특성을 가진 다양한 요소 데이터 타입을 지원한다. 원자 벡터는 바로 앞에서 다룬 가장 기본적인 요소 데이터 타입이다. 다른 것들은 다음과 같다.

팩터

팩터^{factor}는 범주형 벡터로서 각 고유한 문자열에 대응하는 레이블된 정수 값으로 이루어진 벡터이다. 팩터 내의 각 항목은 숫자 또는 문자열 형식으로 표현될 수 있다. 또한, 각 항목은 문자열, 숫자형, 논리형, 복소수형 등의 다양한 데이터 타입이 될 수 있다.

다음 예제는 범주형 벡터 내의 문자열이 어떻게 고유한 정수 값(팩터)으로 자동 할당되는지를 보여준다. 정수로 표시된 레벨은 벡터 내의 고유한 문자열 개체의 발생 순서에 따라 부여된다.

```
> fact1 <- factor(c("a","b","c","c","a","b"))
> fact1
[1] a b c c a b
> str(fact1)
Factor w/ 3 levels "a","b","c": 1 2 3 3 1 2
```

하지만 필요할 경우 사용자가 레벨을 정의하는 것도 가능하다.

```
> fact2 <- factor(c("a","b","c","c","a","b"), labels=c(1,2,3),
levels=c("c","a","b "))
> fact2
[1] 2 3 1 1 2 3
Levels: 1 2 3
> str(fact2)
Factor w/ 3 levels "1","2","3": 2 3 1 1 2 3
```

매트릭스

매트릭스는 동질성 콘텐츠들이 행과 열로 정의된 2차원 배열이다. 동질성 콘텐츠의 개체는 문자열, 숫자형, 논리형, 복소수형 등과 같이 다양한 데이터 타입이 될 수 있다.

다음 예제는 숫자로 된 매트릭스와 문자열로 이루어진 매트릭스를 보여준다. mode()는 R 환경에서 데이터 타입을 확인할 때 사용된다.

```
# 숫자형 매트릭스
> mat1 <- matrix(1:10, nrow=5)
> mat1
      [,1]  [,2]
[1,]    1    6
[2,]    2    7
[3,]    3    8
[4,]    4    9
[5,]    5   10
> mode(mat1)
[1] "numeric"


# 문자열 매트릭스
> mat2 <- matrix(c("ID","Total",1,10,2,45,3,26,4,8), ncol=2, byrow=T)
> mat2
     [,1]   [,2]
[1,] "ID"   "Total"
[2,] "1"    "10"
[3,] "2"    "45"
[4,] "3"    "26"
[5,] "4"    "8"
> mode(mat2)
[1] "character"
```

배열

배열은 동질성 콘텐츠로 이루어진 다차원 벡터이며, 동질성 콘텐츠의 개체는 문자열, 숫자형, 논리형, 복소수형 등과 같이 다양한 데이터 타입이 될 수 있다.

다음은 3차원 배열을 만드는 예이다.

```
> arr1 <- array(1:18, c(3,2,3))
> arr1
, , 1
     [,1] [,2]
[1,]    1    4
```

```
[2,]    2    5
[3,]    3    6
, , 2
       [,1] [,2]
[1,]    7   10
[2,]    8   11
[3,]    9   12
, , 3
       [,1] [,2]
[1,]   13   16
[2,]   14   17
[3,]   15   18
```

c(3, 2, 3)은 칼럼 벡터의 길이가 배열의 차원을 정의하고, 칼럼 벡터의 값이 격자의 크기를 결정하는 방식으로 배열을 정의한다. 이 경우에 X는 3단위, Y는 2단위, Z차원은 3단위이다.

데이터 프레임

데이터 프레임은 같은 길이를 가진 다양한 타입의 벡터들이 합쳐진 (이질성 콘텐츠) 2차원 테이블이다. 데이터 프레임은 리스트와 매트릭스의 속성을 모두 가지고 있다. 콘텐츠의 각 객체는 문자열, 숫자형, 논리형, 복소수형 등과 같이 다양한 데이터 타입이 될 수 있다.

다음은 5개의 관측치와 4개의 속성을 가진 데이터 프레임이다.

```
> Int <- c(1:5); Char <- letters[1:5]; Log <- c(T,F,F,T,F);
Comp <- c(1i,1+2i,5,8i,4)
> data.frame(Int,Char,Log,Comp)
  Int Char   Log Comp
1   1    a  TRUE 0+1i
2   2    b FALSE 1+2i
3   3    c FALSE 5+0i
4   4    d  TRUE 0+8i
5   5    e FALSE 4+0i
```

리스트

리스트는 모든 가능한 객체(리스트 자체도 포함)를 묶어서 하나의 객체에 할당하는 방법이다. 리스트는 1차원 속성을 가지고 있으며, 이질적인 객체들을 가질 수 있다. 하나의 리스트 안에 여러 개의 리스트를 가질 수 있기 때문에 재귀적이라고 불리기도 한다. 리스트 내부의 각 객체는 문자열, 숫자형, 논리형, 복소수형 등과 같이 다양한 데이터 타입이 될 수 있다.

다음 코드는 리스트를 만드는 방법과 R 환경에서 어떻게 표시되는지를 보여준다.

```
> list1 <- list(age = c(1:5),  # 숫자형 벡터
+ name = c("John","Neil","Lisa","Jane"),  # 문자열 벡터
+ mat = matrix(1:9, nrow = 3), # 숫자형 매트릭스
+ df = data.frame(name = c("John","Neil","Lisa","Jane"),
gender = c("M","M","F","F")),  # 데이터 프레임
+ small_list = list(city = c("Texas","New Delhi","London"),
country = c("USA","INDIA","UK")))  # 리스트

> list1
$age
[1] 1 2 3 4 5
$name
[1] "John" "Neil" "Lisa" "Jane"
$mat
     [,1] [,2] [,3]
[1,]    1    4    7
[2,]    2    5    8
[3,]    3    6    9
$df
name gender
1 John       M
2 Neil       M
3 Lisa       F
4 Jane       F
$small_list
$small_list$city
[1] "Texas"   "New Delhi" "London"
$small_list$country
[1] "USA"    "INDIA" "UK"
```

R은 또한, S3, S4, R5 클래스와 같은 객체지향 프로그래밍^{object-oriented programming,}_{OOP}을 사용해 데이터 타입을 구현하는 다양한 방법을 제공한다. 다음 절에서는 나중에 다른 데이터 구조를 구현하기 위해 사용하는 객체지향 프로그래밍의 기초에 대해서 살펴본다.

R에서의 객체지향 프로그래밍

이미 알고 있듯이 R은 함수형 언어이지만 객체지향 프로그래밍도 지원한다. R에서의 객체지향 프로그래밍은 하나의 전형^{archetype}으로 객체와 객체 간의 상호작용이 다양한 제너릭 함수를 설계하는 데 사용된다. 이것은 하나의 커다란 기능을 형성하기 위해 통합될 수 있는 모듈 코드를 만들어가는 과정을 정의한다. 객체지향 프로그래밍과 관계된 주요 핵심 개념은 다음과 같다.

- **객체**: R에서 한 클래스의 인스턴스 또는 함수의 출력
- **클래스**: R에서 객체의 타입과 속성을 정의하기 위해 사용
- **메소드**: 특정 클래스의 객체에 대한 제너릭 함수의 구현
- **제너릭 함수**: 자체적으로 계산을 수행하지 않고 여러 메소드를 호출하는 일반화된 함수

R은 여러 가지 객체, 클래스, 메소드를 기반으로 객체지향 프로그래밍 시스템의 세 가지 형태를 지원한다.

- **S3**: 형식에 얽매이지 않고 단순하며 대화형이라 R에서 널리 사용되는 객체지향 프로그래밍 시스템이다. base와 stats 같은 기본 패키지들은 주로 S3 시스템을 사용해 만들어졌다. 다음은 데이터 프레임, 벡터, 또는 lm() 함수의 출력과 같은 여러 객체와 관련된 메소드를 위해 만들어진 몇 가지 제너릭 함수이다.

메소드	제너릭 함수
객체 출력	*print()*
객체에 대한 요약 출력	*summary()*
다양한 객체의 플롯 출력	*plot()*

▲ 그림 3.8 여러 메소드를 위한 S3 제너릭 함수

- **S4**: S3와는 달리 S4는 좀 더 형식적이고 엄격하며 객체를 생성하는 획일적인 방식을 제공한다. 또한, 제너릭 함수는 여러 개의 인수를 가진 클래스를 기반으로 메소드를 선택하기 위해 여러 번 전달될 수 있다. S4에서는 `new()` 함수를 사용해 새로운 객체를 만들고, `setClass()` 함수를 사용해 클래스의 구성 요소를 정의한다. 클래스는 세 가지 주요 특성을 갖는다.

  - **클래스명**: 클래스를 식별하기 위한 영문자-숫자 문자열이다.

  - **representation**: 데이터 타입과 함께 속성(또는 슬롯)의 목록을 정의할 때 사용한다. 예를 들어 상점의 직원 클래스는 문자열로 표시되는 이름, 숫자인 나이, 문자열인 성별을 다음과 같이 정의한다.

    ```
    representation(name="character", age="numeric", gender="character")
    ```

  - **contains 또는 문자열 벡터**: 다중 상속에 사용되는 벡터. S4에서 `contains` 옵션을 사용하면 메소드 조회가 복잡해지므로 주의해야 한다.

- **R5(참조 클래스)**: 제너릭 함수를 구현하는 S3, S4와는 달리 R5는 메소드가 함수가 아닌 클래스에 속해 있는 Java, C++, C# 등의 다른 객체지향 프로그램과 유사한 메시지 전달 객체지향 프로그램을 구현한다. 또한, R5 객체는 R 환경의 copy on modify 메커니즘에 종속돼 있지 않기 때문에 변경될 수 있다.

다음은 S3, S4, R5 시스템을 비교한 표이다.[2]

특성	S3	S4	R5 (참조 클래스)
객체의 클래스 식별	pryr::otype()	pryr::otype() or isS4()	(is(x,"refClass")).pryr::otype()
제너릭 함수와 메소드의 클래스 식별	pryr::ftype()	pryr::ftype() or isS4()	(is(x,"refClass")).pryr::ftype()
클래스 정의	해당 없음	setClass()	setRefClass()
새로운 객체 생성	클래스 속성	new()	생성자 함수
속성에 대한 액세스	$	@	$
메소드가 속한 객체	제너릭 함수	제너릭 함수	클래스
종속 여부	예	예	아니오

▲ 그림 3.9 S3, S4, R5 객체지향 시스템 비교

링크드 리스트

리스트는 유한한 수의 집합 또는 개체로 불리는 연속적인 데이터 항목의 집합으로 정의될 수 있다. 리스트의 각 개체는 특정한 데이터 타입을 가질 수 있으며, 가장 단순한 경우 모든 개체가 같은 데이터 타입을 갖는다. R에서 리스트 구현은 본질적으로 R 객체의 배열이다. 리스트의 배열 기반 구현은 다음 절에서 논의할 것이다. 리스트 데이터 구조를 구현하기 위해 R에서는 객체라고 불리는 환경을 사용할 것이다.

```
# 벡터, 데이터 프레임, 매트릭스, 문자열로 만든 리스트 예제
> elist <- list(vec=1:4, df=data.frame(a=1:3, b=4:6), mat=matrix(1:4,
nrow=2),
name="pks")
> elist[["vec"]]
[1] 1 2 3 4
```

---

2 더 자세한 내용은 『R에서 객체지향 프로그래밍 사용하기』(에이콘, 2016)를 참고한다. – 옮긴이

링크드 리스트에서 각 항목은 자신과 관계 있는 다른 항목의 상대적인 위치를 가지고 있다. 리스트는 연속 메모리 할당을 할 필요가 없기 때문에 데이터가 비연속적으로 메모리에 할당될 수 있다. 그림 3.6에서 연속 및 비연속 메모리 할당의 구현을 볼 수 있다.

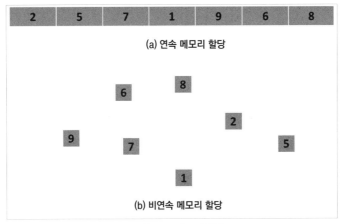

▲ 그림 3.10 메모리 할당

비연속 메모리 할당의 경우 데이터는 무작위적인 위치에 저장된다. 비연속적으로 할당된 메모리를 효율적으로 사용하기 위해서 데이터 구조는 그림 3.11에 보이는 것처럼 파일 시스템과 결합돼야 한다. 링크드 리스트는 각 셀을 정렬된 형식으로 연결해 이 집합을 저장한다. 링크드 리스트의 시작과 끝은 각각 헤드^{head}와 테일^{tail}로 불린다.

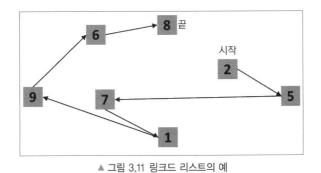

▲ 그림 3.11 링크드 리스트의 예

링크드 리스트에는 다음과 같은 것들이 있다.

- 선형 링크드 리스트Linear linked list

- 이중 링크드 리스트Doubly linked list

- 원형 링크드 리스트Circular linked list

또한, 링크드 리스트는 개체들의 정렬 여부에 따라 정의할 수도 있다. 예를 들어 개체들이 정렬된 순서대로 위치를 잡은 링크드 리스트는 정렬된 리스트sorted list이며, 링크드 리스트 내 각 개체의 값과 배치에 일정한 패턴이 없는 것을 비정렬 리스트unsorted list라고 한다.

선형 링크드 리스트

선형 링크드 리스트는 일방 통행 리스트 또는 단일 링크드 리스트라고도 한다. 단일 링크드 리스트는 그림 3.12와 같이 연속된 일련의 노드node로 이루어져 있으며, 각 노드는 하나의 개체와 다음 노드에 대한 연결 정보를 저장한다. 단일 링크드 리스트의 개체는 연속된 메모리 위치에 저장될 수도 있고 아닐 수도 있기 때문에 선형적인 순서를 관리하기 위해 포인터pointer를 사용한다.

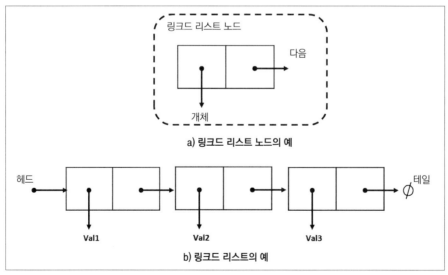

▲ 그림 3.12 단일 링크드 리스트의 블록과 그 예

링크드 리스트의 각 노드는 개체 필드와 다음 노드에 대한 포인터 필드로 구성돼 있다. 링크드 리스트의 개체 필드는 항목의 값을 저장하며, 포인터 필드는 다음 노드를 가리키는 정보를 가지고 있다. 마지막 노드에서 포인터의 값은 NULL이다. 단일 링크드 리스트를 구현해 보기 전에 링크드 리스트에 필요한 추상 데이터 타입을 정의해 보자.

번호	작업	입력	출력
1	새로운 빈 리스트 생성	없음	비어 있는 리스트
2	링크드 리스트가 비어 있는지 확인	리스트	불리언 값(True, False) 반환
3	리스트의 크기	없음	정수 값으로 크기 반환
4	기존의 리스트에 항목 추가	추가될 항목	변경된 리스트
5	기존 리스트에서 항목 삭제	삭제될 항목	변경된 리스트
6	리스트에서 항목 검색	검색할 항목	불리언 값(True, False) 반환

▲ 그림 3.13 링크드 리스트를 위한 추상 데이터 타입의 예

추상 데이터 타입은 문제의 요구 사항에 따라 달라진다. 추상 데이터 타입의 첫 번째 항목은 환경을 설정하는 것이다.

```
create_emptyenv <- function() {
  emptyenv()
}
```

링크드 리스트는 정렬된 튜플 $<e_n>_{n \in N}$으로 나타낼 수 있다. e_n은 링크드 리스트의 n번째 항목을 가리킨다. 비어 있는 링크드 리스트는 튜플 표기법 <>으로 나타낸다. create_emptyenv() 함수는 링크드 리스트를 위한 비어 있는 환경을 생성하며, 여기에 명명된 객체들과 포인터를 담을 수 있다. 새로운 리스트를 만들기 전에 isEmpty() 함수에서 R의 identical 함수로 리스트가 비어 있는지 확인한다.

```
isEmpty <- function(llist) {
  if(class(llist)!="linkList")   warning("Not linkList class")
  identical(llist, create_emptyenv())
}
```

다음 단계에서는 그림 3.12(a)와 같은 링크드 리스트의 노드를 정의한다.

```r
linkListNode <- function(val, node=NULL) {
  llist <- new.env(parent=create_emptyenv())
  llist$element <- val
  llist$nextnode <- node
  class(llist) <- "linkList"
  llist
}
```

linkListNode() 함수에서 한 개체는 element와 nextnode를 갖는다. element 필드는 항목 값을 저장하고, nextnode는 링크드 리스트의 다음 노드를 가리킨다. linkListNode() 함수를 사용해 새 링크드 리스트를 생성하는 예는 다음과 같다.

```r
LList <- linkListNode(5,linkListNode(2,create_emptyenv()))
```

생성된 리스트는 노드를 추가, 삭제함으로써 동적으로 확장될 수 있다. 링크드 리스트 안의 개체와 노드는 다음과 같이 함수를 통해 액세스할 수 있다.

```r
setNextNode <- function(llist) {
  llist$nextnode
}
setNextElement <- function(llist) {
  llist$element
}
```

추상 데이터 타입의 다음 부분은 링크드 리스트의 크기를 얻는 것이다. 링크드 리스트의 크기는 링크드 리스트를 스캔하기 위한 포인터가 필요하다. 스캔은 R에서 재귀 호출을 사용해 구현된다.

```r
sizeLinkList <- function(llist, size=0) {
  if (isEmpty(llist))
  {
    return(size)
  } else {
    size <- size+1L
    sizeLinkList(llist$nextnode, size)
  }
}
```

`sizeLinkList` 함수는 첫 번째 위치에서 시작해서 빈 환경을 찾을 때까지 리스트의 노드를 계속 스캔한다. 마찬가지로 항목 추가는 링크드 리스트의 시작, 끝 또는 모든 위치에서 수행될 수 있다. 시작 위치에 링크드 리스트 노드를 추가하기 위해서는 단지 그림 3.14와 같이 포인터를 기존의 링크드 리스트와 연결하기만 하면 된다. 마찬가지로 링크드 리스트의 끝에 노드를 추가할 때는 비어 있는 포인터에 새로 생성된 노드 정보를 업데이트하면 된다. 리스트 안쪽에 개체를 추가하려면 그림 3.15와 같이 노드를 업데이트해야 한다.

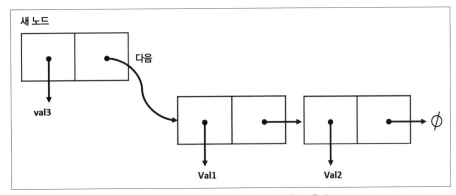

▲ 그림 3.14 기존의 링크드 리스트에 항목 추가

시작 위치에 항목을 추가하는 구현부는 다음과 같다.

```
addElement <- function(new, llist)
{
  if (isEmpty(llist)) {
    llist <- linkedlist(new)
  } else {
    llist <- linkListNode(llist, new)
  }
  llist
}
```

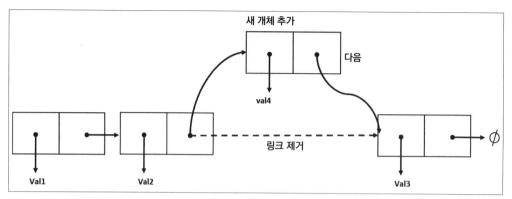

▲ 그림 3.15 리스트 내부에 항목을 추가

삭제 구현은 추가와 비슷한 원리로 (그림 3.15 참조) 삭제될 노드를 건너뛰고 나머지 노드들의 링크를 업데이트하면 된다.

```
delElement <- function(llist, pos=NULL) {
  if(is.null(pos))warning("Nothing to delete")
  listsize <- sizeLinkList(llist)
  if(pos>listsize)stop("Position greater than size of list")
  if (isEmpty(llist)) {
    warning("Empty List")
  } else if(pos==1) {
    PreviousNode <- llist$nextnode
  } else {
    PreviousNode <- linkListNode(llist$element)
    for(i in 1:(listsize-1)) {
      if(pos==(i+1)) {
        PreviousNode$nextnode <- setNextNode(llist$nextnode)
      } else {
        PreviousNode$nextnode <- llist$nextnode
        llist<-llist$nextnode
      }
    }
  }
  return(PreviousNode)
}
```

한 항목을 검색하는 것은 시작 위치에서 끝까지 링크드 리스트를 재귀적으로 스캔하는 것으로 구현할 수 있다.

```
findItem <- function(llist, item, pos=0, itemFound=FALSE) {
  if (itemFound==TRUE) {
    return(itemFound)
  } else if(isEmpty(llist)) {
    return(FALSE)
  } else {
    pos <- pos+1L
    if(llist$element==item) itemFound <- TRUE
    findItem(llist$nextnode, item, pos, itemFound)
  }
}
```

항목을 발견하면 TRUE를, 그렇지 않으면 FALSE를 반환한다.

이중 링크드 리스트

이중 링크드 리스트는 선형 링크드 리스트의 확장으로, 그림 3.16과 같이 이전 노드와 다음 노드에 대한 포인터를 모두 가지고 있다.

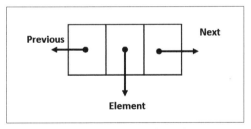

▲ 그림 3.16 이중 링크드 리스트의 노드

양쪽에 있는 포인터는 양쪽 방향을 이동할 수 있게 해준다. 한 개의 노드만 있는 이중 링크드 리스트는 이전, 다음 포인터가 모두 NULL로 설정된다. 두 개의 포인터 때문에 이 데이터 구조는 단일 링크드 리스트에 비해 더 많은 메모리를 사용한다.

단일 링크드 리스트와 마찬가지로 이중 링크드 리스트의 시작과 끝 위치는 각각 헤드와 테일이라고 부른다. dlinkListNode 함수는 이중 링크드 리스트 노드를 만들기 위한 것이다.

```r
dlinkListNode <- function(val, prevnode=NULL, node=NULL) {
  llist <- new.env(parent=create_emptyenv())
  llist$prevnode <- prevnode
  llist$element <- val
  llist$nextnode <- node
  class(llist) <- "dlinkList"
  llist
}
```

앞에 나온 노드 구조를 사용해 생성된 이중 링크드 리스트의 예는 그림 3.17에 보이는 것과 같다.

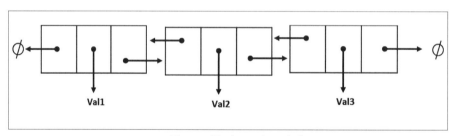

▲ 그림 3.17 이중 링크드 리스트의 예

원형 링크드 리스트

원형 링크드 리스트는 헤드와 테일을 서로 연결함으로써 단일 및 이중 링크드 리스트를 확장한다. 원형 링크드 리스트는 그림 3.18에 보이는 것과 같다.

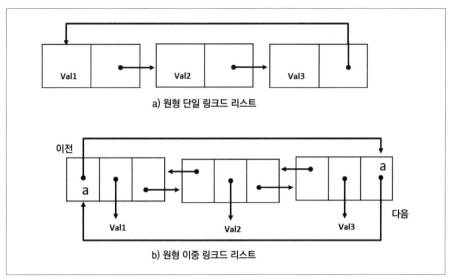

a) 원형 단일 링크드 리스트

b) 원형 이중 링크드 리스트

▲ 그림 3.18 원형 링크드 리스트의 예

원형 링크드 리스트는 링크드 리스트에서 NULL 노드를 서로 연결함으로써 얻을 수 있다. 예를 들어 단일 링크드 리스트는 헤드를 테일 노드에 넘김으로써 원형 링크드 리스트로 변환시킬 수 있다.

```
cicularLinkList <- function(llist, val) {
  if(isEmpty(llist)) {
    llist <- linkListNode(val)
    head <- llist
  } else {
    llistNew <- linkListNode(val)
    llistNew$nextnode <- head
    llist <- linkListNode(llist, llistNew)
  }
  llist
}
```

원형 링크드 리스트는 순환 형태로 게임이 끝날 때까지 한 플레이어에서 다른 플레이어로 포인터가 계속 이동하는 브릿지 카드 게임과 같은 멀티플레이어 게임에 사용된다.

배열 기반 리스트

배열 리스트^{array list}라고도 불리는 배열 기반 리스트^{array-based list}는 크기 조정이 가능한 배열이다. 링크드 리스트는 개체가 계속 추가되면 그 크기가 동적으로 증가한다. 배열 기반 리스트는 할당된 배열에 개체를 할당한다. 그런데 새 개체에 일부 데이터가 할당되었는데 배열에 더 이상 공간이 없으면 그 개체는 새로운 배열에 할당되고, 관련된 모든 데이터는 새로 할당된 배열로 옮겨간다. 예를 들어 그림 3.19에 보이는 것처럼, 새 항목을 추가하면 배열이 꽉 차기 때문에 기본값만큼 크기가 증가한 더 큰 배열로 모든 데이터가 재할당된다.

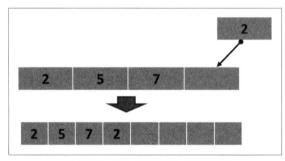

▲ 그림 3.19 배열 기반 링크드 리스트의 예

R에서 배열 리스트를 구현하기 위해 ALinkList라는 참조 클래스를 만들어 보자. 배열 기반 링크드 리스트를 위해 다음과 같은 클래스 필드가 필요하다.

- Alist: 저장할 데이터셋

- listsize: 배열에서 현재 위치에 대한 포인터. 이것은 또한, 리스트의 현재 크기 정보로 사용될 수 있다.

- arraysize: 배열 확장 시 증가되는 기본 크기

- maxSize: 배열의 최대 크기

정의된 클래스를 arraysize는 100, listsize는 0, maxSize는 100으로 초기화하면 Alist는 100개의 개체를 저장할 수 있다.

```
AlinkList <- setRefClass(Class = "ALinkList",
  fields = list(
    Alist="array",
    listsize="integer",
    arraySize="integer",
    maxSize="integer"
  ),
  methods = list(
    initialize = function(...) {
      listsize <<- 0L
      arraySize <<- 100L
      Alist <<- array(dim = arraySize)
      maxSize <<- arraySize
    }
  )
)
```

AlinkList 클래스에 대한 메소드는 추상 데이터 타입에 기초해 추가할 수 있다. AlinkList 클래스에 대한 기본적인 추상 데이터 타입을 정의하면 그림 3.20과 같다.

번호	작업	입력	출력
1	빈 배열 리스트 생성	없음	빈 배열 리스트
2	배열 리스트의 크기	없음	정수 값으로 크기 반환
3	기존 배열 리스트에 항목 추가 및 가득 찬 경우 확장	추가될 항목	수정된 리스트
4	위치를 기반으로 기존 배열 리스트에서 항목 삭제	삭제할 위치	수정된 리스트
5	배열 리스트에서 항목 검색	검색할 항목	불리언 값(True, False) 반환

▲ 그림 3.20 배열 리스트에 대한 추상 데이터 타입의 예

배열의 길이는 메소드에 listsize를 반환해 얻을 수 있다.

```
listlen = function()
{
  return(listsize)
}
```

배열 리스트에 항목을 추가하는 것은 리스트 크기에 대한 추가적인 확인을 요구한다. 만약 listsize가 maxSize보다 크다면 배열은 arraySize를 기반으로 확장돼야 한다.

```
updateArrayList = function() {
  Alist <<- c(Alist, array(dim=arraySize))
  maxSize <<- maxSize+arraySize
},
addItem = function(item) {
  if(maxSize<=listsize) {
    updateArrayList()
  }
  listsize <<- listsize+1L
  Alist[listsize] <- item
  return(listsize)
}
```

항목은 배열 인덱스를 기반으로 삭제할 수 있다.

```
removeItem = function(i)
{
  Alist[i] <<- NULL
  listsize <<- listsize - 1L
}
```

배열 리스트에서 항목을 삭제 또는 검색하는 것은 배열 리스트 스캔을 통해 수행된다. 예를 들어 항목의 위치를 찾는 코드는 다음과 같다.

```
searchItem = function(val) {
  pointer <- 1L
  while(pointer!=listsize){
    if(Alist[pointer]==val){
      break
```

```
        }
        pointer <- pointer+1L
    }
    return(pointer)
}
```

searchItem 함수는 배열 리스트를 스캔해 값이 발견된 위치를 반환한다.

리스트 작업 분석

리스트 작업의 복잡성은 순회 시간traversal time에 달려 있다. n개의 노드를 가진 링크드 리스트에서 isEmpty() 메소드는 첫 번째 노드만 비교해 비어 있는지 확인하기 때문에 $O(1)$이다. sizeLinkList() 메소드는 링크드 리스트의 길이를 결정하기 위해 $O(n)$의 작업이 요구된다. 길이 결정을 위해서 링크드 리스트 전체를 순회해야 하기 때문이다.

링크드 리스트에서 항목을 삭제하거나 검색할 때 최악의 경우 해당 항목을 찾기 위해 모든 노드를 스캔해야 하기 때문에 $O(n)$의 작업시간이 걸린다. 한편으로 addElement() 메소드는 새 개체를 링크드 리스트의 헤드에 바로 추가하기 때문에 $O(1)$의 시간이 걸린다. 특정 위치에 삽입하는 작업은 링크드 리스트의 p번째 노드까지 횡단해야 하기 때문에 $O(p)$이다. 예를 들어 리스트 <1, 2, 5, 4>의 3번째 위치에 11을 삽입하려고 한다. 삽입 작업을 위해서는 포인터가 헤드에서 3번째 위치로 이동해야 한다. 마지막 노드 뒤에 삽입해야 하는 최악의 경우 $O(n)$의 런타임이 필요하다.

배열 리스트에서는 인덱싱을 통해 개체에 직접 액세스할 수 있기 때문에 특정 위치로 이동하는 런타임은 $O(1)$이다. 삽입 및 삭제 작업이 리스트의 테일에서 수행된다면 배열 리스트에서 다른 데이터는 전혀 이동할 필요가 없기 때문에 그 구현은 매우 쉬우며, 작업량은 $O(1)$이 된다. 하지만 항목의 삭제 또는 삽입이 리스트항목들 사이에서 발생하면 모든 개체들은 각각 헤드 또는 테일 방향으로 하나씩위치를 이동해야 한다. 예를 들어 다음 그림과 같이 개체의 삽입이 발생하면 그다음 모든 다른 개체들은 테일 쪽으로 이동한다. 그래서 만약 p 위치에 개체가 삽입되면 $n - p$개의 개체들이 그림 3.14에 보이는 것처럼 테일 쪽으로 이동이 발생하므로 최악의 경우 작업량은 $O(n)$이 된다.

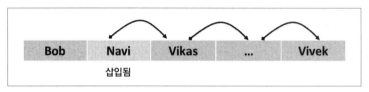

▲ 그림 3.21 배열 리스트에서의 항목 삽입

요약하면 데이터셋을 액세스하는데, 배열 리스트는 $O(1)$의 런타임으로 매우 효율적이지만 링크드 리스트는 $O(n)$으로 평균적인 수준이다. 그러나 만일 포인터가 삽입 또는 삭제할 위치에 있는 경우 삽입과 삭제 작업에 배열 기반 리스트는 $O(n)$이 필요하고, 링크드 리스트는 $O(1)$의 런타임을 갖기 때문에 링크드 리스트가 삽입 및 삭제 처리에 더 효율적이라고 할 수 있다.

연습문제

1. 단일 링크드 리스트의 특정 위치에 항목을 추가할 수 있게 `addElement` 함수를 수정하라.

2. 단일 링크드 리스트를 수정 이전 상태로 되돌리기 위한 함수를 작성하라.

3. 원형 링크드 리스트에 대한 추상 데이터 타입을 작성하라.

4. 원형 링크드 리스트를 생성하고, 항목을 삽입 및 검색하는 R 함수를 작성하라.

5. 선형 링크드 리스트에서 어떤 항목의 위치를 반환하는 함수를 작성하라.

요약

3장에서는 R의 기본적인 내장 데이터 구조를 살펴보고, 리스트의 개념과 R에서 리스트를 구현하는 방법을 다뤘다. 또한, 벡터 등 R의 내장 데이터 타입과 요소 데이터 타입을 소개했다. 그리고 S3, S4, 참조 클래스를 포함한 객체시향 프로그래밍을 소개했다. 그다음에 가장 기본이 되는 데이터 구조인 링크드 리스트 및 그 변종인 원형 링크드 리스트, 배열 기반 링크드 리스트 등에 대해서도 살펴보았다. 다음 4장에서는 스택과 큐 데이터 구조를 소개한다.

4

스택과 큐

4장에서는 링크드 리스트 구현에서 스택^{stack}과 큐^{queue} 구현으로 확장한다. 스택과 큐는 링크드 리스트보다 작업 수행에 유연성이 적은 링크드 리스트의 특수한 경우이다. 하지만 이 데이터 구조는 구현하기 쉬우며, 이 구조가 필요한 경우에 있어서는 매우 효율적이다. 예를 들면, 1장의 그림 1.4는 스택과 큐를 사용해 정수 데이터 타입으로 이루어진 배열의 구현을 보여준다. 스택은 한 방향에서만 항목이 추가되거나 삭제될 수 있는 반면에 큐는 삽입^{enqueue}되는 쪽과 삭제^{dequeue}되는 쪽의 두 끝을 가진 선형 데이터 구조이다. 4장에서는 R을 사용해 스택과 큐를 배열 기반으로, 링크드 리스트 기반으로 구현해 볼 것이다. 4장은 다음과 같은 주제를 다룬다.

- 스택
  - 배열 기반 스택
  - 링크드 스택

    ○ 배열 기반 스택과 링크드 스택 비교

    ○ 재귀 함수 구현

● 큐

    ○ 배열 기반 큐

    ○ 링크드 큐

    ○ 배열 기반 큐와 링크드 큐 비교

● 딕셔너리

스택

스택은 헤드, 일반적으로 최상단^top이라고 부르는 한쪽 끝에서만 데이터를 추가 또는 제거할 수 있는 링크드 리스트의 특수한 경우이다. 스택은 마지막에 삽입된 개체가 가장 먼저 삭제되는 후입선출^LIFO, Last In First Out 원리에 기반한다. 스택의 첫 번째 개체를 최상단이라고 하며, 모든 작업은 최상단을 통해서 액세스된다. 그림 4.1과 같이 스택의 최상단에 개체를 추가하는 작업을 push, 삭제하는 작업을 pop이라고 한다.

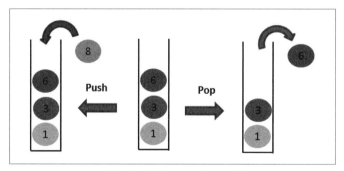

▲ 그림 4.1 스택에서 push와 pop의 예

스택은 최상단 개체로 이루어져 있고 그 나머지는 비어 있거나 다른 스택인 재귀적 데이터 구조이다. 스택을 만들기 위해 필요한 주요 추상 데이터 타입은 표 4.1에 나와 있다. 이 책에서는 표 4.1에 언급한 추상 데이터 타입을 구현하기 위해 두 가지 방식(배열 기반 스택과 링크드 스택)으로 접근할 것이다. 구현 시에는 R의 참조 클래스를 사용한다.

번호	작업	입력	출력
1	새로운 빈 스택 생성	없음	빈 스택
2	스택이 비어 있는지 확인	스택	불리언 값(True, False) 반환
3	스택에 개체를 push	push할 항목	변경된 스택
4	스택에서 개체를 pop	없음	변경된 스택
5	스택의 크기	스택	스택의 크기 반환
6	스택에서 최상위 개체의 값	스택	최상위 개체의 값 반환

▲ 표 4.1 스택을 위한 추상 데이터 타입

배열 기반 스택

배열 기반 스택은 데이터를 저장하기 위해 배열 데이터 구조를 사용한다. 배열 기반 리스트와 마찬가지로 배열 기반 스택은 고정된 크기를 사용한다. 그러므로 배열 기반 스택을 위한 클래스 정의는 다음 코드처럼 배열 기반 리스트와 비슷하다.

```
Astack <- setRefClass(Class = "Astack",
  fields = list(
    Maxsize="integer",
    topPos="integer",
    ArrayStack="array"
  ),
  methods = list(
    # 함수 초기화
    initialize = function(defaultSize=100L,...){
      topPos <<- 0L
      Maxsize <<- defaultSize # 100L
```

```
      ArrayStack <<- array(dim = Maxsize)
    },

    # 스택이 비어 있는지 확인
    isEmpty = function(){},

    # 스택에 값을 push
    push = function(pushval){},

    # 스택에서 값을 pop
    pop = function(){},

    # 스택의 크기
    stacksize = function(){},

    # 최상위 항목의 값
    top = function(){}
  )
)
```

참조 클래스에서 필드는 <<- (전역 연산자)를 사용해 수정되며, 모든 함수는 정의된 클래스를 사용해 생성된 객체를 액세스할 수 있다. 앞에 나온 클래스는 기본 배열 크기가 100개의 셀인 스택을 구현한다. topPos 포인터는 스택의 최상위 개체를 가리키며, Maxsize는 배열의 최대 크기를 나타낸다. 스택이 비어 있는지 확인하기 위해 다음과 같이 topPos를 사용할 수 있다.

```
isEmpty = function(){
  if(topPos==0) {
    cat("Empty Stack!")
    return(TRUE)
  } else {
    return(FALSE)
  }
}
```

배열 스택에 대한 push, pop 작업은 클래스의 topPos 포인터를 이용해 배열 인덱스를 업데이트하는 것으로 수행될 수 있다.

```
push = function(pushval){
  if((topPos+1L)>Maxsize)    stop("Stack is OUT OF MEMORY!")
  topPos <<- topPos+1L
  ArrayStack[topPos] <<- pushval
}

pop = function(){
  # 스택이 비어 있는지 확인
  if(isEmpty())    return("Empty Stack!")
  popval <- ArrayStack[topPos]
  ArrayStack[topPos] <<- NA
  topPos <<- topPos-1L
  return(popval)
}
```

완전히 가득 찬 상태의 스택에 개체를 push하는 것을 오버플로^{overflow}라고 하며, 반대로 비어 있는 스택에서 개체를 삭제하려고 하는 것을 언더플로^{underflow}라고 한다. 따라서 이 두 조건은 isEmpty 함수를 사용해 현재 클래스에 예외로 추가돼야 한다. 배열 스택의 크기는 topPos 변수를 반환함으로써 얻을 수 있다.

```
stacksize = function(){
  stackIsEmpty <- isEmpty()
  ifelse(stackIsEmpty, return(0), return(topPos))
}
```

마찬가지로 스택의 최상위 값은 ArrayStack에서 topPos가 가리키는 값을 반환하면 된다.

```
top = function(){
  stackIsEmpty <- isEmpty()
  if(stackIsEmpty) {
    cat("Empty Stack")
  } else {
    return(ArrayStack[topPos])
  }
}
```

스택의 구조와 구현이 단순하기 때문에 하나의 배열 내에 여러 개의 스택을 구현할 수도 있다. 하지만 스택이 서로 역관계를 가지거나 배열 메모리를 최소화하는 함수적 관계가 있다면 권장되지 않는다. 예를 들어 두 번째 스택이 pop한 데이터를 첫 번째 스택이 가져오는 두 스택 시스템은 그림 4.2와 같이 같은 배열 내에서 다중 배열 기반 스택을 개발하는 데 사용될 수 있다.

그림 4.2에서 Stack1top과 Stack2top은 각각 첫 번째 스택과 두 번째 스택의 포인터를 나타낸다. Stack1top이 오른쪽으로 이동하면 Stack2top은 왼쪽으로 이동하고, 또는 그 반대로 동작한다. 필요한 메모리가 미리 정의돼 있지 않은 다른 시나리오의 경우에는 링크드 리스트 기반 스택을 사용할 수 있으며, 이는 다음 절에 논의될 것이다.

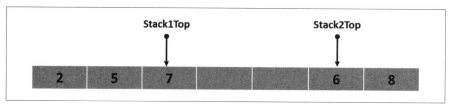

▲ 그림 4.2 다중 배열 스택의 예

여러 번 push와 pop 작업을 수행하는 배열 기반 스택의 사용 예제는 다음과 같다.[1]

```
> array_stack_ex <- Astack$new()
> array_stack_ex$push(1)
> array_stack_ex$push(2)
> array_stack_ex$push(3)
> array_stack_ex$pop()
> array_stack_ex$push(5)
> array_stack_ex$pop()
> array_stack_ex$pop()
> array_stack_ex$top()
[1] 1
> array_stack_ex
Reference class object of class "Astack"
Field "Maxsize":
```

---

1 다음 코드를 실행하기 전에 처음에 정의했던 Astack 클래스 안에 있는 isEmpty, push, pop, stacksize, top 함수를 앞에서 상세히 구현한 내용으로 모두 교체한 다음, Astack 클래스를 다시 한 번 실행해 인스턴스화해주어야 한다. 이후에 나오는 4장의 클래스 구현 예제도 마찬가지이다. – 옮긴이

```
[1] 100
Field "topPos":
[1] 1
Field "ArrayStack":
[1] 1 NA NA NA NA NA NA NA ... NA NA NA
```

처음에 세 개의 개체를 push해 스택은 {1, 2, 3}이 됐다. 그다음 한 개체를 후입선출 원리에 따라 pop함으로써 스택에는 {1, 2}가 남는다. 그 후에 개체 5를 push해 스택은 {1, 2, 5}로 업데이트된다. 마지막으로 최상위 두 개의 개체를 pop하였기 때문에 스택에는 단 하나의 개체 {1}만 남았다.

링크드 스택

링크드 리스트 기반 스택은 링크드 리스트가 헤드에 개체를 추가 및 삭제하는 데 유연한 점을 활용한 것이다. 링크드 리스트의 헤드는 배열 기반 스택의 최상위와 동등하다. 링크드 리스트의 첫 번째 노드는 그림 4.3과 같이 최상위 포인트가 된다.

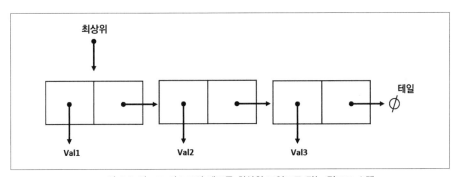

▲ 그림 4.3 링크드 리스트의 헤드를 최상위 포인트로 갖는 링크드 스택

링크드 리스트 기반 스택에 대한 참조 클래스 정의는 다음과 같다.

```
Linkstack <- setRefClass(Class = "Linkstack",
  fields = list(
    Lsize="integer",
    Lstacktop="environment"
  ),
  methods = list(
```

```r
  # 함수 초기화
  initialize = function(...) {
    Lsize <<- 0L
  },

  # 스택이 비어 있는지 확인
  isEmpty = function(){},

  # 빈 R 환경을 생성
  create_emptyenv = function(){},

  # 노드 생성
  Node = function(val, node=NULL){},

  # 스택에 값을 push
  push = function(pushval){},

  # 스택에서 값을 pop
  pop = function(){},

  # 스택의 최상위 값
  top = function(){}
  )
)
```

노드가 동적으로 생성되기 때문에 메모리 할당을 따로 해줄 필요가 없다. Lstacktop은 환경 변수로 정의되며 스택의 최상위 위치를 가리킨다. Lsize 변수는 스택의 크기를 저장한다. 링크드 리스트의 기본 노드는 값과 다음 노드에 대한 주소로 구성된다. 앞에서 배열 기반 스택에 대해 했던 것과 동일하게 추상 데이터 타입을 정의해 보자. 배열 스택에 정의된 isEmpty 함수는 topPos를 Lsize로 바꿔서 활용할 수 있다.

```r
isEmpty = function(){
  if(Lsize==0) {
    cat("Empty Stack!")
    return(TRUE)
  } else {
    return(FALSE)
  }
}
```

링크드 스택의 노드는 3장에서 정의했던 링크드 리스트와 비슷하게 환경 객체에 의해 정의될 수 있다.

```
create_emptyenv = function() {
  emptyenv()
}


Node = function(val, node=NULL) {
  llist <- new.env(parent=create_emptyenv())
  llist$element <- val
  llist$nextnode <- node
  llist
}
```

노드 메소드는 값을 저장하고 있는 element와 링크드 리스트의 다음 노드를 가리키는 nextnode로 구성된다. push 메소드는 스택에 노드를 추가하고, 반대로 pop 메소드는 스택에서 노드를 삭제한다.

```
push = function(val){
  stackIsEmpty <- isEmpty()
  if(stackIsEmpty){
    Lstacktop <<- Node(val)
    Lsize <<- Lsize+1L
  } else {
    Lstacktop <<- Node(val, Lstacktop)
    Lsize <<- Lsize+1L
  }
}
```

push 함수는 먼저 스택이 비어 있는지 확인한다. 스택이 비어 있으면 새 노드를 생성하고, 그렇지 않다면 링크드 리스트의 최상위 위치에 새 노드를 추가한다. 링크드 리스트의 최상위 위치 또는 헤드 노드에 대한 액세스는 매우 쉽기 때문에 R에서 (배열 기반 스택 클래스의 topPos와 같이) 헤드 노드 위치를 저장하는 변수를 따로 정의할 필요가 없다. 그러므로 최상위 개체는 링크드 리스트 스택에 정의된 헤드 노드를 참조하면 된다.

```
pop = function(){
  stackIsEmpty <- isEmpty()
  if(stackIsEmpty){
    cat("Empty Stack")
  } else {
    Lstacktop <<- Lstacktop$nextnode
    Lsize <<- Lsize-1L
  }
}
```

pop 함수 또한, 스택이 비어 있는지 확인해야 하며, 그렇지 않다면 최상위 위치를 다음 노드로 옮긴다. 스택의 최상위 값을 가져오는 등의 다른 기능들은 기본 추상 데이터 타입을 기반으로 구현할 수 있다.

```
top = function(){
  stackIsEmpty <- isEmpty()
  if(stackIsEmpty){
    cat("Empty Stack")
  } else {
    return(Lstacktop$element)
  }
}
```

앞의 함수는 스택의 최상위 노드로부터 element를 반환한다. 이 함수는 리스트 스택을 설정하기 위해 사용할 수 있다. 다음은 여러 번 push와 pop 작업을 수행하는 링크드 리스트 기반 스택의 예제이다.

```
> link_stack_ex <- Linkstack$new()
> link_stack_ex$push(1)
> link_stack_ex$push(2)
> link_stack_ex$push(3)
> link_stack_ex$pop()
> link_stack_ex$push(5)
> link_stack_ex$pop()
> link_stack_ex$pop()
> link_stack_ex$top()
[1] 1
> link_stack_ex
```

```
Reference class object of class "Linkstack"
Field "Lsize":
[1] 1
Field "Lstacktop":
<environment: 0x00000000405fc248>
```

앞의 예제는 배열 기반 스택의 경우와 비슷하다. 이 예제의 모든 작업이 수행된 후에 array_stack_ex 객체는 스택에 하나의 값을 가지고 있으며, 위에 보이는 것처럼 R 환경의 0x00000000405fc248에 저장하고 있음을 알 수 있다.

배열 기반 스택과 링크드 리스트 기반 스택 비교

런타임 관점에서는 배열 기반 스택과 링크드 리스트 기반 스택은 매우 비슷하다. 예를 들어 추가 및 삭제 작업의 비용은 두 가지 스택 모두 최악의 경우 $O(1)$이다. 링크드 리스트 기반 스택에서 추가 및 삭제 작업은 헤드 포인터에 직접적으로 액세스해 수행된다. 마찬가지로 배열 기반 스택도 push와 pop 모두 topPos 변수의 값을 통해 수행되기 때문에 상수의 시간 안에 액세스할 수 있다.

메모리 공간의 관점에서, 배열 기반 스택은 배열이 초기화될 때 메모리를 미리 할당해 주어야 한다. 따라서 배열에 저장돼 있는 개체의 수가 m일 경우에 (n-m)개의 셀만큼 메모리가 낭비된다. 이와는 다르게 링크드 리스트 기반 스택은 모든 push 및 pop 작업 수행 시 메모리가 동적으로 할당 및 해제되므로 메모리 낭비가 없다. 하지만 링크드 리스트 기반 스택은 다음 노드를 가리키는 포인터 필드만큼 추가적인 공간이 요구된다.

재귀 함수 구현

재귀Recursion는 서브루틴이 반복될 때마다 루틴 내의 변수 상태가 컨트롤러에 의해 수정되는 반복적인 프로세스 구현에 사용된다. 코드가 실행되는 동안 기본 메모리는 그림 4.4에 보이는 것처럼 네 가지 주요 구성 요소를 사용한다.

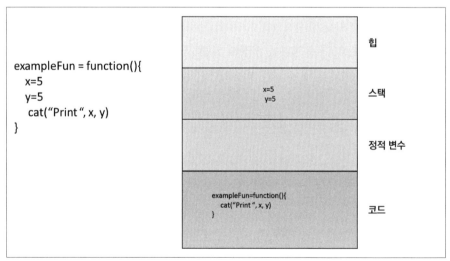

| 코드 | 정적 변수 | 스택 | 힙 |

▲ 그림 4.4 메모리 할당

메모리의 코드 부분은 프로그램의 명령과 함수를 저장한다. 정적 변수 부분은 프로그램의 모든 전역 변수와 정적 변수를 저장한다. 스택 부분은 함수의 변수와 데이터를 저장한다. 힙heap 메모리 부분은 동적인 메모리 할당에 사용된다. 예를 들면, 그림 4.5에 보이는 것처럼 데이터와 명령을 가진 한 서브루틴이 메모리에 등록된다. 서브루틴의 변수 x와 y는 스택에 저장되는 반면에, 명령은 메모리의 코드 부분에 저장된다. 재귀로 구현되면 시스템은 종료 조건에 도달할 때까지 메모리에 등록된 내용을 바꿔가며 반복적으로 서브루틴을 실행한다. 이때 각 단계에서 서브루틴의 상태는 스택에 있는 변수의 상태를 기초로 결정된다.

```
exampleFun = function(){
    x=5
    y=5
     cat("Print ", x, y)
}
```

힙

x=5
y=5
스택

정적 변수

```
exampleFun=function(){
     cat("Print ", x, y)
}
```
코드

▲ 그림 4.5 메모리 할당의 예

실제 애플리케이션에서 재귀 함수recursive function는 항상 종료 조건을 가지고 있어야 한다. 반복을 사용하면서 자기와 유사한 구조를 갖는 것은 무엇이든 재귀를 이

120

용해 구현할 수 있다. 예를 들어 양수인 어떤 수 n에 대한 팩토리얼은 $n!$로 나타내며, 다음과 같이 표현할 수 있다.

$factorial(n) = n*factorial(n-1), factorial(0)=1$일 때

팩토리얼 함수는 $factorial(0)$인 값에 이를 때까지 자기 자신을 호출한다. 다음은 재귀를 사용해 R로 구현한 팩토리얼 함수이다.

```
recursive_fact <- function(n) {
  if(n<0) return(-1)
  if(n == 0) {
    return(1)
  } else {
    return(n*recursive_fact(n-1))
  }
}
```

앞의 팩토리얼 함수는 연산을 위해 재귀를 사용하며, 계산을 위해 스택을 사용한다. 예를 들어 3 팩토리얼을 구하는 경우, 이 함수는 종료 조건에 도달할 때까지 스택에 값을 계속 push한다(그림 4.6 참조). 이렇게 곱해질 모든 정수 값의 스택을 만든 후 최종 곱하기 연산을 수행하기 위해 스택으로부터 값을 하나씩 pop시킨다.

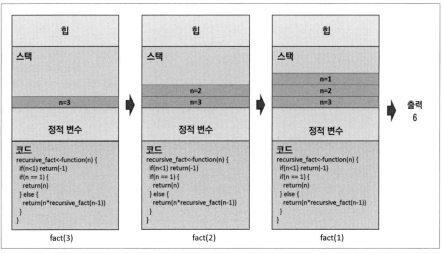

▲ 그림 4.6 3 팩토리얼에 대한 재귀 함수의 예

재귀는 이진 트리^{binary tree}와 같은 다중 분기가 필요한 알고리즘을 구현할 때 매우 효율적인 접근법이다. 이진 트리 알고리즘은 책의 뒷부분에서 자세히 다룬다.

큐

큐는 1장의 그림 1.4(b)처럼 개체들이 순서를 가진 집합이다. 큐에서 추가는 후단 ^{rear}이라고 불리는 한쪽 끝에서만 가능하게 제한되며, 삭제도 전단^{front}이라고 불리는 다른 한쪽 끝에서만 가능하다. 큐는 선착순 방식으로 알려진 선입선출^{FIFO, First In First Out} 원리를 따른다. 따라서 큐에 추가된 한 개체는 그 앞의 모든 개체들이 제거될 때까지 기다려야 한다. 큐 데이터 구조는 모든 공유 자원 시나리오에 적용할 수 있다. 예를 들어 여러 명의 사용자가 같은 프린터에 출력물을 보내는 네트워크 프린터의 경우 출력 작업은 도착한 순서대로 큐에 정렬돼 차례로 처리된다. 일상 생활에서 접하는 큐의 또 다른 예로는 여러 사람을 대하는 상점의 카운터를 들 수 있다. 계산하기 위해 줄지어 있는 손님들의 큐는 선입선출 원리를 따른다. 또한, 여러 부서와 사용자들이 액세스하는 데이터베이스도 데이터에 대한 질의를 들어온 순서대로 정렬해 처리하기 위해 큐를 사용한다. 이처럼 큐는 다양한 분야의 수많은 애플리케이션에서 사용되고 있다.

큐에 요구되는 주요 작업은 개체의 추가, 삭제, 큐의 크기 반환 등으로 표 4.2에 추상 데이터 타입 요구 사항으로 정의했다.

번호	작업	입력	출력
1	새로운 빈 큐 생성	없음	비어 있는 큐
2	큐에 개체를 추가	추가할 항목	변경된 큐
3	큐에서 개체를 삭제	없음	변경된 큐
4	큐의 크기	큐	큐의 크기 반환
5	큐가 비어 있는지 확인	큐	불리언 값(True, False) 반환

▲ 표 4.2 큐에 대한 추상 데이터 타입

배열 기반 큐

개체의 추가를 위해 큐의 한쪽 끝을 선택하고, 삭제를 위해 다른 끝을 선택해야 하기 때문에 배열 기반의 큐 구현은 효율적이지 못하다. 배열 기반 큐는 전단과 후단, 두 개의 포인터를 사용해야 한다. 다음 예제에서 개체는 큐의 선단에 추가되고 후단에서 제거된다. 여기서 그림 4.7에 보이는 것처럼 불안정 이슈$^{drifting\ issue}$가 발생한다.

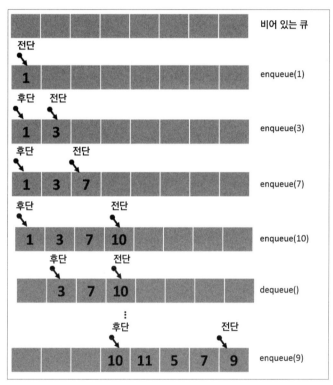

▲ 그림 4.7 배열을 사용해 큐 구현 시 발생하는 불안정 이슈

그림 4.7처럼 큐가 가득 찼지만 (전단에 추가할 공간 없음) 배열에는 아직 가용 공간이 남아있는 상황이 발생할 수 있다.

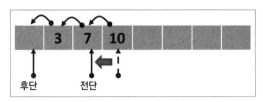

▲ 그림 4.8 큐의 불안정 이슈를 해결하기 위한 방법

이 문제는 그림 4.8처럼 배열의 나머지 개체들을 후단쪽으로 한 단위씩 이동시켜 첫 번째 위치에 후단을 유지함으로써 해결할 수 있다. 하지만 이는 $O(n)$의 삭제 작업을 발생시키기 때문에 비효율적이다. 이를 해결하는 또 다른 방법은 그림 4.9와 같이 큐를 원형으로 구현하는 것이다. 큐를 원형으로 구현하면 배열의 끝에 도달했을 때 비어 있는 셀을 재활용할 수 있다. 그러면 추가 및 삭제 작업의 런타임이 $O(1)$이기 때문에 매우 효율적이 된다. 그러나 이것은 큐가 완전히 차 있는지 아니면 비어 있는지 결정하는 것과 관련된 새로운 도전을 준다. 두 가지 상황에서 모두 후단은 전단의 포인터보다 낮은 위치를 유지하고 있을 것이다. 이 문제는 큐의 개체 수를 계속 추적하거나, 또는 n개의 개체를 저장하기 위해 $n+1$ 크기의 배열을 생성하는 방법으로 해결할 수 있다.

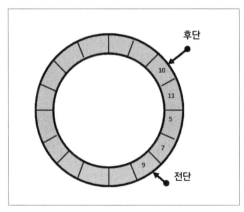

▲ 그림 4.9 큐의 원형 배열 구현

R의 참조 클래스를 사용해 큐를 구현해 보자. 큐에 대한 추상 데이터 타입 구현은 다음과 같다.

```r
aqueue <- setRefClass(Class = "aqueue",
  fields = list(
    Alist="array",
    queuesize="integer",
    maxSize="integer",
    rear = "integer",
    top = "integer"
  ),
  methods = list(
    initialize = function(qSize=100, ...){
      queuesize <<- 0L
      rear <<- 1L
      top <<- 0L
      maxSize <<- as.integer(qSize)
      Alist <<- array(dim = maxSize)
    },

    # 큐가 비어 있는지 확인
    isEmpty = function(){},

    # 큐에 개체를 추가
    enqueue = function(val){},

    # 큐에서 개체를 삭제
    dequeue = function(){},

    # 큐의 크기
    size = function() {}
  )
)
```

새로운 참조 클래스는 setRefClass()를 사용해 생성하며, 메소드는 setRefClass 내의 메소드 리스트를 통해 생성할 수 있다. 새로운 큐는 new() 함수를 통해 생성할 수 있다.

```
> q <- aqueue$new()
> q
Reference class object of class "aqueue"
Field "Alist":
[1] NA NA NA NA NA NA NA NA NA NA NA NA NA ... NA NA NA NA NA
Field "queuesize":
[1] 0
Field "maxSize":
[1] 100
Field "rear":
[1] 1
Field "top":
[1] 0
```

추상 데이터 타입의 다른 부분은 큐 클래스에 메소드를 추가해 구현한다. queuesize 변수를 사용해 다음과 같이 큐가 비어 있는지 확인한다.

```
isEmpty = function() {
  return(queuesize==0L)
}
```

큐에 개체를 추가 및 삭제하는 것은 setRefClass의 메소드 목록에 enqueue()와 dequeue() 메소드를 다음과 같이 사용한다.

```
enqueue = function(val){
  if(queuesize<maxSize){
    if(top==maxSize)    top <<- 0L
    top <<- top + 1L
    Alist[top] <<- val
    queuesize <<- queuesize+1L
  } else {
    cat("Queue Full!")
  }
}

dequeue = function(){
  if(queuesize>0L){
    Alist[rear] <<- NA
    ifelse(rear==maxSize, rear <<- 1L, rear <<- rear+1L)
    queuesize <<- queuesize-1L
```

```
  } else {
    cat("Empty Queue!")
  }
}
```

이 함수는 원형 큐를 구현한 것이다. 따라서 top과 rear 포인터가 maxSize에 도달하면 top과 rear의 위치는 배열의 시작 위치로 초기화된다.

링크드 큐

링크드 큐는 노드가 동적으로 생성되고 소멸되기 때문에 구현이 매우 간단하다. 그림 4.10과 같이 링크드 리스트 큐에서 개체는 후단에 추가되고 전단에서 제거된다.

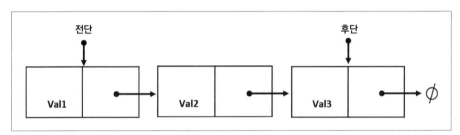

▲ 그림 4.10 링크드 리스트 큐의 예

R에서 참조 클래스를 사용해 구현한 링크드 리스트 기반 큐의 추상 데이터 타입 클래스는 다음과 같다.

```
ListQueue <- setRefClass(Class = "ListQueue",
  fields = list(
    Lsize="integer",
    front="environment",
    rear = "environment",
    Lqueue="environment"
  ),
  methods = list(
    initialize = function(...) {
      Lsize <<- 0L
    },
```

```r
    # 리스트가 비어 있는지 확인
    isEmpty = function(){},

    # 빈 환경을 생성
    create_emptyenv = function(){},

    # 노드 생성
    Node = function(val, node=NULL){},

    # 링크드 리스트에 값을 추가
    enqueue = function(val){},

    # 링크드 리스트에서 노드 제거
    dequeue = function(){}

    # 링크드 리스트의 크기
    size = function(){}
  )
)
```

isEmpty 함수는 다음 코드와 같이 Lsize 변수를 사용해 링크드 리스트가 비어 있는지 확인한다. 빈 링크드 리스트는 Lsize 값이 0이다.

```r
isEmpty = function(){
  if(Lsize==0) {
    cat("Empty Queue!")
    return(TRUE)
  } else {
    return(FALSE)
  }
}
```

R에서 링크드 리스트 노드는 환경을 통해 표현된다. 그래서 create_emptyenv 함수는 빈 환경을 생성한다.

```r
create_emptyenv = function() {
  emptyenv()
}
```

노드는 링크드 리스트의 노드와 동일하게 element와 nextnode로 구성돼 있다.

```
Node = function(val, node=NULL) {
  llist <-new.env(parent=create_emptyenv())
  llist$element <- val
  llist$nextnode <- node
  llist
}
```

개체가 큐의 후단에 추가되면 후단 포인터는 다음과 같이 마지막 노드의 환경 위
치를 설정하는 데 사용된다.

```
enqueue = function(val){
  ListIsEmpty <- isEmpty()
  if(ListIsEmpty){
    Lqueue <<- Node(val)
    Lsize <<- Lsize+1L
    rear <<- Lqueue
  } else {
    newNode <- Node(val)
    assign("nextnode", newNode, envir = rear)
    rear <<- newNode
    Lsize <<- Lsize+1L
  }
}
```

assign 명령문은 후단 포인터의 참조를 사용해 새 노드에 참조값을 붙이는 데 사
용된다. 전단 노드에서 개체가 삭제될 때 첫 번째 개체는 직접적으로 액세스하고
삭제할 수 있기 때문에 전단 포인터는 필요하지 않으므로 코드는 다음과 같다.

```
dequeue = function(){
  stackIsEmpty <- isEmpty()
  if(stackIsEmpty){
    cat("Empty Queue")
  } else {
    Lqueue <<- Lqueue$nextnode
    Lsize <<- Lsize-1L
  }
}
```

링크드 리스트의 크기는 클래스 함수의 Lsize 변수가 가지고 있다.

배열 기반 큐와 링크드 리스트 기반 큐 비교

링크드 리스트 기반 큐에서는 후단에 개체가 추가되고, 링크드 리스트의 헤드에서 개체가 삭제되기 때문에 최악의 경우 $O(1)$의 런타임이 요구된다. 하지만 매 작업마다 새로운 메모리 할당이 필요하기 때문에 느려질 수 있다.

배열 기반 큐에서 개체 추가는 바로 다음 위치의 빈 공간에 개체를 삽입하는 원형 버퍼^{circular buffer}를 사용해 구현된다. 또한, 현재 배열의 크기가 최대에 이르면 더 큰 크기의 배열을 생성해 옮겨가는 동적 배열 확장을 구현할 수 있다. 개체 추가와 삭제 작업은 전단과 후단에서 수행되기 때문에 $O(1)$의 런타임이 요구된다. 메모리 할당의 관점에서 큐는 스택과 유사하게 동작한다. 다만 링크드 리스트 기반 큐는 다음 노드를 가리키는 포인터 필드가 필요하기 때문에 메모리 오버헤드가 증가한다.

딕셔너리

딕셔너리^{dictionary}는 키^{key}와 값^{value}을 가진 개체의 쌍으로 이루어진 정렬된 또는 정렬되지 않은 리스트라고 정의할 수 있다. 여기서 키(일반적으로 고유한)는 데이터 구조에서 개체(고유하지 않아도 됨)의 위치를 특정하는 데 사용된다. 예를 들어 소매점의 고객 정보를 저장하는 데이터 구조는 고객 ID가 다른 고객과 구별하는 키의 역할을 하는 딕셔너리라고 할 수 있다. 또한, 딕셔너리는 키를 값에 매핑해 추가, 삭제 및 검색과 같은 작업을 처리하기 때문에 연관 배열^{associative array} 또는 맵^{map}이라고도 한다. 딕셔너리의 모든 개체는 키와 키에 관련된 개체, 즉 키-값 쌍^{key-value pair}으로 구성돼 있다. 그림 4.11을 보라.

▲ 그림 4.11 딕셔너리의 키-값 쌍 구조

딕셔너리에서 키는 각 키-값 쌍을 구별하는 데 사용된다. 키는 실수 또는 문자열과 같이 무작위로 선택된 값 집합이 될 수 있지만, 단 한 가지 제약은 각 키는 고유하고 다른 것과 구별될 수 있어야 한다는 것이다. 딕셔너리의 값은 어휘^{vocabulary}라고도 불린다.

다음은 딕셔너리에 대한 표준 추상 데이터 타입이다.

번호	작업	입력	출력
1	딕셔너리 초기화	딕셔너리	빈 딕셔너리
2	개체 추가	키-값 쌍	업데이트된 딕셔너리
3	개체 삭제	키	업데이트된 딕셔너리
4	크기	없음	딕셔너리의 크기
5	키를 기준으로 값을 검색	키	불리언 값(True, False)

▲ 표 4.3 딕셔너리에 대한 추상 데이터 타입

위의 추상 데이터 타입에 대한 클래스는 배열 기반 데이터 구조를 사용해 다음과 같이 구현할 수 있다.

```
Adict <- setRefClass(Class = "Dictionary",
  fields = list(
    Alist="list",
    listsize="integer",
    key="integer"
  ),
  methods = list(
    # 딕셔너리 초기화
    initialize = function(...){
      listsize <<- 0L
      Alist <<- list()
    },

    # 배열의 현재 크기
    size = function(){},

    # 배열에 키-값 쌍을 추가
```

```
    addElement = function(key, val){},

    # 키에 해당하는 개체를 삭제
    removeElement = function(key){},

    # 키를 검색
    findElement = function(key){},
  )
)
```

size 함수는 배열의 현재 크기를 반환한다. addElement와 removeElement 함수는 각각 개체를 추가, 삭제한다. findElement 함수는 주어진 키가 딕셔너리에 존재하는지 여부를 반환한다. 딕셔너리는 다음 두 가지 방식 중 하나로 구현될 수 있다.

- 정렬
- 비정렬

비정렬 방식 구현은 항목을 그대로 추가한다. 따라서 addElement 함수의 작업량은 $O(1)$이다. 하지만 findElement와 removeElement 함수는 $O(n)$의 작업량이 요구된다. 그러므로 이 방식은 추가해야 하는 개체의 수가 삭제할 개체보다 아주 많은 경우에 추천된다.

정렬된 딕셔너리 구현에서 항목들은 키의 순서대로 딕셔너리에 추가된다. 그러므로 addElement 함수는 최악의 경우 시나리오에서 $O(n)$의 런타임이 필요하다. removeElement 함수도 역시 제거된 항목의 공간을 채워 넣는 작업이 필요하기 때문에 런타임은 $O(n)$이다. 따라서 정렬된 딕셔너리 구현은 정렬되지 않은 딕셔너리보다 개체를 추가 및 삭제하는 측면에서 성능이 떨어진다. 하지만 검색 작업, 즉 findElement 함수의 효율성은 이진 검색과 같은 검색 전략을 사용하기 때문에 상당히 향상된다. 그러므로 데이터 포인트에 대한 추가 및 삭제 작업이 매우 적고 대부분이 검색 작업인 정적 데이터베이스 시나리오에서는 정렬된 딕셔너리 구현이 더 좋은 선택이라고 할 수 있다.

R의 리스트 데이터 타입을 사용해 정렬되지 않은 딕셔너리를 구현해 보자. size 함수는 다음 코드와 같이 listsize 변수 값을 반환하면 된다.

```
size = function(){
return(listsize)
}
```

addElement 함수는 리스트 데이터 타입에 키와 값을 전달하는 것으로 구현할 수 있으며, removeElement 함수는 리스트에서 주어진 키를 찾아 해당 개체를 삭제한다.

```
addElement = function(key, val){
  Alist[[key]] <<- val
  listsize <<- listsize+1L
}

removeElement = function(key){
  Alist[[key]] <<- NULL
  listsize <<- listsize-1L
}
```

딕셔너리에서 값을 찾는 것은 키 검색을 통해 수행된다. R의 리스트 데이터 타입에서 키는 리스트의 names로 조회할 수 있다.

```
findElement = function(key){
  return(key%in%names(Alist))
}
```

키를 기준으로 개체를 찾을 때, 키가 정수로 돼 있는 경우 ==, >=, <=와 같은 기본 연산자를 사용해 ID를 비교하면 매우 쉽게 구현할 수 있다. 하지만 키가 문자열로 돼 있다면 R에서 %in%를 사용해 키가 데이터 구조에서 사용 가능한 키 집합에 존재하는지 여부를 확인할 수 있다. 위의 함수들을 이용해 키가 문자열인 딕셔너리 예제를 만들어 보자.

```
> dictvar <- Adict$new()
> dictvar$addElement("key1", 1)
> dictvar$addElement("key2", 1)
```

```
> dictvar
Reference class object of class "Adict"
Field "Alist":
$key1
[1] 1
$key2
[1] 1
Field "listsize":
[1] 2
Field "key":
integer(0)
> dictvar$size()
[1] 2
> dictvar$findElement("key1")
[1] TRUE
> dictvar$removeElement("key1")
```

위와 같은 구현은 코드를 조금만 수정하면 링크드 리스트와 같은 다른 데이터 구조를 사용해 구현할 수도 있다.

연습문제

1. 다음 스택 작업에서 최상위 값은 무엇인가?

   ```
   PUSH(1)
   PUSH(2)
   PUSH(6)
   PUSH(3)
   POP()
   POP()
   ```

2. 스택의 개체가 {1, 2, 3, 5, 6, 7}과 같은 순서로 있고, 7이 최상위이다. 이 스택에서 3 다음에 4를 삽입하는 코드를 작성하라.

3. 다음 두 재귀 함수의 결과에서 다른 점을 설명하라.

출력 1	출력 2
```problemfun1 <- function(n){ if(n<1) return(1) problemfun1(n-1) print(n) }```	```problemfun1 <- function(n){ if(n<1) return(1) print(n) problemfun1(n-1) }```

4. 피보나치 수열을 계산하는 재귀 함수를 작성하라(피보나치 수열에서 각 항목의 값은 이전 두 항목의 합이다).

5. 스택의 값을 반전시키는 함수를 작성하라.

6. 하나의 배열만 사용해 두 개의 스택을 구현하는 함수를 작성하라. 배열의 모든 셀이 채워지기 전까지 오버플로를 나타내서는 안 된다.

7. push와 pop, 최댓값 반환에 대한 최악의 경우 시나리오에서 모두 런타임이 $O(1)$인 데이터 구조를 만들라.

8. 가용한 다른 데이터 타입이 없다고 가정하고, 스택을 사용해 배열 큐를 구현하는 클래스를 작성하라.

요약

4장에서는 스택과 큐의 기초를 다루었고, R 참조 클래스를 사용한 스택과 큐의 구현을 소개했다. 후입선출^{LIFO} 원리를 기반으로 한 데이터 구조인 스택에 대한 기본 원리들을 얘기했다. 스택의 두 가지 유형인 배열 기반 스택과 링크드 리스트 기반 스택을 소개하고 그 둘 사이의 런타임과 메모리 효율성을 비교했다. 재귀 함수는 본질적으로 스택을 기초로 하며 스택의 기능성을 가지고 있다. 또 다른 매우 유용한 데이터 구조인 큐에 대해서 알아보았다. 큐는 선입선출^{FIFO} 원리를 기반으로 개체를 추가 및 삭제한다. 큐의 두 가지 유형인 배열 기반 큐와 링크드 리스트 기반 큐에 대해서도 논의했다. 추가로, 데이터 구조로부터 데이터 검색이 쉬운 추상 데이터 타입 인터페이스인 딕셔너리에 대해서도 배웠다. 그리고 딕셔너리를 배열 기반으로 구현해 보았다.

5
정렬 알고리즘

5장에서는 다양한 정렬 알고리즘을 다룰 것이다. 우리는 일상생활에서 놀이 카드를 정렬하거나, 책을 순서대로 정리하거나, 또는 여러 개의 청구서를 비교하는 등 다양한 종류의 정렬 작업을 한다. 이러한 정렬은 주로 직감에 의존한다. 때때로 정렬은 경로 최적화route optimization에 사용되는 다른 알고리즘의 핵심적인 부분이 되기도 한다. 5장에서는 두 가지 유형의 정렬을 다룰 것이다. 첫 번째 유형은 비교 기반 정렬comparison-based sorting로 입력 벡터의 모든 키는 순서를 정하기 전에 다른 키들과 서로 직접 비교된다. 두 번째 유형은 비非 비교 기반 정렬non-comparison-based sorting로 각 키 값에 대해 계산을 수행한 후 계산된 값을 기준으로 정렬을 시킨다. 전반적으로 모든 알고리즘은 주로 분할 정복의 원리를 따른다. 5장에서 다루는 몇 가지 분할 방법은 길이 기준 분할(병합 정렬에서 사용), 피벗 기준 분할(퀵 정렬에서 사용), 숫자 기준 분할(기수 정렬에서 사용) 등이다. 5장의 앞부분에서는 먼저 단순하고 직관적인 세 가지 비교 기반 정렬을 다룬다. 이 세 가지 정렬 알고리즘은 비교적 느리고, 평균 그리고 최악의 경우 시나리오에서 $\theta(n^2)$의 점근적 복잡성을 갖고 있다. 그다음 최악의 경우 시나리오에서 $\theta(nlog\,n)$과 같이 더 나은 점근적 성능을 가진 알고리즘을 다룰 것이다. 그리고 마지막으로 특정 조건 하에서 최악의 경우 시나리오 성능이 $\theta(n)$으로 훨씬 좋은 비 비교 기반 정렬을 다룬다. 5장은 다루는 주제는 다음과 같다.

- 정렬 관련 용어와 표기법
- 세 가지 $\Theta(n^2)$ 정렬 알고리즘
  - 삽입 정렬insertion sort
  - 버블 정렬bubble sort
  - 선택 정렬selection sort
  - 교환 정렬exchange sorting의 비용
- 셸 정렬shell sort
- 병합 정렬merge sort
- 퀵 정렬quick sort
- 힙 정렬heap sort
- 버킷 정렬bucket sort과 기수 정렬radix sort
- 정렬 알고리즘의 경험적 비교
- 정렬 런타임의 하한

정렬 관련 용어와 표기법

따로 언급하지 않는 한 5장에서 모든 알고리즘에 대한 입력은 여러 개체(키 값)로 구성된 벡터이다. 이 개체는 숫자, 문자열, 논리, 복소수 등 어떤 데이터 타입이라도 될 수 있다.

개체 i_1, i_2, ... , i_n을 가진 입력 벡터 V를 생각해 보자. 이 개체들을 그 값이 특정한 순서를 만족시키도록 정렬해야 한다. 즉, 벡터 V의 개체들은 $i_1 < i_2 <, ... , < i_n$ 조건

을 만족시키는 감소되지 않는 순서로 정렬돼야 한다.

5장에 소개된 모든 알고리즘은 정렬의 특별한 경우, 즉 입력 벡터의 중복 개체 처리를 할 수 있다. 하지만 그 중의 몇 가지 알고리즘만 그것을 최적으로 수행한다. 알고리즘이 중복된 개체들을 불필요하게 정렬시키지 않고 원래의 위치를 유지하게 하면 계산 시간을 줄일 수 있기 때문에 최적의 성능을 얻을 수 있다.

두 알고리즘의 성능을 비교하는 가장 간단한 방법은 시스템 런타임을 평가하는 것이다. 표 5.2는 정렬 알고리즘의 시스템 런타임을 비교한 것이다. 런타임은 다음과 같은 요인에 의해 영향을 받는다.

- 입력 벡터의 매개변수
  - 입력 벡터의 개체 수
  - 개체와 해당 키의 메모리 크기
  - 개체(키 값)의 허용 범위
  - 입력 벡터의 원래 순서
- 알고리즘(접근 방법)의 매개변수
  - 키를 비교하는 횟수
  - 개체 간의 교환 및 스와핑swapping 횟수
  - 정렬이 필요한 벡터의 리스트와 빈도
  - 점근 분석 – 런타임 증가 함수

세 가지 $\Theta(n^2)$ 정렬 알고리즘

이번 절에서는 평균 및 최악의 경우 시나리오에서 $\theta(n^2)$ 런타임이 요구되는 세 가지 정렬 알고리즘을 다룬다. 이 알고리즘은 구현하기 쉽지만 낮은 성능을 보인다.

삽입 정렬

숫자형 개체들로 이루어진 벡터 V를 오름차순으로 정렬해야 한다. 가장 직관적인 방법은 벡터의 개체 수만큼 반복해 벡터 내의 적절한 위치에 각 개체를 삽입함으로써 순서 기준을 만족시키는 것이다. 이처럼 연속적인 삽입을 기반으로 정렬하는 것을 삽입 정렬이라고 한다. 다음 그림 5.1은 삽입 정렬을 도식화한 것으로, 각 행은 i번째 반복에서 수정된 벡터를 나타낸다. 정렬 작업은 화살표로 표시했다.

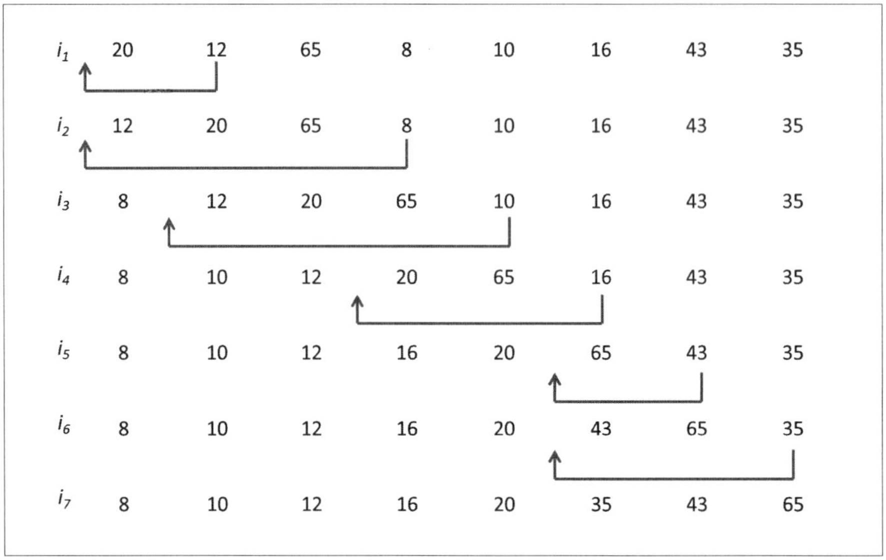

▲ 그림 5.1 삽입 정렬의 예

다음은 벡터를 오름차순으로 정렬하기 위해 삽입 정렬을 수행하는 R 코드이다.

```
Insertion_Sort <- function(V,n)
{
  if(n==0)    stop("No elements to sort")
  for(i in 2:(length(V)))
  {
    val <- V[i]
    j <- i - 1
    while (j >= 1 && val <= V[j])
    {
      V[j+1] <- V[j]
```

```
        j <- j-1
    }
    V[j+1] <- val
  }
  return(V)
}
```

비교(val < V[j]) 횟수를 기준으로 최선, 최악, 평균의 경우 시나리오에 대해 코드를 분석해 보자.

최악의 경우: n개의 개체가 내림차순으로 정렬돼 있는 벡터를 가정해 보자. 첫 번째 for 루프에서 비교 횟수는 1, 두 번째 for 루프에서는 2, 마지막에는 $n-1$이다. 그러므로 정렬을 완료하기 위해 필요한 전체 비교 횟수는 다음과 같다.

$$\sum_{i=2}^{n} i = \frac{(n-1)(n)}{2} \sim \theta(n^2)$$

최선의 경우: n개의 개체가 이미 오름차순으로 정렬돼 있는 벡터를 가정해 보자. 모든 반복에서 while 조건이 실패하기 때문에 첫 번째부터 $n-1$번째 for 루프까지 비교 횟수는 모두 1이다. 그러므로 정렬을 완료하기 위해 필요한 전체 비교 횟수는 다음과 같다.

$$\sum_{i=2}^{n-1} 1 = n = \theta(n)$$

평균의 경우: n개의 개체가 임의의 순서로 돼 있는 벡터를 가정해 보자. 단순화시키기 위해 개체의 첫 번째 절반은 정렬돼 있고, 나머지 절반은 정렬돼 있지 않다고 간주한다. 그러면 앞쪽 절반은 단지 $\left(\frac{n}{2}-1\right)$번만 비교하면 되지만, 뒤쪽 절반은 $\left(\frac{(n-2)(n)}{8}\right)$만큼 비교를 해야 한다. 그러므로 평균의 경우 시나리오에 대한 시스템 런타임의 증가 함수는 $\theta(n^2)$이다. 즉, 평균의 경우 시나리오는 점근적으로 최악의 경우 시나리오와 비슷하다.

비교 횟수와 마찬가지로, while 루프 내에서 개체의 위치를 이동시키는 스왑 (V[j+1] <- V[j]) 횟수도 알고리즘 런타임 성능의 평가 지표가 될 수 있다. while

루프는 비교와 스왑을 모두 포함하며, while 루프의 조건은 항상 마지막 반복 회차의 비교에서 실패하기 때문에 스왑 횟수는 비교 횟수보다 하나가 작다. 따라서 정렬이 완료되기 위해 필요한 총 스왑 횟수는 n-1이며 총 비교 횟수보다 작다. 그래서 시스템 런타임의 증가 함수는 최악의 경우와 평균의 경우 시나리오에서 $\theta(n^2)$으로 같은 반면에, 최선의 경우에는 0이 된다.

버블 정렬

삽입 정렬과 다르게 버블 정렬은 직관적이지도 않고, 이해하기 어려우며, 최선의 경우 시나리오에서 조차도 성능이 떨어진다. 모든 반복 회차에서 벡터의 각 개체는 남은 개체들과 비교되고, 그중에서 가장 작은 (또는 큰) 개체는 첫 번째 (또는 마지막) 위치로 푸시된다. 이것이 물의 표면에서 물방울이 튀는 것과 같다고 해서 알고리즘에 버블 정렬이란 이름이 붙었다. 이 알고리즘은 인접한 개체들을 비교하고 키 값을 스와핑하는 단계적인 접근법이다.

다음은 버블 정렬을 수행하는 R 코드이다. 이 코드는 상황에 따라 반복이 다르게 수행된다. 코드 아래의 자세한 설명과 그림 5.2를 참조하라.

```
Bubble_Sort <- function(V,n) {
  if(n==0)    stop("No elements to sort")
  for(i in 1:length(V)) {
    flag <- 0
    for(j in 1:(length(V)-i)) {
      if ( V[j] > V[j+1] ) {
        val <- V[j]
        V[j] <- V[j+1]
        V[j+1] <- val
        flag <- 1
      }
    }
    if(!flag)    break
  }
  return(V)
}
```

앞의 코드에 보이는 것처럼 버블 정렬은 중첩된 두 개의 for 루프로 구성돼 있으며, 불필요한 반복을 피하기 위해 스와핑 조건 확인을 위한 flag 값을 유지하고 있다. 내부의 for 루프는 인접한 모든 개체를 비교하고 필요할 경우 스와핑 작업을 수행하기 위한 것이다. 하위 인덱스 키의 값이 그 바로 다음 인덱스 키의 값보다 크면 벡터 내에서 두 개체는 스왑, 즉 위치가 바뀐다. 따라서 가장 큰 키 값의 개체는 뒤쪽 끝으로 옮겨지고, 그다음으로 낮은 키 값의 개체는 시작 위치 방향으로 이동한다. 가장 큰 값이 오른쪽 끝으로 이동하면 내부 for 루프가 두 번째 반복을 할 때는 마지막 키 값을 두 번째 마지막 키 값과 비교하지 않는다.

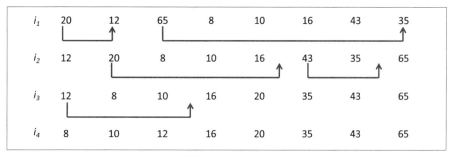

▲ 그림 5.2 버블 정렬의 예

그다음 회차 반복은 바깥쪽 for 루프로 인해 앞의 반복보다 키 값이 하나 적은 상태로 수행된다. flag 조건문은 앞의 그림 예제에서 볼 수 있듯이 벡터가 중간 단계로 정렬된 부분에 대해서 불필요한 루프를 피하기 위한 것이다.

flag 조건을 고려하지 않은 상태에서 비교(V[j] > V[j+1]) 횟수에 대한 최선, 최악, 평균의 경우 시나리오를 분석해 보자. 임의의 순서로 돼 있는 입력 벡터 V에 대해 두 개의 for 루프를 사용하는 비교 횟수는 각 반복에 대해 1의 계수만큼 증가하는 것을 관찰할 수 있다. 그러므로 평가 지표로서 비교 횟수를 사용하는 시스템 런타임의 점근선은 모든 경우에 있어서 $\theta(n^2)$이다.

비교 횟수와 마찬가지로 스왑 횟수도 알고리즘 시스템 런타임의 평가 지표로 고려될 수 있다. 버블 정렬에서 개체의 스왑 횟수는 벡터 내에서 인접한 값에 달려 있다. 평균의 경우 시나리오에서 절반의 개체가 정렬돼 있지 않다고 가정했을 때 스왑 횟수를 사용해 추정한 점근선은 $\theta(n^2)$가 될 것이다.

선택 정렬

다시 한 번 오름차순으로 정렬해야 하는 숫자형 벡터를 생각해 보자. 벡터를 정렬하기 위한 또 다른 직관적인 접근법은 먼저 가장 작은 개체를 선택해 첫 번째 위치에 놓은 후, 그다음 두 번째로 작은 개체를 선택해 두 번째 위치에 놓는 방식이다. 그래서 이런 종류의 정렬을 선택 정렬이라고 부른다. 선택 정렬은 i번째 반복에서 벡터로부터 i번째 순서인 개체를 선택해 i번째 위치에 놓는 iii 원칙을 따른다. 이 접근법은 버블 정렬과는 다르게 각 반복에서 필요한 스왑 횟수가 한 번뿐이라는 고유한 특징을 가지고 있다. 즉, 길이 n인 벡터를 완전하게 정렬시키는데, 단지 $n-1$ 번의 스왑만 필요하다. 하지만 비교 횟수는 버블 정렬 알고리즘과 같다. 선택 정렬에서는 가장 작은 개체의 위치가 가장 먼저 기억되며, 그에 따라 스왑이 일어난다. 그림 5.3은 숫자형 벡터에 대한 선택 정렬을 도식화한 예이다.

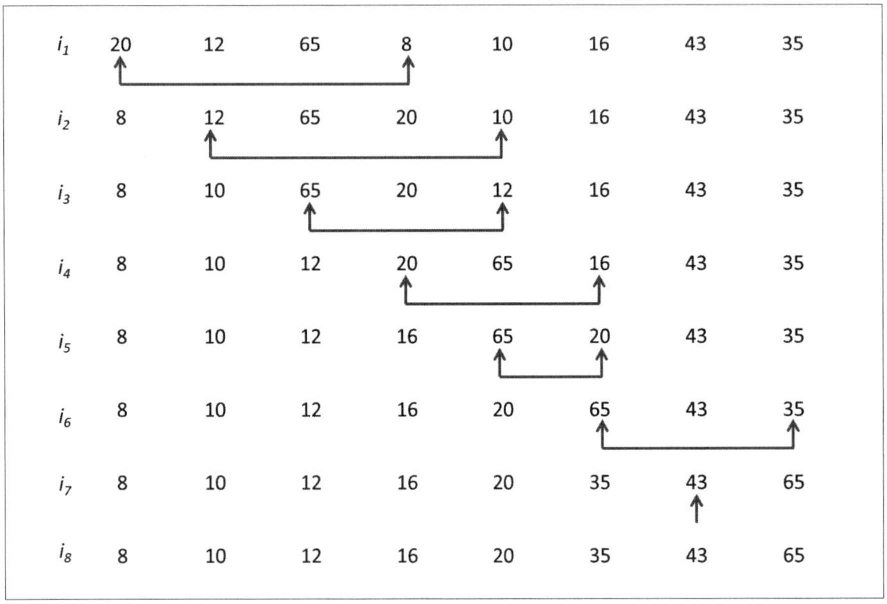

▲ 그림 5.3 선택 정렬의 예

다음은 선택 정렬을 수행하는 R 코드이다. 이 원시 코드는 for 루프를 사용해 구현됐다.

```
Selection_Sort_loop <- function(V,n) {
  if(n==0)    stop("No elements to sort")
  keys <- seq_along(V)
  for(i in keys) {
    small_pos <- (i - 1) + which.min(V[i:length(V)])
    temp <- V[i]
    V[i] <- V[small_pos]
    V[small_pos] <-temp
  }
  return(V)
}
```

비교 횟수가 버블 정렬과 비슷하기 때문에 세 가지 모든 경우에 대해 시스템 런타임은 $\theta(n^2)$이다. 하지만 스와핑 작업은 버블 정렬보다 훨씬 적다. 그러므로 이 알고리즘은 크기가 크거나 긴 문자열로 된 개체들로 이루어진 벡터처럼 비교의 비용보다 스왑의 비용이 더 높은 시나리오에서 유리하다.

또한, 선택 정렬은 개체가 아주 많은 벡터에서도 매우 잘 수행된다. 이는 스왑 작업이 키 값(개체) 대신에 키 위치(포인터)만을 교환하기 때문이다. 따라서 키 위치(포인터)를 저장하기 위한 추가적인 공간이 필요하다. 그러나 스와핑은 매우 빠르게 처리된다. 다음 그림은 키 위치 스와핑의 예를 보여준다. 네 개의 개체를 가진 숫자형 벡터가 있다. 그림 5.4에서 (a)는 스왑되기 전에 포인터와 값이 함께 있는 것을 보여주며, (b)는 값에 따라 스왑된 이후의 포인터를 보여준다.

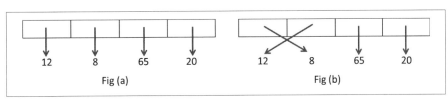

▲ 그림 5.4 키 값에 대한 포인터 스와핑의 예

그럼에도 불구하고 선택 정렬을 구현할 때 주의해야 할 경고가 있다. 스와핑 작업은 개체의 위치와 순서가 같은 경우라도 수행된다. 즉, i번째 순서의 개체가 i번째 위치에 있다고 해도 스와핑 작업은 계속된다. 이것은 테스트 조건을 통해 피할 수 있다. 하지만 일반적으로 테스트 조건으로 인해 발생하는 비용이 스왑을 피해서 절약한 비용보다 높다. 그러므로 스왑 횟수를 기초로 한 시스템 런타임은 세 가지 경우에 모두 $\theta(n)$이다.

교환 정렬의 비용

삽입 정렬, 버블 정렬, 선택 정렬은 전형적인 정렬 알고리즘이며, 크기가 큰 벡터와 반복이 많은 벡터에 대해 실행하는 데 비용이 많이 든다. 실행 비용이 높은 이유는 다음과 같다.

● 벡터 내에서 인접한 개체들과 비교

● 비교에 기반해 인접한 개체들과 스와핑(선택 정렬은 제외)

인접한 개체들 간의 스와핑을 교환^{exchange}이라고 하며, 그래서 이 세 가지 알고리즘을 교환 정렬이라고 부른다. 교환 정렬의 실행 비용은 정확한 순서를 가진 벡터를 형성하기 위해 각 개체를 셀 대 셀로 이동하는 횟수(역전 횟수라고도 함)이다.

길이가 n인 벡터를 생각해 보자. 가능한 교환 또는 역전의 총 횟수는 두 개체씩 쌍을 만들 수 있는 수와 같으므로 $\frac{n(n-1)}{2}$ 이다. 평균의 경우, 가능한 역전 횟수는 벡터 당 $\frac{n(n-1)}{4}$ 과 같다. 따라서 인접한 쌍을 비교(그리고 스왑)하는 모든 정렬 알고리즘은 평균적인 경우에 대해 최소한 $\frac{n(n-1)}{4} \sim \Omega(n^2)$ 의 비용을 가지고 있다고 말할 수 있다.

다음의 표 5.1은 삽입 정렬, 버블 정렬, 선택 정렬 알고리즘의 비교 횟수와 스왑 횟수를 기준으로 세 가지 시나리오(최선, 최악, 평균의 경우)에 대한 시스템 런타임 점근선을 요약한 것이다. 삽입 정렬과 버블 정렬의 시스템 런타임은 평균과 최악의 경우에 모두 $\theta(n^2)$이다.

		삽입 정렬	버블 정렬	선택 정렬
비교 횟수	최선의 경우	$\theta(n)$	$\theta(n^2)$	$\theta(n^2)$
	평균의 경우	$\theta(n^2)$	$\theta(n^2)$	$\theta(n^2)$
	최악의 경우	$\theta(n^2)$	$\theta(n^2)$	$\theta(n^2)$
스왑 횟수	최선의 경우	0	0	$\theta(n)$
	평균의 경우	$\theta(n^2)$	$\theta(n^2)$	$\theta(n)$
	최악의 경우	$\theta(n^2)$	$\theta(n^2)$	$\theta(n)$

▲ 표 5.1 다양한 측정 기준을 사용한 점근선 비교

이제 위에서 다룬 세 가지 교환 정렬 알고리즘보다 더 좋은 성능을 보이는 다른 정렬 알고리즘에 대해서 계속 알아보자.

셸 정렬

셸 정렬은 직관적이지 않고 인접하지 않은 개체와 비교 및 스왑하는 유형의 정렬 알고리즘으로 점감하는 증분 정렬diminishing increment sort이라고 불리기도 한다. 셸 정렬은 삽입 정렬에서 파생된 것이지만 최악의 경우 시나리오에서 훨씬 좋은 성능을 보인다. 이는 나중에 다룰 다른 많은 알고리즘에서 사용하는 방법론을 적용했기 때문이다. 이 방법론은 처음에 전체 벡터(부모)를 여러 개의 서브 벡터(자식)로 분할하고, 나중에 모든 서브 벡터들이 다시 부모 벡터로 재결합하는 방식이다.

일반적으로 셸 정렬은 벡터를 가상의 서브 벡터로 분할한다. 서브 벡터 내의 각 개체는 서로 고정된 숫자만큼 위치가 떨어져 있다. 각 서브 벡터는 삽입 정렬을 이용해 정렬된다. 서브 벡터를 선택하고 정렬시키는 프로세스는 전체 벡터가 정렬될 때까지 계속된다. 예제와 그림 5.5를 통해 프로세스를 자세히 알아보자.

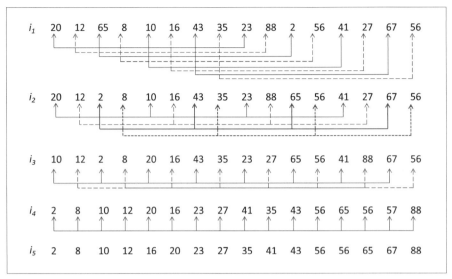

▲ 그림 5.5 셀 정렬의 예

짝수 개(16개 개체)로 된 숫자형 벡터 V를 오름차순으로 정렬해야 한다고 가정해보자. 또한, 서브 벡터를 2의 배수로 분할한다고 가정한다. 셀 정렬은 아래에 설명된 프로세스를 반복해 벡터를 정렬시킨다.

반복 1: 전체 벡터 V를 각 2개의 개체를 가진 8개의 서브 벡터로 분할하며, 서브 벡터 내의 각 개체는 8개 위치만큼 떨어져 있다. 그림 5.5의 i_1과 같이 모든 서브 벡터의 첫 번째 개체는 원래 벡터의 순서 그대로 줄지어 있다. 그다음 각 서브 벡터별로 삽입 정렬을 수행한다.

반복 2: 이제 분할 개수를 줄여서 서브 벡터의 길이를 늘린다. 전체 벡터 V를 4개의 서브 벡터로 분할해 각 4개의 개체를 가지게 되며, 서브 벡터 내 각 개체는 서로 4개의 위치만큼 떨어져 있다. 그림 5.5의 i_2와 같이 모든 서브 벡터의 첫 번째 개체는 순서대로 배치돼 있다.

마찬가지 방식으로 서브 벡터의 길이가 전체 벡터의 길이와 같아질 때까지 반복을 수행하고, 마지막으로 모든 개체에 대해 삽입 정렬을 수행해 전체에 대한 정렬 작업을 끝낸다.

다음 R 코드는 짝수 개와 홀수 개 길이의 벡터 모두에 대해 셸 정렬을 수행한다.

```
Shell_Sort <- function(V,n) {
  if(n==0)    stop("No elements to sort")
  increment = round(n/2)    # 정수
  while(increment>0) {
    for(i in (increment+1):n) {
      temp <- V[i]
      j=i
      while(j >= (increment+1) && V[j-increment] > temp) {
        V[j] <- V[j-increment]
        j <- j-increment
      }
      V[j] <- temp
    }
    if(increment==2) {
      increment <- 1
    } else {
      increment <- round(increment/2.2)
    }
  }
  return(V)
}
```

셸 정렬은 전체 벡터에 대해 정렬을 수행하기 전에 먼저 서브 벡터에 정렬을 수행함으로써 삽입 정렬의 성능을 향상 시켰다. 마지막 반복 회차로 가기 전에 모든 중간 반복 과정에서 전체 벡터에 대한 정렬이 거의 완성된다. 그래서 거의 다 정렬된 벡터를 반복하는 비용은 원시 입력 벡터에 대해 삽입 정렬을 수행하는 것보다 상대적으로 훨씬 낮다.

셸 정렬의 성능을 향상시키는 또 다른 방법은 초기 반복 회차에서 서브 벡터의 길이를 늘리는 것이다. 예를 들어 앞의 예제에서는 서브 벡터의 개체 수를 2부터 시작했는데, 이것을 3개로 늘릴 수 있다. 초기 서브 벡터의 길이가 늘어났을 때의 장점은 다음과 같다.

- 전체 벡터는 최종 반복 회차 이전에 훨씬 더 완성도 높게 정렬될 것이다.
- 반복 횟수가 줄어든다.

R에서 셸 정렬 구현 시 Sedgewick(1986)이 제시한 것처럼 갭을 $4^k+3\times2^{k-1}+1$ (1의 접두사, $k \geq 1$)로 사용하면 최악의 경우 시나리오에서 $\theta(n^{4/3})$의 점근선을 갖는다. 접두사prefix로 1을 사용하면 정확한 정렬 결과를 얻을 수 있다. 따라서 셸 정렬은 삽입 정렬만 하는 것보다 점근적으로 훨씬 더 정렬을 잘 수행한다. 또한, 셸 정렬은 다른 정렬 알고리즘의 특수한 속성이 기존 알고리즘의 성능을 향상시키는 데 활용될 수 있음을 보여준다.

병합 정렬

병합 정렬도 먼저 입력 벡터를 2개로 나누고, 절반짜리 각 서브 벡터를 독립적으로 정렬한 다음 하나의 정렬된 벡터로 병합하는 분할 정복의 원리를 따른다. 병합 정렬의 주요 특징은 다음과 같다.

- 이해하기 쉬운 개념
- 점근적으로 좋은 성능
- 경험적으로 낮은 시스템 런타임
- 병합의 개념 : 앞에서 말했듯이 병합은 두 개의 정렬된 서브 벡터에 대해 수행된다. 각 서브 벡터의 첫 번째 개체를 비교해 그중 작은 것을 출력 벡터의 첫 번째 위치에 배치한다. 그러고 나서 선택된 개체를 그것이 있었던 서브 벡터에서 제거한다. 첫 번째 개체 비교는 두 서브 벡터의 개체가 모두 없어질 때까지 계속되며, 출력 벡터에 순서대로 채워지게 된다.
- 효과적인 실행을 위해 재귀적 구현 필요

다음의 R 코드는 병합 정렬을 재귀적으로 구현한 것이다.

```
Merge_Sort <- function(V) {
  if(length(V) == 0)   stop("No elements to sort")

  # 두 반쪽 또는 서브 벡터를 정렬하기 위한 병합 함수
  merge_fn <- function(first_half, second_half) {
```

```
  result <- c()
  while(length(first_half) > 0 && length(second_half) > 0) {
    if(first_half[1] <= second_half[1]) {
      result <- c(result, first_half[1])
      first_half <- first_half[-1]
    } else {
      result <- c(result, second_half[1])
      second_half <- second_half[-1]
    }
  }
  if(length(first_half) > 0) result <- c(result, first_half)
    if(length(second_half) > 0) result <- c(result, second_half)
    return(result)
  }


  # 부모 벡터를 두 개의 서브 벡터로 재귀적으로 분할
  if(length(V) <= 1) V else {
    middle <- length(V) / 2
    first_half <- V[1:floor(middle)]
    second_half <- V[floor(middle+1):length(V)]
    first_half <- Merge_Sort(first_half)
    second_half <- Merge_Sort(second_half)
    if(first_half[length(first_half)] <= second_half[1]) {
      c(first_half, second_half)
    } else {
      merge_fn(first_half, second_half)
    }
  }
}
```

위의 R 코드는 두 개의 서브 코드로 구성돼 있다. 하나^{merge_fn}는 어떻게 병합 작업을 처리하는지 설명해주며, 다른 하나는 메인 함수^{Merge_Sort}가 재귀적으로 어떻게 동작하는지 설명해준다. 앞의 함수는 두 개의 입력 벡터(서브 벡터)에 대한 병합 작업을 수행하며, 뒤쪽의 함수는 메인 벡터 V를 가능한 최소 수준($log\ n$ 수준의 재귀호출)까지 재귀적으로 분할한 다음 병합 작업을 수행한다.

그림 5.6은 병합 정렬 방법론을 도식화한 것이다.

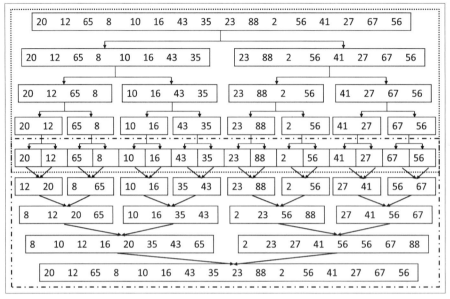

▲ 그림 5.6 병합 정렬의 예

병합 정렬의 주요 단점 중 하나는 메모리 관리이다. 병합 정렬은 대부분의 정렬 알고리즘에 비해 거의 두 배의 메모리가 필요하다. 처음에 원시 입력 벡터는 여러 개의 서브 배열로 재귀적으로 분할된다. 이 서브 배열들은 정렬된 최종 벡터를 얻을 때까지 다시 여러 개의 2차 벡터로 재귀적으로 병합된다. 따라서 프로세스가 완전히 실행되기 위해서는 두 집합의 보조적인 벡터가 필요하다. 하나는 분할되는 동안, 다른 하나는 병합되는 동안에 사용된다. 두 단계 중 하나를 우회하는 것은 매우 구현하기 어렵다.

재귀적으로 구현됨에도 불구하고 병합 정렬을 점근적으로 분석하는 것은 그리 어렵지 않다. 분석은 두 단계로 나눌 수 있다.

● 단계 I: n개의 개체를 가진 원시 입력 벡터 V는 그림 5.6과 같이 n개의 서브 벡터로 분할된다. 벡터 V는 처음에 $n/2$만큼의 개체를 갖는 2개의 벡터로 나눠지

고, 이것은 다시 각각 $n/4$ 개의 벡터를 가진 2개의 벡터로 나눠진다. 이런 방식으로 모든 서브 벡터가 1개의 개체를 가지게 될 때까지 계속 분할된다. n을 2의 거듭제곱으로 가정하면 (즉, 2^n) 재귀 호출의 깊이는 $log\ n$이 된다.

- **단계 II**: n개의 서브 벡터는 그림 5.6과 같이 최종적으로 정렬된 벡터를 만들기 위해 반복적으로 병합된다. 첫 번째 반복에서 1개의 개체로 된 서브 벡터는 정렬된 상태로 2개의 개체를 가진 $n/2$개의 서브 벡터로 병합된다. 병합된 서브 벡터들은 두 번째 반복에서 4개의 개체를 가진 $n/4$개의 서브 벡터로 병합된다. 이런 프로세스가 하나의 정렬된 벡터를 얻을 때까지 계속된다. 그러므로 각 반복 회차에 대한 점근선은 $\theta(n)$이며, 완료될 때까지 n번의 단계가 필요하다.

그러므로 실행 단계의 수 관점에서 병합 정렬 알고리즘의 시스템 런타임은 $\theta(n\ log\ n)$이다. 각 재귀 호출의 $log\ n$ 수준에서 총 n번의 병합 작업 단계가 필요하기 때문이다. 비용 함수가 원시 입력 벡터 내의 개체 순서와 독립적이기 때문에 최선, 최악, 평균의 경우에 대한 점근선은 같다.

퀵 정렬

퀵 정렬 알고리즘은 메모리상에서 빠른 정렬 능력을 가진 병합 정렬의 업데이트된 버전이다. 퀵 정렬은 최악의 경우보다는 평균의 경우에 널리 사용된다. 퀵 정렬 알고리즘은 또한, 병합 작업을 수행할 때 이차적인 벡터가 필요하지 않기 때문에 메모리 사용 측면에서 매우 효율적이다. 퀵 정렬은 R에서 기본 정렬base 또는 퀵 정렬rje과 같은 함수를 사용해 액세스할 수 있다. 퀵 정렬은 또한, 파티션 교환 정렬 partition-exchange sort이라고도 한다. 병합 정렬과 마찬가지로 퀵 정렬은 효과적인 실행을 위해서는 재귀적 구현이 필요하다.

다음은 n개의 개체를 가진 입력 벡터 V에 대해 퀵 정렬 알고리즘을 수행하는 세 단계의 실행 방법이다.

1. 주어진 입력 벡터에서 피벗pivot 또는 루트root 개체를 선택한다. 피벗 개체는 전체 벡터를 두 개의 서브 벡터로 파티션을 나누는 데 사용된다. 첫 번째 벡터 또는 왼쪽 벡터의 모든 개체는 피벗보다 작고, 두 번째 벡터 또는 오른쪽 벡터의 모든 개체는 피벗보다 크거나 같다. 그러나 분할된 두 서브 벡터 내의 개체들이 정렬될 필요는 없다. 일반적으로 중간 값이 피벗으로 고려된다. 하지만 이 책에서는 마지막 개체를 해당 벡터의 피벗으로 생각했다. 피벗은 분할된 서브 벡터의 길이가 같을 때가 최선이며, 둘 중 한 서브 벡터가 비어 있다면 최악이다.

2. 분할돼 생긴 각 서브 벡터에(피벗은 제외) 재귀적인 정렬을 수행한다.

3. 정렬된 최종 결과를 얻기 위해 정렬된 첫 번째 서브 벡터, 피벗, 정렬된 두 번째 서브 벡터를 합친다.

다음 R 코드는 퀵 정렬 알고리즘을 재귀적으로 구현한 것이다.

```
Quick_Sort <- function(V,n) {
  if (n <= 1) return(V)
  left <- 0      # 왼쪽 첫 번째 개체 - 1 위치
  right <- n     # 가장 오른쪽 개체
  v <- V[n]      # 마지막 개체를 피벗으로 초기화

  # 파티션 분할
  repeat {
    while (left < n && V[left+1] < v) left <- left+1
    while (right > 1 && V[right-1] >= v) right <- right-1
    if (left >= right-1) break
    # 스왑
    temp <- V[left+1]
    V[left+1] <- V[right-1]
    V[right-1] <- temp
  }

  # 퀵 정렬의 재귀적 구현
  if (left == 0) return(c(V[n], Quick_Sort(V[1:(n-1)], n=(n-1))))
  if (right == n) return(c(Quick_Sort(V[1:(n-1)], n=(n-1)), V[n]))
  return(c(Quick_Sort(V[1:left], n=left), V[n],
Quick_Sort(V[(left+1):(n-1)], n=(n-left-1))))
}
```

R 코드는 왼쪽 및 오른쪽 인덱스를 초기화하면서 시작한다. 왼쪽 인덱스는 벡터의 첫 번째 개체보다 하나 앞쪽의 위치를 나타내며, 오른쪽 인덱스는 벡터의 마지막 개체의 위치를 나타낸다. 그리고 마지막 개체는 해당 입력 벡터의 피벗 개체로 설정된다. 다음과 같이 16개의 개체를 가진 숫자형 벡터에 대해 생각해 보자.

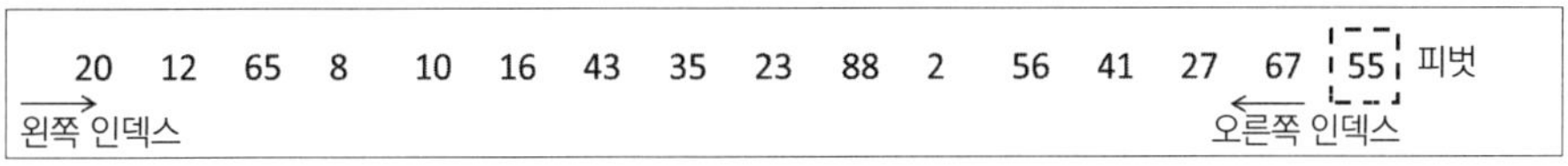

▲ 그림 5.7 16개 개체를 가진 숫자형 벡터의 예

이제 왼쪽과 오른쪽 인덱스는 서로 만날 때까지 repeat 루프 하에서 안쪽으로 이동하기 시작한다. 내부의 while 루프는 왼쪽 및 오른쪽 인덱스를 업데이트하기 전에 피벗 개체를 기준으로 조건을 확인한다. 계속해서 피벗 개체보다 작은 모든 개체는 피벗의 왼쪽으로 스왑되고, 피벗 개체보다 큰 모든 개체는 오른쪽으로 스왑된다. 그러나 왼쪽 및 오른쪽 서브 벡터에 있는 개체들은 정렬되지 않아도 된다. 그림 5.8은 repeat 루프에서 수행된 첫 번째 스왑을 보여준다.

▲ 그림 5.8 스왑 작업의 예

왼쪽 인덱스가 오른쪽 인덱스와 만나면 repeat 루프는 중단되고 퀵 정렬의 재귀적인 구현이 시작된다. 여기서 피벗 개체는 정확한 위치로 들어가고, 왼쪽 및 오른쪽 서브 벡터의 나머지 개체들도 재귀적인 정렬로 자기 자리를 찾아간다. 그림 5.9는 퀵 정렬 알고리즘의 전체적인 모습을 도식화한 것이다.

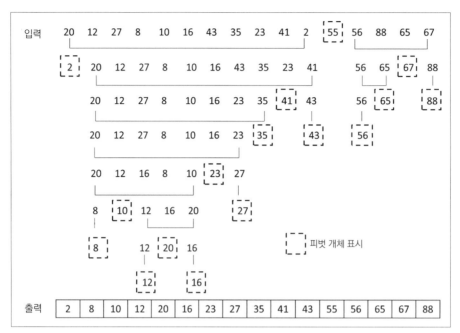

▲ 그림 5.9 퀵 정렬의 예

각 단계에서 수행된 작업 수를 기준으로 퀵 정렬 알고리즘의 점근 분석을 해보자. 입력 벡터 V의 길이는 n으로 가정한다. 왼쪽과 오른쪽 인덱스가 서로 만날 때까지 총 n번의 이동이 필요하다. repeat 루프는 최대 n번 실행될 수 있으며, while 루프는 최대 n번 실패할 수 있다. 그러므로 피벗 개체를 기준으로 한 분할의 점근선은 $\theta(n)$이다.

분할을 했는데 서브 벡터 중 하나에 개체가 없는 최악의 경우 시나리오를 생각해 보자. 이 시나리오가 각 분할 단계마다 발생하면 알고리즘의 점근선은 $\theta(n^2)$이 된다. 위의 예제 코드에서 최악의 경우는 입력 벡터의 모든 개체가 내림차순으로 정렬된 경우에만 발생한다. 이런 상황은 피벗 값을 무작위로 선택하면 최소화할 수 있다.

repeat 루프에서 각 반복 회차마다 피벗 값이 벡터를 똑같은 길이의 서브 벡터로 나누는 최선의 경우를 생각해 보자. 이런 완벽한 피벗의 경우에는 분할의 반복 수준을 $log\,n$으로, 왼쪽 및 오른쪽 인덱스에 의한 순회를 n 수준으로 낮출 수 있다.

그러므로 이 경우의 점근선은 $\theta(nlog\ n)$이다.

평균적인 경우의 시나리오를 생각해 보자. 여기서 분할 작업은 최선의 경우와 최악의 경우 사이에 있으며, 모든 유형의 서브 벡터 분할에 대해 같은 가능성을 갖는다. 그러므로 재귀 관계를 만족하는 점근선은 다음과 같이 정의할 수 있다.

$$\theta(n) = kn + \frac{1}{n}\sum_{s=0}^{n-1}\left[\theta(s)+\theta(n-1-s)\right],\ k\text{는 상수이고 }\theta(0)=\theta(1)=k\text{인 경우}$$

따라서 평균적인 경우 시나리오에 대한 점근선은 $\theta(nlog\ n)$으로 최선의 경우와 같다.

힙 정렬

힙 정렬은 즉흥적인 형태의 선택 정렬로, 알고리즘은 처음에 입력 벡터를 정렬된 벡터와 정렬되지 않은 벡터로 분할한 다음, 정렬되지 않은 벡터에서 반복적으로 가장 큰 개체를 추출해 정렬된 벡터로 옮기면서 정렬되지 않은 벡터를 줄여 나간다. 이것은 힙 데이터 구조에 기반하며, 최악의 경우 시나리오에 대해서도 점근선이 2차 함수가 되지 않도록 한다. 힙은 다음과 같은 특징을 가진 트리 기반 데이터 구조이다.

- 형태 기준: 힙은 일차적으로 왼쪽과 오른쪽 자식 노드가 모두 값으로 채워진 완전한 이진 트리이다.

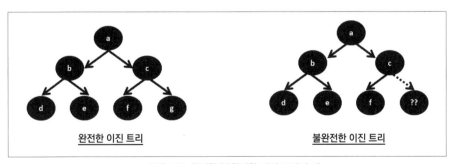

▲ 그림 5.10 완전한/불완전한 이진 트리의 예

- **힙 기준**: 트리의 순서는 단방향이다. 즉, 모든 부모 노드가 자식 노드보다 크거나max-heap, 모든 자식 노드가 부모 노드보다 크다min-heap. 둘 중 하나를 정렬에 사용할 수 있다. 이 책의 예제에서는 입력 벡터를 오름차순으로 정렬하기 위해 max-heap을 사용할 것이다. 또한, 노드의 값은 서로 독립적이다. 그래서 오른쪽 서브 트리의 모든 값이 왼쪽 서브 트리의 값들보다 높을 수도 있다.

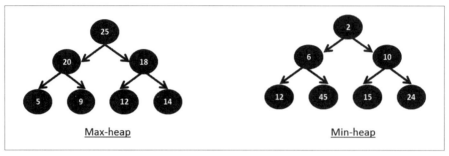

▲ 그림 5.11 max-heap과 min-heap

힙 정렬 알고리즘은 성능 효율성을 향상시키는 몇 가지 구조적인 장점을 가지고 있다. 이 알고리즘이 사용하는 트리는 좌우 균형을 이루는 완전한 이진 트리이다. 입력 벡터의 값이 이진 트리의 형태로 직접 저장되기 때문에 메모리도 적게 든다. 값을 트리 내의 각 노드에 명시적으로 삽입할 필요도 없다. 따라서 크기가 큰 벡터에도 적합하다. 점근적 성능도 또한, 최선, 최악, 평균의 경우에 2차 함수가 아니다. 시스템 런타임 함수는 $n\log n$이다.

힙 정렬 알고리즘은 구현하기 매우 쉽다. 입력 벡터 배열을 우선 max-heap으로 변환한다(max_heap 함수). 그다음에 힙의 최댓값을 반복적으로 추출해 배열의 끝에 배치함으로써 힙의 순서가 온전하게 유지되도록 한다. 길이가 n이고 모든 개체가 1부터 n의 위치에 있는 벡터를 생각해보자. 첫 번째로 추출된 최댓값인 개체는 n번째 위치에 배치되고, 두 번째로 추출된 최댓값 개체는 $n-1$번째 위치에 배치된다. 이 추출은 힙이 비게 될 때까지 계속된다.

다음은 힙 정렬 알고리즘을 재귀적으로 구현한 R 코드이다.

```
Heap_Sort <- function(V) {
  heapsize <- length(V)   # 전체 벡터의 크기
  for (i in floor(length(V)/2):1)
  V <- max_heap(V, i, heapsize)  # 최초의 max-heap 생성
  for (i in length(V):2) {
    temp <- V[i]           # i번 개체(최댓값)와 1번 개체 교체
    V[i] <- V[1]
    V[1] <- temp
    heapsize <- heapsize-1          # 입력 벡터의 크기 축소
    V <- max_heap(V, 1, heapsize)   # 줄어든 입력 벡터로 max-heap 다시 생성
  }
  return(V)
}
# 재귀적으로 max-heap을 생성하는 함수
max_heap <- function(V, i, heapsize) {
left <- 2*i
right <- 2*i+1
if (left<=heapsize && V[left]>V[i]){  # 왼쪽 서브 트리 생성
  largest <- left
} else {
  largest <- i
}
if (right<=heapsize && V[right]>V[largest])
  largest <- right  # 오른쪽 서브 트리 생성
  if (largest != i) {
    temp2 <- V[largest]  # i번째 개체를 최댓값으로
    V[largest] <- V[i]
    V[i] <- temp2
    V <- max_heap(V, largest, heapsize)  # 재귀적인 실행
  }
  return(V)
}
```

그림 5.12는 힙 정렬 알고리즘의 단계별 구현을 도식화한 것이다. 첫 번째 단계에 오름차순으로 정렬해야 하는 11개 개체를 가진 원시 벡터 V가 보인다. 두 번째 단계는 가장 큰 값의 개체가 첫 번째 노드에 있는 최초의 max-heap을 보여준다. 세 번째 단계에서는 최댓값 개체(여기서는 88)를 추출한다. 추출된 개체는 배열의 마

지막 위치로 옮겨진다. 새로운 최댓값 개체를 첫 번째 노드로 가진 새로운 max-heap 트리가 다시 생성된다. 네 번째 단계에서 최댓값 개체(여기서는 65)를 추출한다. 추출된 개체는 배열의 끝에서 두 번째 위치에 배치된다. 그리고 새로운 최댓값 개체를 첫 번째 노드로 가진 max-heap 트리를 다시 생성한다.

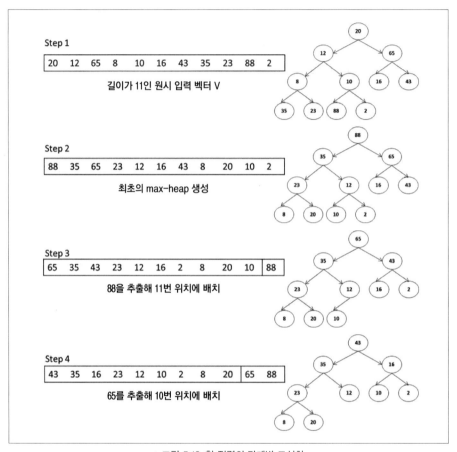

▲ 그림 5.12 힙 정렬의 단계별 도식화

이런 단계들이 max-heap 트리의 모든 개체가 추출돼 재배치될 때까지 계속된다. 최종적으로 정렬된 벡터는 다음과 같다.

Step n										
2	8	10	12	16	20	23	35	43	65	88

▲ 그림 5.13 힙 정렬의 최종 결과

길이가 n인 벡터에 대해 알고리즘의 런타임 성능을 분석해 보자. max-heap 재귀 함수는 $\theta(n)$의 런타임이 요구되며, 최댓값 개체를 n번 추출하는 것은 $\theta(log\ n)$의 런타임이 요구된다. 따라서 최선, 최악, 평균의 경우 시나리오에 대한 힙 정렬 알고리즘의 전체 런타임은 $\theta(nlog\ n)$이라고 할 수 있다.

버킷 정렬과 기수 정렬

버킷 정렬 또는 빈 정렬^{bin sort}은 입력 벡터가 여러 개의 저장소(버킷 또는 빈)으로 분할된 다음, 각 저장소 내에서 정렬이 수행되는 가장 효율적인 알고리즘 중 하나 이다. 각 개체에 대해 수행되는 계산에 따라 저장소가 지정돼 할당된다. 저장소는 여러 벡터가 포함된 리스트 또는 링크드 리스트가 될 수 있다. 이 책의 예제에서는 저장소로 여러 벡터를 갖는 리스트를 사용한다. 다음 R 코드는 n개의 개체를 가진 숫자형 벡터 V에 대해 버킷 정렬을 수행한다. maxValue 변수는 입력 벡터에서 최 댓값을 가진 개체를 나타낸다.

```
Bin_Sort = function(V,n,maxValue){
  bin <- list("binValues"=list(), "nElement"=NA)
  # 빈 버킷을 생성
  for(i in 1:n){
    bin[["binValues"]][[i]] <- NA
    bin[["nElement"]][i] <- 0
  }
  # 적절한 버킷에 개체를 추가
  bin <- addItem(V=V, bin=bin, maxValue=maxValue, n=n)
  # 모든 버킷을 하나의 정렬된 벡터로 결합
  output <- bindSorted_vec(bin=bin, n=n)
  return(output)
}
```

우선 리스트^{binValues}와 벡터^{nElement}를 가진 빈 버킷을 만든다. binValues 리스트는 입력 벡터 V의 개체들을 담을 버킷 역할을 하며, nElement 벡터는 각 버킷 내의 개체 수를 추적하기 위한 것이다.

addItem 함수와 insertItem 함수는 각 개체를 정렬된 순서로 버킷에 할당하는 역할을 한다. insertItem 함수는 이미 개체를 가지고 있는 버킷에 새로운 개체가 삽입될 때 활성화된다. 삽입을 할 때 새 개체의 값과 기존 개체들의 값을 비교한다. 그에 따라서 정렬 순서에 맞게 (여기서는 오름차순) 새 개체의 위치가 할당된다.

```r
# 버킷에 항목을 추가
addItem = function(V,bin,maxValue,n){
  for(i in 1:n){
    val <- V[i]
    ix <- ceiling((val*n)/maxValue)
    if(is.na(bin[["binValues"]][[ix]][1])){
      bin[["binValues"]][[ix]][1] <- val
      bin[["nElement"]][ix] <- 1
    } else {
      bin <- insertItem(val=val, ix=ix, bin=bin)
    }
  }
  return(bin)
}


# 정렬 기준에 맞게 버킷에 항목을 삽입
insertItem = function(val, ix, bin){
  nElement <- bin[["nElement"]][ix]
  pos <- NULL
  for(i in 1:nElement){
    if(val<bin[["binValues"]][[ix]][i]){
      pos<-i
    }
  }
  if(is.null(pos)){
    bin[["binValues"]][[ix]][nElement+1] <- val
  } else if(pos==1) {
    bin[["binValues"]][[ix]] <- c(val, bin[["binValues"]][[ix]][1])
  } else {
    bin[["binValues"]][[ix]] <- c(bin[["binValues"]][[ix]][1:(pos- 1)],
```

```
    val, bin[["binValues"]][[ix]][pos:nElement])
  }
  bin[["nElement"]][ix] <- nElement+1
  return(bin)
}
```

addItem 함수와 insertItem 함수의 주요 특징은 다음과 같다.

- 버킷에 개체를 할당하기 전에 버킷 선택을 위해 개체의 값에 대해 직접적인 계산을 수행한다. 이 계산은 입력 벡터의 길이 n과 최댓값 maxValue에 따라 달라진다. 이 방법은 입력 벡터의 값이 실수형이 아닌 정수형일 경우로만 제한된다.
- binValue 리스트의 길이는 n으로 제한된다. 즉, 버킷의 총 개수는 n이다.
- nElement 벡터는 각 버킷의 개체들을 추적한다.
- insertItem 함수는 본질적으로 각 버킷 내에서 개체를 정렬한다. 새로운 개체가 삽입될 때마다 먼저 그 값에 따라 위치를 결정한 후에 해당 위치에 삽입한다.

입력 벡터의 모든 개체가 각각의 버킷에 할당되면, 버킷들은 1부터 n의 순서로 단일 출력 벡터에 결합된다. 결합 프로세스가 진행되는 동안 각 버킷 내 개체들의 상대적인 위치는 유지된다. 따라서 완전히 정렬된 벡터(여기서는 오름차순)를 출력으로 받게 된다.

```
# 리스트를 정렬된 벡터로 결합
bindSorted_vec = function(bin,n){
  output <- c()
  currentIx <- 1
  for(i in 1:n){
    if(!is.na(bin[["binValues"]][[i]][1])){
      nElement <- bin[["nElement"]][i]
      for(m in 1:nElement){
        output[currentIx] <- bin[["binValues"]][[i]][m]
        currentIx <- currentIx+1
      }
    }
  }
  return(output)
}
```

다음은 R에서 버킷 정렬 알고리즘을 수행하는 예제이다.

```
> V <- c(20,12,65,8,10,16,43,35,23,88,2,56,41,27,67,55)
> n <- 16
> maxValue <- 88
> Bin_Sort(V=V, n=n, maxValue=maxValue)
[1]  2  8 10 12 16 20 23 27 35 41 43 55 56 65 67 88
```

버킷 정렬 알고리즘의 성능은 대부분의 시나리오에서 $\theta(n)$이다. 이는 개체를 버킷에 넣었다가 다시 버킷에서 꺼내어 출력 벡터로 가져오기 위해 필요한 작업의 수를 기준으로 한 것이다. 하지만 입력 벡터가 매우 커지면 각 개체를 배치하는 데 필요한 이동 작업의 횟수가 상당히 증가하기 때문에 성능에 심각한 영향을 끼친다.

버킷 정렬은 처음에 각 버킷으로 모든 개체를 할당한 다음에 버킷별로 다른 정렬 알고리즘을 적용할 수 있다. 이 경우에는 개체가 들어 있는 버킷에 새 개체를 삽입할 때 순서를 확인하지 않는다. 일단 모든 개체들을 계산 기준에 따라 각각의 버킷에 할당한 다음, 각 버킷은 서로 다른 정렬 알고리즘에 노출된다. 이렇게 개별적으로 정렬된 버킷들을 나중에 정렬된 단일 벡터로 합친다.

기수 정렬는 버킷 정렬의 향상된 버전으로, 버킷의 개수를 작은 수(일반적으로 10개)로 제한할 수 있으며, 비어 있지 않은 버킷에 개체를 할당할 때 상대적인 위치를 결정할 필요가 없다. 0~999 범위에서 n개의 개체를 가진 벡터를 오름차순으로 정렬한다고 가정해 보자. 그리고 1번부터 10번까지 10개의 버킷을 정의한다. 버킷 1은 1의 자리가 1인 개체들을 저장하고, 버킷 2는 1의 자리가 2인 개체들을 저장하고, 나머지 버킷들도 같다. 이렇듯 개체 값의 단위 숫자에 따라 버킷을 할당할 수 있다. 마지막으로 1의 자리가 0인 개체들은 버킷 10에 할당한다. 또한, 비어 있지 않은 버킷에 개체를 삽입할 때 버킷 내에서 상대적인 위치를 정할 필요가 없다. 모든 개체들이 단위 숫자에 따라 각 버킷에 모두 삽입되면 10개의 버킷은 bindSorted_vec 함수를 통해 (전체적인 버킷의 순서와 상관없이 첫 번째 버킷 다음에 두 번째 버킷, 그다음에 세 번째 버킷 순으로) 하나의 벡터로 결합된다. 이 단계가 완료되면 위와 마찬가지로 10 자릿수에 대해서, 그다음엔 100자릿수에 대해서 같은 프로세스를 수행한다. 다음 R 코드는 기수 정렬 알고리즘을 구현한 것이다.

```
# 버킷에 항목 추가
addItem = function(V,bin,digLength,n){
  for(i in 1:n){
    val <- V[i]
    # 숫자에서 필요한 단위 추출
    ix <- floor((val/digLength) %% 10)+1
    # 각 버킷에 개체 할당
    bin[["binValues"]][[ix]][bin[["nElement"]][ix]+1] <- val
    # 각 버킷의 개체 수 추적
    bin[["nElement"]][ix] <- bin[["nElement"]][ix] + 1
  }
  return(bin)
}


# 리스트를 정렬된 벡터로 결합
bindSorted_vec = function(bin){
  output <- c()
  currentIx <- 1
  for(i in 1:10){
    if(!is.na(bin[["binValues"]][[i]][1])){
      nElement <- bin[["nElement"]][i]
      for(m in 1:nElement){
        output[currentIx] <- bin[["binValues"]][[i]][m]
        currentIx <- currentIx+1
      }
    }
  }
  return(output)
}


# 기수 정렬 알고리즘
radix_Sort = function(V,n,maxValue,digLength){
  for(digLength in c(10^(0:digLength))) {
    bin <- list("binValues"=list(), "nElement"=NA)
    # 빈 버킷 생성
    for(i in 1:10){
      bin[["binValues"]][[i]] <- NA
      bin[["nElement"]][i] <- 0
    }
    bin <- addItem(V=V,bin=bin,digLength=digLength,n=n)
    V <- bindSorted_vec(bin=bin)
  }
  return(V)
}
```

다음 R에서 기수 정렬을 수행한 예제이다.

```
> V <- c(67,54,10,988,15,5,16,43,35,23,88,2,103,83)
> n <- 14
> maxValue <- 988
> digLength <- 2
> radix_Sort(V=V, n=n, maxValue=maxValue, digLength=digLength)
[1]   2   5  10  15  16  23  35  43  54  67  83  88 103 988
```

그림 5.14, 5.15, 5.16은 기수 정렬 알고리즘의 구현을 도식화한 것이다. 14개의 개체를 가진 정수형 벡터 V가 있다. 최댓값은 988이고, 벡터 길이의 자릿수는 2(최 댓값의 자릿수보다 하나 작음)이다.

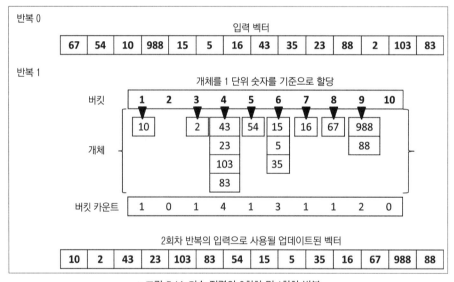

▲ 그림 5.14 기수 정렬의 0회차 및 1회차 반복

기수 정렬의 0회차 반복 시 가장 오른쪽 단위(1의 자리)의 숫자를 사용해 데이터를 버킷에 할당한다. 예를 들어 1 단위 수가 0인 10은 첫 번째 버킷에 들어가고 43은 네 번째 버킷으로 간다. 다음 번 반복에서는 그림 5.15와 같이 10의 자릿수를 사용해 마찬가지로 개체를 버킷에 할당한다.

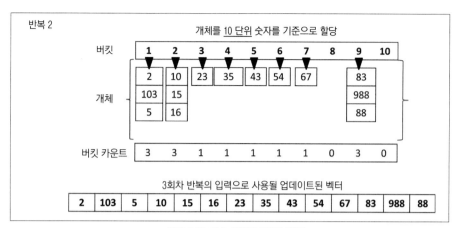

▲ 그림 5.15 기수 정렬의 2회차 반복

10 자릿수 기준으로 생성된 출력 벡터를 100 자릿수 기준으로 그림 5.16과 같이 재할당한다.

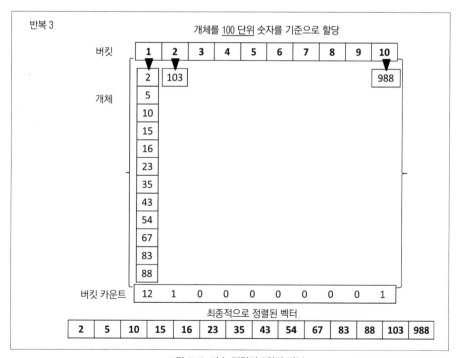

▲ 그림 5.16 기수 정렬의 3회차 반복

이제 기수 정렬 알고리즘의 성능을 분석해 보자. 기수 정렬의 점근선은 최선, 최악, 평균의 경우 시나리에서 입력 벡터의 길이에 상관없이 $\theta(n)$이다. 점근선은 주로 입력 벡터의 최댓값 자릿수와 계산 기준인 밑수^{base}에 따라 달라진다. 위의 예제는 개체를 버킷에 할당하기 전에 개체에 대한 계산을 수행하기 위해 10을 밑수로 사용했다. 그래서 점근선은 $\theta(nk + sk)$으로 다시 표현할 수 있다. 여기서 n은 입력 벡터의 전체 길이, s는 밑수, k는 최댓값의 길이를 나타낸다. 그런데 입력 벡터의 길이가 매우 크고 대부분의 수가 중복없이 구별된다면 기수 정렬의 점근선은 $\Omega(nlog\ n)$으로 변한다. 또한, 개체의 범위가 넓은 경우 기수 정렬 알고리즘은 $\Omega(nlog\ n)$ 점근선에서 최선의 성능을 보인다.

그럼에도 불구하고 기수 정렬 알고리즘은 효율적으로 구현하기가 매우 어렵다. 알고리즘의 런타임 성능에 영향을 주는 루프 반복이 많이 필요하기 때문이다. 다음 루프는 위의 세 그림에서 본 기수 정렬의 필수적인 부분을 형성한다.

● 개체에 대한 숫자 위치^{digLength}를 설정하는 루프

● 빈 버킷을 생성하는 루프

● 개체를 버킷에 할당하기 전에 각 개체에 대해 기수/인덱스를 계산하고, 각 버킷 내 개체의 수를 추적하는 루프

● 각 버킷에서 개체를 추출해 출력 벡터에 할당하는 루프

또한, 기수 정렬은 정수형 데이터 타입으로 된 입력 벡터에서만 사용 가능하다. 실수와 개체가 임의의 길이를 갖는 벡터에서는 특별히 주의해서 처리해야 한다.

정렬 알고리즘의 경험적인 비교

경험적인 비교 분석은 시스템 런타임을 기준으로 알고리즘의 성능을 평가하려는 것이다. 많은 알고리즘이 같은 점근적 복잡성을 가지고 있지만 그 성능은 입력 벡터의 크기에 따라 달라질 수 있다. 경험적 분석은 모든 알고리즘이 실행될 때 시스템 특성과 구성이 동일하게 유지된다는 가정 하에서 수행된다.

표 5.2는 정렬 알고리즘을 실제 구현했을 때의 시스템 런타임을 R에서 microbenchmark를 사용해 측정한 것이다.

알고리즘	10	100	1k	10k	최선의 경우	최악의 경우
삽입 정렬	0.0818	6.831	757.851	77713.30	2.351	1615.53
버블 정렬	0.0866	14.440	1382.405	140627.75	0.772	2224.58
선택 정렬	0.0690	6.453	507.285	46800.13	493.901	479.04
셸 정렬	0.0914	1.864	28.038	446.30	14.264	33.47
병합 정렬	0.0964	2.836	34.649	491.92	16.687	20.06
퀵 정렬	0.1115	2.211	26.759	907.60	96.938	691.21
힙 정렬	0.1986	4.872	67.710	1887.41	70.570	72.84
버킷 정렬	0.1658	1.592	31.607	1585.52	28.659	28.42
기수 정렬	0.4119	3.206	16.881	276.77	16.948	16.725

▲ 표 5.2 2.8–GHz 인텔 i7 CPU를 장착한 윈도우 시스템에서 수행한 정렬 알고리즘의 경험적 비교. 시스템 런타임은 밀리초

경험적 분석을 위해 사용된 입력 벡터는 길이가 10, 100, 1,000, 10,000이고 무작위의 정수형 값을 가지고 있다. 최선의 경우 시나리오를 위한 입력은 길이가 1,000이며 오름차순으로 정렬돼 있는 벡터이다. 마찬가지로, 최악의 경우 시나리오를 위한 입력은 길이 1,000인 벡터를 내림차순으로 정렬해 놓았다. 여기서 최선 및 최악의 경우 입력에 대해 몇몇 알고리즘의 성능은 불가해한 것을 볼 수 있다. 표 5.2에 대한 주요 시사점은 다음과 같다.

- $O(n^2)$의 점근선을 갖는 알고리즘은 입력 벡터의 크기가 커지면 성능이 좋지 않다. 셸 정렬은 우수한 성능을 보인다. 버블 정렬은 입력이 최선의 경우(이미 정렬된 경우)가 아니면 최악의 성능을 보인다.

- 점근선이 $O(n log n)$인 알고리즘 중에 힙 정렬이 최선 및 최악의 경우를 제외하면 가장 나쁜 성능을 보이는데, 이는 클래스 구조(힙)의 오버헤드 때문이다.

- 전체적으로 기수 정렬이 다른 알고리즘에 비해 모든 입력 벡터의 길이에서 일관되게 좋은 성능을 보여준다.

정렬의 하한

지금까지 시간 복잡성(작업 수)을 기준으로 알고리즘의 성능을 평가했다. 경험적 분석은 실제 시스템 런타임을 기준으로 한 성능을 보여주는 반면에, 점근 분석은 작업 수(또는 비교 횟수)를 기준으로 성능을 평가한다. 그러나 버킷 정렬이나 기수 정렬과 같은 비^{非} 비교 정렬에 대한 점근 분석은 개체 자체의 값에서 특정 숫자를 기준으로 한 반복 횟수를 사용해 평가한다. 표 5.3은 정렬 유형에 따라 최선, 최악, 평균의 경우 시나리오에 대한 정렬 알고리즘의 점근선을 요약한 것이다.

알고리즘	정렬 유형	최선의 경우	평균의경우	최악의 경우
삽입 정렬	비교 정렬	$O(n)$	$O(n2)$	$O(n2)$
버블 정렬	비교 정렬	$O(n)$	$O(n2)$	$O(n2)$
선택 정렬	비교 정렬	$O(n2)$	$O(n2)$	$O(n2)$
셸 정렬	비교 정렬	$O(nlogn)$	$O(n4/3)$	$O(nlog2n)$
병합 정렬	비교 정렬	$O(nlogn)$	$O(nlogn)$	$O(nlogn)$
퀵 정렬	비교 정렬	$O(nlogn)$	$O(nlogn)$	$O(n2)$
힙 정렬	비교 정렬	$O(nlogn)$	$O(nlogn)$	$O(nlogn)$
버킷 정렬	비 비교 정렬		$O(n)$	$O(n2)$
기수 정렬	비 비교 정렬		$O(n)$	$O(n)$

▲ 표 5.3 다양한 정렬 알고리즘의 점근선

이제 정렬의 문제 그 자체로 인해 발생하는 복잡성을 분석해 보자. 정렬 문제의 상한은 가장 빠르다고 알고 있는 알고리즘의 점근선이지만, 하한은 어떤 정렬 알고리즘(아직 발명되지 않은 알고리즘까지 포함)을 사용해 달성할 수 있는 가능한 최선의 효율성이다. 한 알고리즘을 사용해 하한과 상한을 만족하는 경우 다른 알고리즘은 효율성 측면에서 이 알고리즘을 넘어설 수 없다고 가정할 수 있다.

현재 일정 크기의 입력 벡터에 대한 알고리즘의 가능한 최선의 경계는 $\Omega(n)$과 $O(n\log n)$이다. 그것은 다음과 같은 이유 때문이다.

- 모든 알고리즘은 개체 n개의 입력 벡터를 읽고 출력 벡터를 얻으려면 최소한 n번 반복을 해야 한다.
- 또한, 입력 벡터가 정렬되었는지 아닌지 확인하기 전에 모든 개체를 스캔해야 한다.

현재까지 위와 같은 이유 때문에 평균 및 최악의 경우 시나리오에서 $O(n\log n)$ 점근선보다 더 좋은 성능의 알고리즘을 고안한 사람은 아무도 없다. 따라서 최악의 경우 시나리오가 주어졌을 때 $\Omega(n\log n)$의 비교가 필요한 정렬 알고리즘은 역시 $\Omega(n\log n)$의 시스템 런타임이 필요하며, 그에 따라 정렬의 문제도 역시 $\Omega(n\log n)$의 시스템 런타임이 필요하다는 것을 쉽게 추정할 수 있다. 그러므로 $\theta(n\log n)$ 점근선을 가진 비교 기반 알고리즘은 일정 요소 이상으로 향상시킬 수 없다고 결론 지을 수 있다.

연습문제

1. 링크드 리스트를 사용해 버킷 정렬과 기수 정렬 알고리즘을 작성하라. 그리고 리스트를 사용해 구현된 알고리즘과 런타임을 비교하라.

2. 같은 값을 가진 개체에 대한 불필요한 스왑이 일어나지 않도록 원래의 선택 정렬 알고리즘을 재작성하고, 또 원래의 알고리즘과 시스템 런타임을 비교하라.

3. 다음 중에 어느 알고리즘이 입력 벡터에서 중복된 개체의 원래 순서를 유지하는가? 불필요한 중복 개체 스왑 발생을 방지하는 수정을 제안할 수 있는가?

   ○ 삽입 정렬

- 버블 정렬
- 선택 정렬
- 셸 정렬
- 병합 정렬
- 퀵 정렬
- 힙 정렬
- 버킷 정렬
- 기수 정렬

4. 비교 기반 정렬 알고리즘이 최악의 경우 시나리오에 대해 왜 $O(n\log n)$의 최소 점근선을 갖는지 증명할 수 있는가?

5. 벡터 기반 병합 정렬과 링크드 리스트 기반 병합 정렬을 구현하고 경험적인 성능을 비교하라.

요약

5장에서는 정렬 알고리즘의 기본을 배웠다. 이번 장에서 비교 기반 및 비 비교 기반으로 나뉘는 두 종류의 정렬 알고리즘을 소개했다. 그리고 비교 기반 알고리즘인 삽입 정렬, 버블 정렬, 선택 정렬의 기초와 R에서의 구현을 다뤘다. 5장의 뒷부분에서는 셸 정렬, 병합 정렬, 퀵 정렬, 힙 정렬, 버킷 정렬, 기수 정렬 등을 살펴보았다. 그리고 다양한 정렬 알고리즘에 대한 경험적 비교를 제공했다.

6
검색 옵션 탐색

검색은 주로 특정한 값을 가진 개체가 벡터 또는 리스트에 존재하는지 확인하기 위해 컴퓨터 애플리케이션에서 폭넓게 사용되는 프로세스다. 특정한 값의 개체를 검색하지 않으면 삭제 작업을 할 수 없기 때문에 검색은 삭제를 대변하는 역할도 한다. 검색은 주어진 개체의 집합에서 한 개체를 찾거나(정확한 일치), 특정 범위의 값을 가진 개체의 그룹을 찾는(범위 일치) 것일 수 있다. 검색 작업에서 개체의 위치가 결정된다. 이 위치는 나중에 삭제 작업에 사용될 수 있다. 만약 특정 키 값을 가진 개체가 주어진 벡터 또는 리스트에서 발견되면 검색이 성공했다고 말하고, 발견되지 않으면 성공하지 못했다고 말한다. 6장에서는 순차적인 검색 작업과 키 값을 통해 직접 액세스하는 검색 작업(해싱)에 대한 개념을 다룰 것이다.

6장에서는 벡터와 리스트(링크드 리스트 포함)에서 수행되는 검색 작업에 대해 다룰 것이다. 그리고 다음과 같은 주제를 다룬다.

- 정렬되지 않은 벡터와 정렬된 벡터에 대한 검색

- 자기조직화 리스트self-organizing list

- 해싱hashing

처음 두 절에서 논의되는 접근법은 메모리(단일 노드) 기반 시스템을 사용할 때 더욱 효과적으로 구현할 수 있으며, 세 번째 접근법은 메모리(단일 노드) 또는 디스크(다중 노드) 기반 시스템을 사용해 구현할 때 효과적이다.

정렬되지 않은 벡터와 정렬된 벡터에 대한 검색

벡터는 R에서 검색을 수행할 때 폭넓게 사용되는 단순한 데이터 구조이다. 벡터에서 수행되는 가장 단순한 형태의 검색 작업은 선형 검색linear search 또는 순차 검색sequential search이다. 선형 검색에서는 각 개체가 벡터 내에서 순차적으로 비교된 다음에 적절한 삽입 또는 삭제가 수행된다. 개체 S를 길이가 n(1부터 n의 위치)이고 정렬되지 않은 벡터 V에서 검색해야 한다고 가정해 보자. 개체 S가 벡터 V에 존재하지 않는다면 최소한 n번의 비교가 수행되고, 개체 S가 i번 위치에 존재한다면 최소한 i번의 비교가 수행된다. 이 두 시나리오에서 비교 횟수는 선형이므로 최악의 경우 시나리오에 대한 순차 검색의 시스템 런타임 증가함수는 $O(n)$이 된다. 다음 R 코드는 길이가 n인 벡터 V에서 개체 S에 대한 선형 검색을 수행한다.

```
Sequential_search <- function(V, S, n)
{
  i = 1
  present = FALSE
  while (i <= n & present == FALSE)
  {
    if (V[i] == S)
      present = TRUE
    else
      i = i + 1
    }
    return(list(present = present, key = i))
}
```

그림 6.1은 두 가지 순차적인 작업을 보여준다. (a)는 개체 S가 벡터에 존재하지 않는 상황을 나타내고, (b)는 개체 S가 존재하는 상황을 나타낸다. 각 단계는 현재 개체가 S와 같은지 아닌지 여부에 상관없이 비교 작업을 나타낸다.

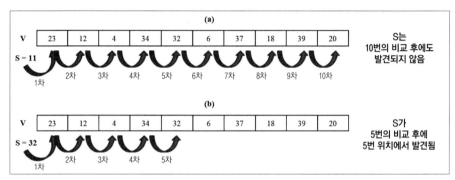

▲ 그림 6.1 순차 검색 또는 선형 검색

순차 검색은 n이 매우 큰 값일 때 병목 현상이 발생한다. 이런 매우 큰 벡터를 처리하는 한 가지 방법은 5장에서 배운 다양한 정렬 기법을 사용해 전처리를 한 다음 순차 검색을 수행하는 것이다. 벡터 V에서 현재 개체가 개체 S보다 크다면 검색 작업을 일찍 끝낼 수 있다. 이것은 시스템 런타임을 감소시킨다. 하지만 최악의 경우에 대한 검색 작업의 점근선을 $O(n)$보다 향상시킬 수 없다. 다음 R 코드는 길이가 n인 정렬된 벡터 V에서 순차 검색을 수행한다.

```
Seq_ord_search <- function(V, S, n)
{
  i = 1
  present = FALSE
  while (i <= n & present == FALSE)
  {
    if (V[i] == S)
      present = TRUE
    else if (V[i] > S)
      stop("element S not found")
    else
      i = i + 1
  }
  return(present)
}
```

그림 6.2는 개체 S가 존재하지 않는 정렬된 벡터에서 수행되고 있는 순차 검색 작업을 보여준다. 이때 각 단계에서 두 가지 비교를 하는데, 하나는 현재 개체가 S와 같은지 확인하는 것이며, 다른 하나는 (S와 같지 않은 경우) S보다 큰지 확인하는 것이다.

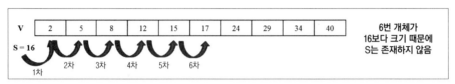

▲ 그림 6.2 정렬된 벡터에 대한 순차 또는 선형 검색

이제 개체 S가 세 번째 위치에 있는 개체와 직접 비교되었는데, S가 더 크다는 것을 알게 된 상황을 생각해 보자. 그렇다면 명시적으로 비교할 필요 없이 개체 S는 첫 번째와 두 번째 개체보다 크다는 것을 알 수 있다. 이렇게 벡터의 모든 개체가 아닌 간헐적으로 개체를 뛰어넘으면서 비교를 수행하는 것이 점프 검색^{jump search} 알고리즘의 핵심 특징이다.

점프 검색 알고리즘은 정렬된 벡터에 수행되는 순차 검색 알고리즘의 즉흥 연주와도 같은 것이다. 개체 S는 처음에 벡터 V에 i만큼의 규칙적인 간격으로 위치한 개체들과 비교된다. 즉, 개체 S는 조건이 만족될 때까지 $V[i]$, $V[2i]$, $V[3i]$ 등의 개체들과 비교된다. 개체 S보다 큰 키 값을 가진 개체의 위치가 결정되면, 그다음 '바로 전 $i + 1$'번째 개체부터 순차 검색을 수행한다.

즉, S가 $V[3i]$ 개체보다 작으면 $V[2i]$와 $V[3i]$ 사이의 개체에 대해 순차 검색을 수행한다. 벡터를 서브 벡터들로 나누고 그다음 검색 작업을 수행하는 방식은 5장의 병합 정렬에서 배운 분할 정복 개념과 비슷하다. 길이 n인 벡터에 대해 가장 가능성 높은 최선의 i는 $\sqrt{n}$이다. 다음 R 코드는 길이 n인 정렬된 벡터 V에 점프 검색 알고리즘을 수행한다. 점프는 $\sqrt{n}$ 간격으로 수행된다.

```
Jump_search <- function(V, S, n)
{
  jump <- floor(sqrt(n))
  present = FALSE
```

```
i = 1
while (jump < n & V[jump] < S)
{
  i = jump
  jump = jump + floor(sqrt(n))
  if (jump >= n)
    stop("element S not found")
}
while (V[i] < S & i <= jump)
  i = i + 1
  if (V[i] == S)
    present = TRUE
    return(present)
}
```

그림 6.3은 점프 검색 알고리즘의 작동 방식을 보여준다. 처음에 점프된 위치의 현재 값이 개체 S보다 클 때까지 점프가 수행되며, 그다음 서브 벡터(여기서는 4, 5, 6번 위치의 개체) 내에서 선형 검색을 수행한다.

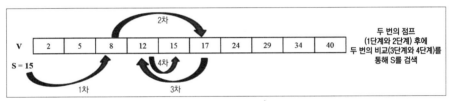

▲ 그림 6.3 점프 검색 알고리즘

점프 검색 알고리즘은 점프가 두 개의 과정으로 수행되고, 세 번째 과정에서 순차 검색이 수행되도록 수정될 수 있다. 일정량의 서브 벡터가 먼저 특정 점프 위치를 기준으로 결정된다. 그다음 서브 벡터 내에서 순차 검색을 수행할 서브-서브 벡터를 결정하기 위해 더 작은 점프를 수행한다. 이것은 비교를 위해 단일 개체가 남을 때까지 서브 벡터를 생성하게 재귀 구현을 사용해 일반화할 수 있다. 이렇게 일반화된 점프 검색은 이진 검색^{binary search} 알고리즘과 같다. 이진 검색은 벡터의 중간에 있는 개체로 바로 점프를 해서 S와 비교한다. 만약 중간 개체가 S의 값보다 크면 다음에 뒤로 점프하고, 그렇지 않으면 앞으로 점프한다. 점프는 항상 벡터에서 고려돼야 할 하위 영역의 중간에 있는 개체로 수행된다. 그러므로 평균의 경우 시나리오에서 이진 검색 알고리즘의 점근선은 $O(log\ n)$이다.

이진 검색 알고리즘은 재귀 또는 반복을 통해 구현될 수 있다. 하지만 재귀 구현은 종종 위험하다. 다음은 이진 검색 알고리즘을 구현한 R 코드이다.

- 재귀적 구현(V에서 개체 S가 발견되면 S의 위치를 반환한다)

```
Bin_search_recursive <- function(V, S, l, h) {
  if (h < l) {
    stop("h should be more than l")
  } else {
    m <- floor((l + h) / 2)
    if (V[m] > S)
      Bin_search_recursive(V, S, l, m - 1)
    else if (V[m] < S)
      Bin_search_recursive(V, S, m + 1, h)
    else
      return(m)
  }
}
```

- 반복적 구현(벡터 V에 개체 S가 존재하는지 아닌지를 반환한다)

```
Bin_search_iterative <- function(V, S, n) {
  l = 1
  h = n
  i = 0
  while (l <= h) {
    m <- floor((l + h) / 2)
    if (V[m] > S)
      h <- m - 1
    else if (V[m] < S)
      l <- m + 1
    else if (V[m] == S)
      return(TRUE)
  }
  return(FALSE)
}
```

그림 6.4는 정렬된 벡터 V에 대한 이진 검색을 도식화한 것이다.

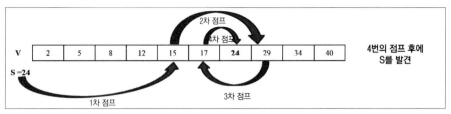

▲ 그림 6.4 이진 검색 알고리즘

지금까지 다룬 알고리즘에서 키 값(벡터의 개체)의 분포는 검색 작업 시 고려되지 않았다. 사전에서 'algorithm'이란 단어를 찾는다고 생각해 보자. 첫 번째 단계에서는 a로 시작하는 단어를 찾은 다음에, 그 안에서 al로 시작하는 단어를 검색하고, 그런 식으로 algorithm이 발견될 때까지 계속할 것이다. 즉, 사전에서 단어의 분포는 다음 단계에 검색할 위치를 계산하기 위해 고려돼야 한다. 개체 S에 대한 지식이 다음 검색 단계를 수행하기 전에 고려되는 이런 유형의 검색을 사전 검색 dictionary search 또는 보간 검색interpolation search이라고 한다. 정렬된 벡터 V에서 개체 S에 대한 첫 번째 검색 위치(p)는 다음과 같이 계산된다.

$$p = \frac{S - V[1]}{V[n] - V[1]}$$

1차 검색 위치 p가 계산되면 개체 S를 $V[p]$와 비교한다. S가 $V[p]$와 값이 같으면 검색 작업은 종료된다. 그렇지 않다면 위치 p는 벡터를 두 개의 서브 벡터로 나누는 데 사용된다. 그다음 $V[p]$와 S 값의 관계를 기반으로 그림 6.5에 보이는 것처럼 서브 벡터 중 하나에서 검색이 계속된다. 위치 p에서의 분할은 이진 검색 알고리즘에서의 분할과 비슷하다. 다시 한 번 서브 벡터 내에서 개체의 분포를 기반으로 새로운 위치가 계산되고, 검색 작업은 개체 S가 발견되거나 벡터에 개체가 더 이상 남아있지 않게 될 때까지 계속된다. 시스템 런타임은 평균의 경우 시나리오에서 $O(log\ log\ n)$으로 상당히 감소한다.

다음 R 코드는 길이가 n인 정렬된 벡터 V에서 개체 S를 찾기 위해 보간 검색을 수행한다.

```r
Interpolation_search <- function(V, S, n) {
  i = 1; j = n; l = V[1]; h = V[j]
  if (S < l | S > h)   return(FALSE)
  while (i < j)
  {
    k = floor(i + ((j - i) * (S - l)) / (h - l))
    split = V[k]
    if (S > split) {
      i = k + 1
      l = split
    } else if (S < split) {
      j = k - 1
      h = split
    } else if (V[k] == S) {
      return(TRUE)
    }
  }
  return(FALSE)
}
```

그림 6.5는 보간 검색을 도식화한 것이다.

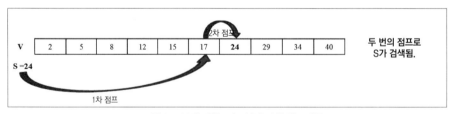

▲ 그림 6.5 보간 검색 또는 사전 검색 알고리즘

자기조직화 리스트

앞에서 검색 작업을 하기 전에 키 값을 기준으로 벡터를 정렬하면 검색의 성능을 높일 수 있음을 배웠다. 그런데 키 값을 기준으로 하는 것이 아니라 비교를 위해 키 값에 액세스하는 예상 빈도를 기준으로 벡터를 정렬하는 또 다른 접근법이 있다. 예상되는 액세스 빈도를 기준으로 정렬하는 이런 유형은 키 값을 기준으로 정렬하는 것보다 종종 비교 비용이 더 낮기 때문에 검색 작업의 성능을 높일 수 있다.

개체의 값이 아니라 키 값에 대한 액세스 빈도를 기준으로 정렬된 벡터 V가 있다고 가정해 보자. 즉, 검색 개체 S와 비교될 확률(p_i)이 가장 높은 개체가 첫 번째 위치에 배치되고, 그다음으로 높은 확률을 가진 개체가 두 번째 위치에 있으며, 그다음도 마찬가지다. 개체 S에 대한 검색은 벡터의 모든 정렬된 개체에 대해 순차적으로 수행된다. 여러 번의 반복 검색 시 하나의 검색에 필요한 예상 비교 횟수는 다음과 같다.

$$C'n = 1p_1 + 2p_2 + \ldots + np_n$$

여기서 첫 번째 개체를 액세스하기 위한 비용은 1이며(S와 단 하나의 개체만 비교됨), 이 첫 번째 개체에 대한 액세스 확률은 p_1이다. 마찬가지로 두 번째 개체를 액세스하기 위한 비용은 2이며 (첫 번째와 두 번째 개체만 비교됨), 액세스 확률은 p_2이고, 그 뒤로는 같은 규칙이 적용된다. 벡터의 각 개체들에 대한 검색 가능성을 가정해보면 p_1부터 p_n까지의 모든 확률의 합은 무한대가 된다.

비교 빈도를 기준으로 정렬하는 접근법은 몇 가지 단점이 있다. 우선 대상이 되는 벡터에서 검색 개체가 여러 번 반복해서 나타나지 않는다면 미리 액세스 확률을 결정하는 것이 매우 어렵다. 더구나 액세스 빈도가 높은 레코드가 초기에는 오랫동안 지속되지 않을 수도 있다. 그러므로 어떤 개체에 대한 액세스 확률은 시간의 흐름에 따라 변경돼야 한다. 이런 제약사항이 액세스 빈도에 따라 개체의 액세스 패턴을 계산하는 자기조직화 리스트의 개념으로 이끌었다. 이런 자기조직화 벡터 self-organizing vector는 휴리스틱heuristics(경험적인 발견)에 기반을 두고 있으며, 그 예는 다음과 같다.

- **카운트**count: 자기조직화 벡터의 가장 기본적인 휴리스틱이다. 여기서 카운트는 벡터의 개체가 비교 또는 액세스되는 횟수를 말한다. 각 키 값의 카운트는 저장되며, 벡터에서 순서를 정할 때 사용된다. 병렬적으로 개체의 카운트가 바로 앞의 개체보다 커지면 해당 개체는 벡터의 왼쪽으로 이동한다. 이 휴리스틱의 가장 큰 단점은 시간이 지남에 따라 액세스 빈도의 변화에 대해 그 순서가 매우 적대적이라는 것이다. 즉, 개체가 한 번 높은 카운트를 얻으면 다른 개체의 카운트 변화에 상관없이 계속 벡터의 왼쪽에 남아 있게 된다. 또한, 이 방법은 카운트 정보를 저장하기 위해 추가적인 메모리가 필요하다.

- **전진이동**move-to-front: 개체 S가 발견되면 벡터에서 해당 개체를 첫 번째 위치로 옮기고 다른 모든 개체의 위치를 뒤로 하나씩 이동시킨다. 그래서 이 휴리스틱을 전진이동법이라고 부른다. 이 방법은 벡터보다는 링크드 리스트에서 구현하기 쉽다. 벡터에서는 뒤쪽 끝에 가까이 있던 개체를 앞으로 가져오면 그 개체의 앞에 있던 수많은 개체들의 위치를 옮겨야 하기 때문이다. 전진이동법의 비용은 n번의 검색이 벡터에 수행되고 그에 따라 액세스 빈도를 기준으로 개체를 순서대로 배열하는 카운트 휴리스틱에 요구되는 비용의 거의 두 배이다. 전진이동법은 개체가 짧은 시간 동안에 자주 액세스되는 시나리오에서 더 좋은 성능을 보인다. 그 개체들이 액세스가 발생하는 시간 동안에는 벡터의 앞쪽 가까이에 위치해 있기 때문이다. 하지만 개체가 순서대로 반복 처리되는 경우에는 성능이 좋지 않다.

- **전치**transpose: 액세스 빈도를 기준으로 앞쪽의 인접한 개체와 스와핑하는 휴리스틱을 전치법이라고 부른다. 이 방법은 링크드 리스트와 벡터 모두에서 잘 동작한다. 전치법은 자주 액세스 되는 개체를 벡터의 앞쪽으로 이동시킨다. 처음에 자주 액세스돼서 앞으로 옮겨진 개체가 나중에 더 이상 자주 액세스되지 않으면 천천히 뒤쪽으로 이동하기 시작한다. 따라서 이 방법은 액세스 빈도가 바뀌는 시나리오에 적합하다. 몇몇 상황에서는 낮은 성능을 보인다. 마지막 개체와 마지막에서 두 번째 개체가 번갈아 액세스되는 검색 작업을 가정해 보자. 이 두 개체는 반복해서 스왑돼 위치가 바뀌지만 벡터의 앞쪽으로는 전혀 이동

하지 못한다. 하지만 이런 상황은 매우 드물다. 이 상황은 액세스된 개체를 인접한 앞의 개체와 스와핑하는 것이 아니라 어떤 고정된 수의 위치만큼 앞으로 이동하게 함으로써 해결할 수 있다.

이제 예제를 통해 각 휴리스틱에 대해 더 알아보자. 다음 그림과 같이 8개의 개체가 키 값 순서대로 정렬돼 있는 숫자형 벡터 V가 있다.

▲ 그림 6.6 키 값 순서대로 정렬돼 있는 숫자형 벡터의 예

이제 다음과 같은 순서로 개체(S)를 12번 검색하는 작업을 수행해보자.

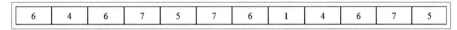

▲ 그림 6.7 검색 작업을 수행할 벡터

휴리스틱 1 - 카운트

카운트 기반 휴리스틱에서는 액세스 빈도에 따라 개체가 앞으로 움직이기 시작한다. 처음 세 번의 검색 이후에 개체 6이 첫 번째 위치에, 4가 그다음 위치에 배치된다. 이 모든 액세스의 전체 비용은 45번의 비교이다. 다음 R 코드는 자기조직화 리스트를 구현하고 순차 검색을 기반으로 정렬된 벡터를 반환한다. 이 함수에 대한 입력은 벡터 V, 검색 개체의 목록인 S, 검색될 개체의 수(즉, S의 길이)인 n_search, 입력 벡터의 개체 수(즉 V의 길이)인 n이다.

```
SOL_count <- function(V, S, n_search, n)
{
  if (is.null(V))stop("NO elements in input vector")
  if (is.null(S))stop("NO elemens to search")
  i = 1
  count <- as.list(sapply(1:n, function(x) 0))
  names(count) <- V
  while (i <= n_search)
  {
```

```
    if (Sequential_search(V, S[i], n)$present) {
      key <- Sequential_search(V, S[i], n)$key
      count[key][[1]] <- count[key][[1]] + 1
      count <- count[order(-unlist(count))]
      V <- as.numeric(names(count))
    }
    i = i + 1
  }
  return(V)
}
```

카운트를 기준으로 최종 정렬된 벡터는 다음과 같다.

| 6 | 7 | 4 | 5 | 1 | 2 | 3 | 8 |

▲ 그림 6.8 휴리스틱 1(카운트)의 출력

휴리스틱 2 – 전진이동

개체 S를 찾으면 그 개체는 벡터의 첫 번째 위치로 이동한다. 다음 R 코드는 자기
조직화 리스트에 대해 전진이동법 휴리스틱을 구현한 것이며, 정렬된 벡터를 반환
한다. 이 함수에 대한 입력은 벡터 V, 검색 개체의 목록인 S, 검색될 개체의 수(즉,
S의 길이)인 n_search, 입력 벡터의 개체 수(즉 V의 길이)인 n이다.

```
SOL_move <- function(V, S, n_search, n)
{
  if (is.null(V))    stop("NO elements in input vector")
  if (is.null(S))    stop("NO elemens to search")
  i = 1
  while (i <= n_search)
  {
    if (Sequential_search(V, S[i], n)$present) {
      if (Sequential_search(V, S[i], n)$key != 1) {
        key <- Sequential_search(V, S[i], n)$key
        temp <- V[key]
        V <- V[-key]
        V <- c(temp, V)
      }
```

```
    }
    i <- i + 1
  }
  return(V)
}
```

액세스의 전체 비용으로 54번의 비교가 발생하며, 최종 정렬된 벡터는 다음과 같다.

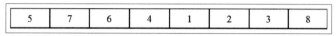

▲ 그림 6.9 휴리스틱 2(전진이동법)의 출력

휴리스틱 3 – 전치

검색에서 발견된 개체는 인접한 앞의 개체와 전치된다. 다음 R 코드는 자기조직화 리스트에 대해 전치 휴리스틱을 구현하며, 정렬된 벡터를 반환한다. 입력은 벡터 V, 검색 개체의 목록인 S, 검색될 개체의 수(즉, S의 길이)인 n_search, 입력 벡터의 개체 수(즉 V의 길이)인 n이다.

```
SOL_transpose <- function(V, S, n_search, n)
{
  if (is.null(V))    stop("NO elements in input vector")
  if (is.null(S))    stop("NO elemens to search")
  i = 1
  while (i <= n_search)
  {
    if (Sequential_search(V, S[i], n)$present) {
      if (Sequential_search(V, S[i], n)$key != 1) {
        key <- Sequential_search(V, S[i], n)$key
        temp <- V[key - 1]
        V[key - 1] <- V[key]
        V[key] <- temp
      }
    }
    i <- i + 1
  }
  return(V)
}
```

액세스의 전체 비용으로 62번의 비교가 발생하며, 최종 정렬된 벡터는 다음과
같다.

▲ 그림 6.10 휴리스틱 3(전치법)의 출력

시스템 런타임 기준으로 자기조직화 리스트의 접근선은 $O(log\ n)$이며, 이는 이진
검색 트리와 같다. 하지만 많은 경우에 자기조직화 리스트의 성능이 더 뛰어나다.
정렬 자체도 특정 비용을 필요로 하기 때문에 사전에 정렬된 벡터가 필요하지 않
다는 것이 자기조직화 리스트의 가장 큰 장점이다. 또한, 정렬된 벡터에 새로운 개
체를 삽입할 때는 새 개체의 위치를 결정하는 것이 필수적인데, 자기조직화 리스
트는 그럴 필요가 없기 때문에 새로운 개체를 삽입하는 비용이 낮다.

자기조직화 리스트는 구현하기 쉽고, 크기가 작은 벡터 또는 리스트에서도 좋은
성능을 보여준다. 따라서 알고리즘에 작은 변경을 함으로써 자기조직화 리스트를
사용해 정렬된 벡터가 요구하는 전제 조건을 피해 순차 검색의 성능을 향상시킬
수 있다.

해싱

해싱은 벡터의 키 값을 직접 액세스하는 다른 유형의 검색 기법이다. 해싱은 키 값
과 벡터 내에서의 위치를 매핑하는 특정 계산을 이용해 개체를 검색하는 프로세스
이다. 키 값이나 액세스 빈도 기준이 아닌 어떤 특정 계산을 만족시키는 출력값 순
서를 기준으로 벡터의 값을 배치할 수 있다. 벡터에서 키 값과 위치를 매핑하기 위
해 계산을 수행하는 함수를 해시 함수^{hash function}라고 하며 h로 표기한다. 필요한
계산 후에 개체를 가지고 있는 벡터를 해시 테이블^(hash table, HT로 표시)이라고 하며,
그 내부의 위치(또는 키)를 슬롯^{slot}이라고 한다. 해시 테이블의 슬롯 수는 m으로 표
시하며, 각 슬롯은 1부터 m 사이의 숫자로 표기된다. 해싱의 핵심 목표는 어떤 키

값 K와 해시 함수 h에 대해 해시 테이블의 슬롯이 $i = h(K)$로 정의되도록 해시 테이블 HT에 개체들을 정렬하는 것이다. 여기서 i는 1부터 m 사이의 수이며, $HT[i]$에 있는 개체는 K이다. 해싱의 개념은 ISBN 도서 코드를 통해 설명할 수 있다. 도서관에서 각 책은 검색에 사용하기 위해 고유의 ISBN 코드를 할당받는다. 책은 벡터의 원시 개체(키 값)을 의미하고, 도서관은 해시 테이블을 나타낸다. 해시 함수는 각 책에 ISBN 코드를 부여하기 위해 사용되며, ISBN 코드는 해시 테이블의 슬롯 역할을 한다.

해싱의 주요 목적은 한 개체가 특정 벡터에 있는지 없는지 결정하기 위한 것이다. 그러므로 여러 개체가 같은 키 값을 갖는 경우에는 적합하지 않다. 특정 범위에 속하는 개체들을 검색하거나 최댓값 또는 최솟값을 가진 개체를 검색하는 것은 지원하지 않는다. 또한, 키의 순서대로 개체를 액세스하는 것도 지원하지 않는다. 해싱은 메모리 기반 검색과 디스크 기반 검색을 모두 지원하며, 디스크에 저장되는 대용량 데이터베이스를 조직화하기 위해 널리 사용되는 접근법이다.

해싱에 의해 각 레코드가 고유한 키 값에 할당되는 간단한 시나리오부터 시작해보자. 이런 경우는 매우 드물지만 해시 테이블 HT는 키 값을 직접 사용해 슬롯을 생성할 수 있다. 즉, 개체 k는 간단한 해시 함수 $h(k) = k$를 통해 $HT[k]$에 할당된다.

이제 더 자주 발생하는 시나리오를 생각해 보자. 두 개체 k_1과 k_2가 해시 함수 h를 통해 같은 슬롯 a에 할당되는 경우, 즉 $h(k_1) = h(k_2) = a$인 경우를 충돌collision이라고 한다. 이런 상황은 일반적으로 다른 형태의 해시 함수를 사용하고 해시 테이블의 슬롯을 늘림으로써 피할 수 있다. 할당될 필요가 있는 개체 수에 비해서 슬롯 수가 아주 많이 늘어난 경우를 생각해 보자. 이런 경우 분포가 왜곡될 위험이 있다. 또한, 해시 테이블에는 빈 슬롯이 많이 남는다. 따라서 해시 테이블의 슬롯 수는 분포를 왜곡시키지 않고 모든 개체를 처리할 수 있는 충분한 수로 낮출 필요가 있다.

다음은 해시 함수 h를 통해 생성된 해시 테이블 HT에서 개체 K를 찾기 위한 두 단계의 절차이다.

1. 해시 함수 $h(K)$를 사용해 해시 테이블의 슬롯을 계산한다.

2. 충돌 가능성이 최소화된 슬롯 $h(K)$부터 시작해서 값 K를 가진 개체를 검색한다.

해시 함수

기술적으로 벡터 또는 리스트의 개체(키 값)을 해시 테이블에 분산시키기 위해 사용되는 함수를 해시 함수라고 한다. 이 함수는 개체에 직접적인 수학 연산을 수행하며, 그에 따른 출력값은 개체를 해시 테이블의 해당 슬롯에 할당하는 데 사용된다. 개체가 해시 테이블의 슬롯 범위보다 더 넓은 숫자 범위를 갖는 경우가 매우 많다(입력값의 범위보다 출력값의 범위가 작은). 이런 종류의 감소로 인해서 여러 개의 개체가 하나의 슬롯에 할당되는 충돌 가능성이 증가한다. 직원이 50명인 조직을 생각해 보자. 그 중 두 직원의 생일이 같을 확률은 얼마일까?

해시 함수의 주요 목적 중 하나는 충돌을 최소화하는 것이다. 제로 충돌zero collision로 해싱하는 것을 완벽한 해싱이라고 한다. 완벽한 해싱에서는 두 개체가 해시 테이블의 단일 슬롯에 할당되지 않는다. 이것은 해시 함수를 선택하기 전에 입력 벡터의 모든 개체를 가지고 있다면 가능할 수도 있다. 이 해시 함수를 사용해 해시 테이블을 만들면 각 슬롯 내에서 더 이상 검색할 필요 없이 개체에 직접 액세스할수 있다. 이런 완벽한 해시 함수를 선택하는 것은 매우 비용이 많이 들지만 최고로 효율적인 검색 성능을 얻고 싶다면 해볼 만할 것이다.

충돌을 최소화하는 것과 함께 해시 함수는 해시 테이블의 슬롯 수를 최소화해야만 한다. 해시 테이블에 빈 슬롯이 많으면 불필요한 메모리를 많이 차지하기 때문에 바람직하지 않다. 그러나 슬롯 수가 최소화되면 생성된 해시 테이블의 모든 슬롯에 할당된 모든 개체(키 값)로 인해 제로 충돌을 달성하지 못할 확률이 높아진다.

간단히 말해, 해시 함수는 모든 개체를 해시 테이블의 한 슬롯에 할당할 수도 있고, 또는 각 해당 개체마다 고유한 수의 슬롯을 생성할 수도 있다. 그러므로 해시 테이블의 각 슬롯이 입력 벡터의 모든 키 값으로 채워질 확률과 같은 확률을 갖는 해시 함수를 선택하는 것이 언제나 바람직하다. 그러나 입력 벡터의 키 값을 통제하는 것은 타당하지 못하다. 해시 함수의 효율성은 해시 테이블의 슬롯(또는 키)이 가진 허용 가능한 범위 내에서 키 값을 어떻게 분산시키는지에 달려 있다. 입력 벡터의 키 값이 균일 분포의 키 범위 내에서 무작위로 선택된 숫자일 경우, 이 키 범위 내에서 개체가 슬롯에 할당될 확률과 같은 확률로 슬롯을 생성하는 해시 함수는 역시 입력 키 값을 해시 테이블에 균일하게 분산시킬 것이다. 이와 같은 시나리오에서 입력 키 값은 해시 테이블 전체에 잘 분산돼 있다. 하지만 대부분의 시나리오에서 입력 키 값은 작은 범위로 심하게 왜곡돼 있거나 키 값의 전체 범위에 잘 분산돼 있지 못하다. 이런 왜곡된 키 값을 해시 테이블에 균일하게 분산시킬 수 있는 해시 함수를 고안하는 것은 매우 어렵다. 가끔 입력 키 값의 분산을 미리 알고 있는 경우에는 이를 최소화할 수 있다.

다음은 입력 키 값이 균일하지 못한 몇 가지 이유다.

- 입력 키 값이 자연적인 발생 빈도를 갖는다면 푸아송 분포^{Poisson distribution}를 따를 확률이 아주 높다. 즉, 몇 가지 키 값만 매우 자주 발생하고 나머지 키 값은 상대적으로 드물게 발생한다. 예를 들어 인터넷 접속자 수를 생각해 보자. 도시 지역의 접속자 수는 시골 지역의 접속자 수에 비해 매우 높을 것이다. 또한, 시골 지역의 수는 도시 지역의 수보다 매우 높다. 그러므로 인터넷 접속자 수의 분포는 전체적으로 작은 수의 지역(도시)으로 심하게 왜곡된다.
- 종종 데이터 수집은 적합하지 않은 샘플링 기법의 사용 때문에 왜곡될 수 있다.

그러므로 입력 키 값의 분포는 해시 함수 설계에 핵심적인 역할을 한다. 입력 키 값의 분포를 알 수 없는 경우에는 지나친 왜곡을 피하기 위해 키 값이 해시 테이블 전체에 분산되도록 하는 적절한 해시 함수를 선택해야 한다. 입력 키 값의 분포를 알고 있는 경우에는 그것을 기반으로 해시 함수를 선택해야 지나친 왜곡을 피할 수 있다.

다음 해시 함수는 크기가 18인 해시 테이블에 정수형 해싱을 수행한다.

```
hash_int <- function(K) {
  return (K %% 18)
}
```

다음 해시 함수는 자릿수 접기 방식을 사용해 문자열에 해싱을 수행한다.

```
hash_string <- function(K,n,M) {
  hashValue <- 0
  for(i in 1:n){
    hashValue <- hashValue + as.numeric(charToRaw(substr(K,i,i)))
  }
  return(hashValue %% M)
}
```

앞의 함수는 문자열에서 각 문자에 해당하는 ASCII 값을 모두 더한 값으로 해시 테이블의 슬롯 키를 만드는 데 사용한다. 그래서 문자열 내의 문자 순서는 슬롯 키의 값을 결정하는 데 아무런 역할을 하지 않는다. 이 함수는 일반적으로 작은 크기의 해시 테이블에서 더 잘 동작하는 경향이 있다. 문자열 내의 모든 문자에 (순서에 상관없이) 같은 가중치가 주어지기 때문이며, 따라서 이것은 해시 테이블의 슬롯 전체에 걸쳐 문자열을 균일하게 분산시키는 데 도움이 된다. 마찬가지로 이것은 정수를 해싱할 때도 적용할 수 있다(정수의 각 자릿수를 더함). 하지만 근본적인 전제는 결과를 아주 왜곡시킬 수 있는 정수가 없고(14, 41, 50, 5, 23, 32의 경우 모두 값 5의 슬롯 키에 할당됨), 생성된 해시 키는 해시 테이블의 크기 M보다 훨씬 크다는 것이다. 마지막 단계에서 합산된 값에 모듈러스 연산을 수행해 0부터 $M-1$ 범위의 슬롯 키 값을 얻는다. 슬롯의 좋은 분포는 주로 각 문자열의 합산값의 범위에 달려 있다. 예를 들어 ASCII 값이 A는 65이고 Z는 90이기 때문에 5자리 문자열(모두 대문자)의 합산 범위는 325에서 450 사이이다. 이 범위가 아주 넓게 퍼져 있는 것은 아니므로 큰 해시 테이블은 왜곡된 분포를 보이는 경향이 있으며, 키 값은 슬롯 전체에 걸쳐 균등하게 분산되지 않는다.

대부분의 실무적인 시나리오에서 충돌은 해싱의 구현을 위협한다. 이런 충돌은 다음과 같은 기법을 사용해 최소화할 수 있다.

- **오픈 해싱**open hashing **또는 체이닝**chaining **분리** : 충돌은 해시 테이블의 외부에 저장된다.

- **클로즈드 해싱**closed hashing **또는 오픈 어드레싱**open addressing : 충돌은 충돌된 키 값 중 하나를 다른 슬롯에 저장하는 방식으로 해시 테이블 안에 저장된다.

오픈 해싱

오픈 해싱에서 해시 테이블의 슬롯은 링크드 리스트의 헤드로 정의되고, 충돌 값은 해시 테이블의 각 슬롯에 있는 링크드 리스트에 할당된다. 그림 6.11은 오픈 해싱의 원리를 도식화한 것이다. 484, 253, 697, 467, 865, 823, 963, 651을 값으로 가진 벡터를 해시 함수 $h(K) = K \bmod 10$을 사용해 0에서 9의 키를 가진 해시 테이블로 해싱한다고 가정해 보자. 숫자는 앞에서 언급한 순서대로 해시 테이블에 삽입된다. 키 3과 키 7, 두 개의 슬롯에서 충돌이 발견된다. 이 슬롯 안에서 키 값은 (링크드 리스트의) 포인터를 사용해 서로 연결된다. 다른 슬롯은 오직 하나의 키 값만 가지고 있다.

해시 함수를 사용해 슬롯이 식별되면 해당 슬롯 내에서 검색 작업이 시작된다. 각 슬롯 내의 키 값은 삽입 순서, 키-값 기준 순서, 액세스 빈도 순서, 전진이동 순서, 또는 전치 순서 등 다양한 기법을 사용해 정렬할 수 있다. 키-값 기준 순서의 경우 검색 개체보다 큰 키 값을 만나면 종료되므로 검색 작업이 효율적일 수 있다. 반면에 슬롯 내의 개체가 정렬돼 있지 않거나 자기조직화 기법을 사용해 정렬돼 있다면 최악의 경우(즉, 슬롯에 검색 개체가 존재하지 않는 경우) 검색 작업이 종료되기 전에 슬롯 내의 모든 개체가 액세스될 것이다.

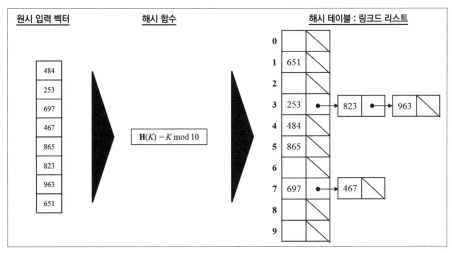

▲ 그림 6.11 오픈 해싱

입력 키 값의 수가 해시 테이블의 가용한 슬롯 수보다 많다고 가정할 경우, 이상적인 해시 함수는 모든 입력 키값을 모든 가용한 슬롯에 균일하게 분산시키는 것이다. 반대로, 입력 키 값의 수가 해시 테이블의 가용한 슬롯 수보다 적다고 가정하면 이상적인 해시 함수는 충돌을 피하기 위해 각 슬롯에 단 하나의 키 값만 할당하는 것이다. 앞의 시나리오에서 검색 작업은 해시 테이블의 슬롯을 식별한 후에 수행되는 반면에, 뒤의 시나리오에서의 검색 작업은 슬롯이 식별되면 완료된다. 따라서 두 번째 시나리오에 대한 시스템 런타임의 평균적인 비용은 $\theta(1)$이며, 첫 번째 시나리오의 평균 비용보다 낮다.

해시 테이블은 메모리(단일 노드 클러스터) 또는 디스크(다중 노드 클러스터)에 생성할 수 있으며, 해시 테이블의 슬롯(또는 링크드 리스트)은 여러 노드 클러스터에 할당할 수 있다. 단일 노드 클러스터일 경우에 모든 개체는 같은 노드 안에서 매끄럽게 액세스되는 반면에, 다중 노드 클러스터에서는 검색 작업을 완료하기 위해 여러 개의 디스크 노드를 액세스해야 할 수도 있다. 오픈 해싱은 디스크 기반 해시 테이블보다는 메모리 기반 해시 테이블에 더 적합하다. 다중 노드 클러스터는 특정 키 값을 검색할 때 막힘 없는 액세스를 제공한다는 해싱의 본래 목적을 해치기 때문이다.

오픈 해싱과 저장소 정렬 알고리즘 사이의 유사점은 다음과 같다.

- 저장소 정렬 알고리즘에서 입력 벡터의 개체는 처음에 여러 개의 저장소(버킷 또는 빈)에 할당되며, 각 저장소는 여러 개의 개체를 가지고 있다. 마찬가지로 오픈 해싱에서 입력 개체는 처음에 해시 테이블의 여러 슬롯에 할당되고, 각 슬롯은 여러 개의 개체를 가지고 있을 수 있다.
- 저장소 정렬에서 각 저장소 내의 개체 수는 작은 수이고, 정렬은 각 저장소에서 개별적으로 수행된다. 마찬가지로 오픈 해싱에서 각 슬롯에 할당된 개체의 수도 작은 수이기 때문에 적은 액세스로 검색 작업을 완료할 수 있다.

클로즈드 해싱

클로즈드 해싱에서 모든 입력 키 값은 해시 테이블 자체 내에 저장된다. 충돌이 일어나면 충돌 해결 정책collision resolution policy이 적용된다. 처음에 키 값을 기준으로 각 개체에 대해 해싱이 수행되고, 그에 해당하는 홈 슬롯home slot이 식별된다. 새로운 개체를 할당할 때 해당하는 홈 슬롯에 이미 있는 개체와 충돌이 발생하면 충돌 해결 정책을 기준으로 새로운 개체는 비어 있는 다른 대체 슬롯에 할당된다.

모든 개체가 각각의 홈 슬롯에 할당된 것이 아니고, 빈 대체 슬롯에 할당되었던 개체가 검색을 완료하기 위해 복구될 수 있기 때문에 충돌 해결 정책은 검색 작업을 하는 동안에도 적용된다.

버킷 해싱

버킷 해싱bucket hashing은 클로즈드 해싱의 몇 가지 형태 중 하나이다. 버킷 해싱에서 해시 테이블의 슬롯은 처음에 상대적으로 작은 수의 버킷으로 그룹지어진다. 해시 테이블에 M개의 슬롯이 있고 B개의 버킷이 있다고 가정해 보자. 그러면 각 버킷당 M/B개의 슬롯이 할당된다. 해시 함수는 이제 버킷 키와 직접 연결된다. 처음에 해시 함수는 버킷의 첫 번째 빈 슬롯에 키 값을 할당하기 시작한다. 충돌이 발생하면 빈 슬롯을 찾을 때까지 해당 버킷 내의 슬롯들을 순차적으로 검색한다. 최악의 경우, 버킷이 가득 차 있으면 그 개체는 무한한 가용성을 가진 오버플로 버킷overflow bucket의 빈 슬롯에 할당된다. 오버플로 버킷은 모든 버킷에 의해 공유된다. 대부분의 키 값이 각 버킷에 할당되고 매우 소수의 이상값만 오버플로 버킷에 할당되면 좋은 구현이라고 할 수 있다. 그림 6.12는 버킷 해싱의 구현을 도식화한 것이다. 484, 253, 697, 467, 865, 823, 963, 651의 값으로 구성된 벡터를 해시 함수 $h(K) = K \bmod 5$를 사용해 해시 테이블의 버킷 0부터 버킷 4에 할당한다. 각 버킷은 오버플로 버킷과 함께 2개의 슬롯을 가지고 있다. 주어진 벡터를 순차적으로 해싱해 버킷 0, 버킷 1과 버킷 4에는 1개의 개체, 버킷 2에는 2개 개체, 버킷 3에는 3개의 개체가 할당됐다.

버킷 3은 두 개의 슬롯만 가지고 있기 때문에 세 번째 개체는 공동으로 사용하는 오버플로 버킷에 할당됐다.

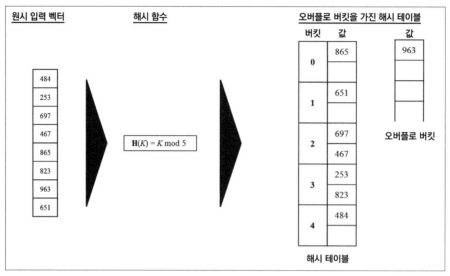

▲ 그림 6.12 버킷 해싱

검색 작업의 첫 번째 단계는 해시 함수 h를 사용해 검색 개체가 속해 있을 만한 버킷을 결정하는 것이다. 그다음 해당 버킷 내의 개체를 검색한다. 만약 그 버킷 안에서 검색 개체가 발견되지 않았고 버킷이 가득 차 있는 상태가 아니라면 검색 작업은 종료된다. 버킷이 가득 찬 상태이면 검색 개체를 발견할 때까지 오버플로 버킷을 검색하거나 또는 (검색 개체가 존재하지 않을 경우) 오버플로 버킷 내의 모든 개체에 검색이 수행된다. 오버플로 버킷이 너무 크면 검색 작업은 종종 시간이 많이 소요될 수 있다.

지금까지 키 값은 몇 개의 슬롯을 가진 버킷에 해시됐다. 키 값이 차례로 한 버킷에 속한 슬롯에 해시되는 시나리오를 생각해 보자. 요컨대 버킷은 해시 함수와 간접적으로 관련이 있으며, 각 버킷에서 슬롯은 중심되는 역할을 한다. 처음에 키 값은 특정 버킷에 속해 있는 홈 슬롯에 할당된다. 홈 슬롯에 값이 채워져 있으면 해당 버킷의 슬롯들이 순차적으로 스캔되고 그에 따라 값이 채워진다. 0부터 5로 표시된 6개의 슬롯 중에서 세 번째 슬롯까지 이미 채워져 있는 버킷을 가정해 보자. 새 개체가 이 버킷의 세 번째 슬롯에 다시 할당되면 충돌 해결 프로세스가 실행된다. 이 프로세스를 통해 네 번째와 다섯 번째 슬롯이 비어 있는지 스캔되고, 뒤이어 첫 번째와 두 번째 슬롯도 스캔된다. 모든 슬롯이 가득 차 있는 상태라면 새 개체는 오버플로 버킷(무한대의 슬롯을 담을 수 있다)의 빈 슬롯에 할당된다. 이 접근법은 이전의 접근법보다 유리하다. 여기서는 버킷의 모든 슬롯이 홈 슬롯의 역할을 할 수 있지만, 이전의 접근법에서는 버킷의 첫 번째 슬롯만 홈 슬롯이 될 수 있기 때문이다. 따라서 충돌 횟수도 줄어든다.

그림 6.13은 수정된 버킷 해싱의 동작을 도식화한 것이다.

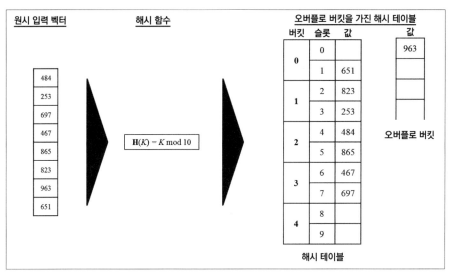

▲ 그림 6.13 수정된 버킷 해싱

오픈 해싱과 다르게 버킷 해싱은 다중 디스크 또는 다중 노드에서 구현하는 것이 좋다. 버킷의 크기는 각 노드 클러스터의 크기를 결정하는 데 사용될 수 있다. 새로운 검색이나 삽입 작업이 발생하면 해당 버킷이 메모리로 호출되고 검색이나 삽입 작업은 오직 하나의 노드만 액세스하면 되기 때문에 막힘 없이 수행된다. 버킷이 가득 찬 경우 오버플로 버킷이 해당 노드로 불려나온다. 불필요한 노드 액세스를 막기 위해 오버플로 버킷을 작게 유지할 것을 적극 권장한다.

선형 탐사

선형 탐사[linear probing]는 폭넓게 사용되는 버킷이 없는 클로즈드 해싱 기법 중 하나이며, 업데이트된 충돌 해결 정책을 사용해 해시 테이블의 모든 슬롯에 액세스할 수 있다.

충돌 해결 정책의 주 목표는 어떤 키 값에 대한 홈 슬롯이 이미 채워져 있어서 충돌이 발생했을 때 해시 테이블에서 빈 슬롯을 얻는 것이다. 충돌 해결 방법은 충돌이 발생했을 때 순서대로 채워질 슬롯의 시퀀스를 미리 생성하는 방식으로 업데이트될 수 있다. 이 시퀀스의 첫 번째 슬롯은 홈 슬롯의 역할을 하고 그 뒤의 것들은 대체 슬롯으로 사용된다. 충돌이 발생한 경우 빈 슬롯을 얻을 때까지 이 시퀀스에 있는 슬롯을 순차적으로 스캔한다. 이 시퀀스를 탐사 시퀀스[probe sequence]라고 하며, p로 표시되는 탐사 함수[probe function]를 사용해 생성된다.

또한, 검색 작업이 수행되는 동안 탐사 함수는 홈 슬롯에 이전에 삽입되었던 모든 관련 키 값을 검색하는 데 사용된다. 탐사 함수를 사용해 생성된 탐사 시퀀스의 핵심 전제 중 하나는 모든 키에 대한 슬롯 중 최소한 하나는 빈 상태를 유지해야 한다는 것이다.

이것은 실패한 검색 작업의 무한 루프를 방지하기 위한 것이다. 그러므로 모든 키의 탐사 시퀀스에 대해 채워진 슬롯의 수는 추적될 필요가 있다. 각 탐사 시퀀스에 빈 슬롯이 단 한 개만 남으면 더 이상 삽입이 발생하지 않기 때문이다.

지금까지는 홈 슬롯이 키 값으로 채워지면 그다음 키 값은 버킷을 아래 쪽으로 스캔해서 발견된 빈 슬롯을 차지하는 단순한 형태의 충돌 방지 정책을 다뤘다. 탐사 시퀀스에서 빈 슬롯에 대한 이런 유형의 탐사를 선형 탐사라고 하며 다음과 같이 정의된다.

$p(K, i) = i$

위 문장에서 i는 해시 테이블에서 i번을 찾아 내려간 위치에 있는 슬롯을 나타낸다. 탐사 시퀀스가 해시 테이블의 밑바닥에 도달하면 선형 탐사는 해시 테이블의 처음부터 추적을 시작한다. 따라서 해시 테이블의 모든 슬롯은 탐사 시퀀스가 홈 슬롯에 도달하기 전에 키 값으로 채워질 수 있다.

선형 탐사는 충돌을 해결하기 위한 가장 원시적인 옵션 중 하나이다. 하지만 최악의 충돌 해결 방법이기도 하다. 선형 탐사의 주요 문제점은 새로운 키 값이 해시 테이블에 삽입될 때마다 슬롯이 키 값으로 채워지게 될 확률이 급격하게 변한다는 것이다. 이것은 그림 6.15를 통해 자세히 설명하겠다. 해시 함수가 $K \bmod 10$이고 0에서 9까지의 슬롯(또는 키)을 가진 해시 테이블을 생각해 보자. 해시 테이블에 453, 362, 396, 156, 957의 다섯 개체를 순서대로 삽입해야 한다. 최초에 각 슬롯이 홈 슬롯이 될 같은 기회(1/10)를 갖는다고 가정한다. 앞의 슬롯(홈)이 채워지면 다음 슬롯은 선형 탐사로 인해 채워질 같은 기회를 갖는다. 첫 번째 단계에서 453은 해시 키가 3이기 때문에 슬롯 3에 채워진다. 그러면 이제 슬롯 4가 채워질 확률은 2/10으로 증가한다. 해시 키가 3(선형 탐사) 또는 4(홈 슬롯)인 키 값으로 채워질 수 있기 때문이다. 362가 슬롯 2에 할당되는 두 번째 삽입이 수행되면 슬롯 4가 채워질 확률은 3/10으로 더 증가한다. 2와 3(선형 탐사), 4(홈 슬롯)의 키 값으로 채워질 수 있기 때문이다. 남아 있는 다른 슬롯(즉, 0, 1, 5, 6, 7, 8, 9)은 여전히 1/10이다. 세 번째 개체 396이 슬롯 6(홈 슬롯)에 삽입되면 슬롯 7이 채워질 수 있는 확률이 2/10으로 증가하며, 나머지 다른 슬롯은 영향을 받지 않는다. 이제 네 번째 개체인 156은 슬롯 6이 이미 채워져 있으므로 선형 탐사에 의해 슬롯 7에 삽입되며, 슬롯 8의 확률은 3/10으로 증가하고 나머지는 영향을 받지 않는다. 마지막으로 다섯 번째 개체 957이 선형 탐사에 의해 슬롯 8에 삽입되면 슬롯 9의 채워질 확률은 4/10으로 증가한다.

다음은 다섯 번의 삽입이 모두 완료되었을 때 그에 따른 확률이다.

슬롯 번호	0	1	2	3	4	5	6	7	8	9
확률	1/10	1/10	0	0	3/10	1/10	0	0	0	4/10

▲ 그림 6.14 삽입 작업 후 각 슬롯의 확률

선형 탐사에서 슬롯이 채워질 확률에 따라 클러스터링되는 것을 1차 클러스터링 primary clustering이라고 한다. 슬롯 4와 슬롯 9 같은 작은 클러스터는 큰 클러스터로 증가하는 경향이 있으며, 이는 탐사의 불일치성을 더욱 증가시킬 수 있다.

0차			1차			2차			3차			4차			5차		
슬롯번호	키값	확률	슬롯번호	키값	확률	슬롯번호	키값	확률	슬롯번호	키값	확률	슬롯번호	키값	확률	슬롯번호	키값	확률
0		1/10	0		1/10	0		1/10	0		1/10	0		1/10	0		1/10
1		1/10	1		1/10	1		1/10	1		1/10	1		1/10	1		1/10
2		1/10	2		1/10	2	362	0	2	362	0	2	362	0	2	362	0
3		1/10	3	453	0	3	453	0	3	453	0	3	453	0	3	453	0
4		1/10	4		2/10	4		3/10	4		3/10	4		3/10	4		3/10
5		1/10	5		1/10	5		1/10	5		1/10	5		1/10	5		1/10
6		1/10	6		1/10	6		1/10	6	396	0	6	396	0	6	396	0
7		1/10	7		1/10	7		1/10	7		2/10	7	156	0	7	156	0
8		1/10	8		1/10	8		1/10	8		1/10	8		3/10	8	957	0
9		1/10	9		1/10	9		1/10	9		1/10	9		1/10	9		4/10

▲ 그림 6.15 선형 탐사

1차 클러스터링을 방지하기 위한 빠른 방법 중 하나는 1개 슬롯만큼 선형 탐사를 하는 대신에 상수 c만큼 슬롯을 뛰어넘는 것이다. 그러면 이전의 탐사 함수는 다음과 같이 변경된다. 여기서 c는 해시 테이블의 슬롯 수보다 작은 값을 갖는 상수이다.

$$p(K,i) = ci$$

이 탐사 함수의 주요 장점은 탐사 시퀀스가 홈 슬롯에 도달하기 전에 해시 테이블의 모든 슬롯을 순회한다는 것이다. 그러나 다음과 같은 경우에는 그렇지 않을 수 있다. 여기서 슬롯을 가로지르는 스캔은 상수 c에 의해 제어된다. $c = 2$일 경우 탐사 함수는 탐사 시퀀스를 두 개의 배타적인 가상 시퀀스로 나누는데, 하나는 홀수 시퀀스이고 다른 하나는 짝수 시퀀스이다. 만약 해시 함수가 짝수 홈 슬롯을 반환했는데 이미 채워져 있다면 탐사 시퀀스는 다시 홈 슬롯에 도달할 때까지 짝수 번호 슬롯에 대해서만 액세스가 발생한다.

해시 함수가 홀수 홈 슬롯을 반환하는 경우도 마찬가지다. 이상적인 시나리오라면 두 부분이 비슷한 수의 입력 키 값을 갖기 때문에 이런 유형의 탐사는 별로 중요하지 않다.

하지만 두 부분의 입력 키 값 개수가 서로 나르다면, 많은 수의 키 값을 갖는 부분은 충돌이 많이 발생해 낮은 성능을 보이며, 반면에 아주 적은 수의 키 값을 갖는 부분은 좋은 분포를 갖게 돼 높은 성능을 보이게 된다. 전체적으로 충돌이 많이 발생하는 부분의 성능 저하가 많은 영향을 미치기 때문에 탐사 함수의 성능은 감소한다.

상수 c가 해시 테이블의 슬롯 수와 서로 소素인 경우(즉, 두 수가 1 이외의 공약수를 갖지 않는 경우), 탐사 시퀀스는 홈 슬롯에서 종료되기 전에 모든 슬롯을 다룰 수 있다. 예를 들어 해시 테이블의 크기가 10이고 상수 c가 1, 3, 7, 또는 9인 경우이다. 마찬가지로 해시 테이블의 크기가 7이면 상수 c는 1부터 6까지 어떤 수도 될 수 있으며, 탐사 시퀀스는 해시 테이블의 모든 슬롯을 포함하게 된다.

상수 c는 1차 클러스터링 문제를 처리할 수 있기는 하지만 완전히 제어할 수 있는 것은 아니다. 예를 들어 상수 c를 2라고 가정하면 짝수 및 홀수 시퀀스에 있는 슬롯의 확률은 변동이 심하다. $h(K) = 4$일 경우 탐사 시퀀스는 슬롯 6, 8, 10과 같은 순서로 계속된다. 마찬가지로 $h(K) = 6$이면 탐사 시퀀스는 슬롯 8, 10과 같은 순서로 계속된다. 이로 인해서 다음 슬롯에 채워질 확률에 직접적인 영향을 미치게된다. 슬롯 사이의 상호 연동으로 인한 확률의 높은 변동은 1차 클러스터링 문제를 다루는 데 복잡함을 더한다.

이것은 가용한 슬롯을 추적하지 않고 무작위로 체크하는 새로운 유형의 탐사 시퀀스로 이끌었다. 이 유형은 1차 클러스터링의 주요 원인이 되는 슬롯 간의 상호 연동이 필요 없다. 여기서 탐사 시퀀스는 빈 슬롯 탐색을 시작할 슬롯을 무작위로 선택한다. 무작위 슬롯 선택은 검색 작업에서 불가피하게 발생하는 같은 탐사 시퀀스의 중복이 가능하지 않기 때문에 추천할 만하다. 검색을 위해 무작위 선택과 추적가능성의 두 가지 옵션을 가진 의사 무작위 탐사pseudo-random probing를 구현할 수 있다. 탐사 시퀀스의 j번째 슬롯은 $(h(K) + r_j) \bmod M$ 으로 정의되며, 여기서

M은 해시 테이블의 크기이고 r_j는 1에서 M-1 사이의 수로 된 무작위 순열^{random} permutation의 j번째 슬롯이다. 이 무작위 순열은 벡터에 저장돼 삽입과 검색 작업에 사용된다. 탐사 함수는 $p(K,i) = Perm[i-1]$로 정의되며, $Perm$은 1에서 M-1 사이의 난수 벡터이다.

탐사 함수의 다른 형태는 2차 탐사^{quadratic probing}이며, 이것 역시 1차 클러스터링을 제어한다. 2차 탐사를 정의하는 탐사 함수는 다음과 같다. 이 탐사 함수에서 c_1, c_2, c_3는 상수이다.

$$P(K,i) = c_1 i^2 + c_2 i + c_3$$

2차 탐사는 다른 탐사 함수에는 없는 심각한 단점을 가지고 있다. 즉, 모든 슬롯이 탐사 시퀀스에 포함되는 것이 아니라는 점이다. 예를 들어 해시 테이블의 크기가 10이면 이차함수 $p(K,i) = i^2$에 대해서 오직 슬롯 0, 1, 4, 9만 액세스가 가능하다. 다른 슬롯이 비어 있어도 탐사 시퀀스에 포함돼 있지 않기 때문에 채워질 수가 없다. 일부 슬롯이 비어 있음에도 불구하고 그 슬롯은 탐사 시퀀스에 속해 있지 않기 때문에 어떤 키 값이 해시 테이블에서 버려질 때 (삽입되지 않을 때) 심각한 문제가 된다.

간단히 말해서, 해시 테이블의 크기와 탐사 함수를 잘 조합하면 삽입과 검색 작업의 성능을 향상시킬 수 있다. 해시 테이블의 크기가 소수^{prime number, 素數}이고 탐사 함수가 i^2이면 최소한 해시 테이블의 슬롯 중 절반이 탐사 시퀀스에 포함된다. 다른 방법으로, 해시 테이블의 크기가 2의 거듭제곱이고 탐사 함수가 $(i^2+1)/2$라면 해시 테이블의 모든 슬롯이 탐사 시퀀스에 포함된다.

의사 무작위 탐사와 2차 탐사가 비록 1차 클러스터링을 제어할 수는 있지만, 2차 클러스터링^{secondary clustering}이라고 하는 새로운 형태의 클러스터링을 발생시킨다. 위 방법들의 탐사 함수는 키 값(K) 대신에 홈 슬롯 키(i)에만 의존하기 때문에 탐사 시퀀스의 슬롯이 값으로 채워질 확률은 홈 슬롯 키에만 종속된다. 두 개의 키 값이 같은 홈 슬롯을 직접 향하는 경우, 이 홈 슬롯의 탐사 시퀀스에 포함된 슬롯들의 확률만 영향을 받는다. 의사 무작위 탐사 함수 또는 2차 탐사 함수에 의해 정의된, 특정 홈 슬롯의 탐사 시퀀스에 국한된 이런 유형의 클러스터링을 2차 클러스터링이라고 한다. 만약 탐사 함수가 홈 슬롯 키(i)와 함께 원래의 키 값(K)을 함께 고려한다면 2차 클러스터링을 제어할 수 있다. 이것은 탐사 시퀀스가 상수 c에 의해 분리된 슬롯으로 구성되고, c 값이 다른 해시 함수 h_2를 통해 결정되는 선형 탐사 함수를 사용해 목적을 이룰 수 있다. 결론적으로 수정된 선형 탐사 함수는 $P(K,i) = i^*h_2(K)$가 된다. 이 두 단계의 해싱을 이중 해싱$^{double\ hashing}$이라고 한다. 이중 해싱은 해시 테이블의 크기 M과 탐사 함수의 모든 상수가 서로 소(素)일 때 잘 수행되는 경향이 있다. 다음과 같은 두 가지 경우를 예로 들 수 있다.

- 해시 테이블의 크기(M)가 소수이고 해시 함수 h_2가 1에서 M-1 사이의 상수를 반환할 경우

- 해시 테이블의 크기(M)가 2의 거듭제곱(2^m)이고 해시 함수 h_2가 1과 2^m 사이의 홀수를 반환하는 경우, 여기서 m은 실수다.

클로즈드 해싱 분석

이 절에서는 해싱에 대한 분석을 다룬다. 해싱의 성능은 주로 작업을 완료하기 전에 발생하는 액세스 수에 달려 있다. 작업은 삽입, 검색 또는 삭제가 될 수 있다. 삭제 작업은 해시 테이블에서 개체가 발견돼야만 구현할 수 있다. 개체를 발견하는 것은 검색 작업의 일부이기 때문에 검색 작업을 위한 액세스 수는 삭제 작업을 위한 액세스 수와 같다. 마찬가지로, 삽입을 수행하기 위해서는 빈 슬롯이 발견될 때까지 탐사 시퀀스 내의 슬롯을 탐색해야 한다. 또한, 키 값이 이미 해시 테이블 내에 존재한다면 해시 테이블에 중복이 발생하기 때문에 삽입되지 않는다. 그러므로 성공적인 검색(해시 테이블에서 개체를 발견)은 삭제 작업에 필수이고, 성공하지 못한 검색(해시 테이블에서 개체를 발견하지 못함)은 삽입 작업에 필수이다.

우선 비어 있는 해시 테이블을 생각해 보자. 단 한 번의 액세스로 해당 홈 슬롯에 첫 번째 개체의 삽입이 이루어진다. 또한, 모든 개체가 해시 테이블의 각 해당 홈 슬롯에 삽입돼 있다면 검색 작업과 삭제 작업은 역시 단일 개체만 액세스하면 된다. 해시 테이블이 채워져 감에 따라 새로운 키 값이 자기 홈 슬롯을 차지할 확률

은 줄어든다. 만약 새로운 키 값이 이미 채워져 있는 홈 슬롯으로 해시된다면 그 홈 슬롯의 탐사 시퀀스 내에서 빈 슬롯을 검색하기 위해 충돌 해결 정책이 시작된다. 이것은 모든 삽입, 검색, 또는 삭제 작업에서 개체에 대한 액세스 수를 증가시킨다. 그러므로 모든 작업에 대한 비용은 해시 테이블 내에서 현재 채워져 있는 슬롯 수에 달려있다.

해시 테이블의 전체 슬롯 수(해시 테이블의 크기 M) 중에 현재 채워져 있는 슬롯 수 (N)의 비율로서 로드 팩터 α를 정의해보자.

$$\alpha = \frac{N}{M}$$

탐사 시퀀스가 슬롯의 무작위 순열을 사용해 만들어졌다고 가정하면 삽입 작업에 대한 비용 함수를 얻기 위해 이 로드 팩터를 분석용으로 사용할 수 있다. 이를 통해 각 빈 슬롯은 홈 슬롯으로서 새로운 키 값에 할당될 수 있는 같은 확률을 가지고 있다고 가정할 수 있으며, 로드 팩터는 빈 슬롯이 홈 슬롯으로서 새로운 키 값에 의해 채워질 확률과 비슷하다고 할 수 있다. 따라서 값이 채워져 있는 i개의 탐사 슬롯을 가진 홈 슬롯을 발견할 확률은 다음과 같이 정의할 수 있다.

$$\frac{N(N-1)...(N-i-1)}{M(M-1)...(M-i-1)}$$

N과 M이 큰 값이면 확률은 $(N/M)^i$에 가깝게 된다. 탐사 시퀀스에서 예상되는 슬롯 수의 근사치는 다음과 같다.

$$1+\sum_{i=1}^{\infty}(N/M)^i \approx \frac{1}{1-\alpha}$$

이를 통해서 삽입 작업의 평균 비용은 다음과 같이 계산된다.

$$\frac{1}{\alpha}\int_0^{\alpha}\frac{1}{1-x}dx = \frac{1}{\alpha}log_e\frac{1}{1-\alpha}$$

이와 같은 삽입 작업의 평균 비용은 탐사 시퀀스를 해시 테이블에서 슬롯의 무작위 순열을 사용해 생성했다고 가정한 것에 기초한다. 하지만 그 가정이 항상 유효한 것은 아니다. 그러므로 위의 비용은 평균 삽입 비용의 하한을 나타낸다. 다음은 선형 탐사를 사용한 삽입과 삭제 작업의 실제 비용을 추정한 것이다.

- 삽입 또는 성공하지 못한 검색: $\frac{1}{2}\left(1+\frac{1}{(1+\alpha)^2}\right)$
- 삭제 또는 성공적인 검색: $\frac{1}{2}\left(1+\frac{1}{(1-\alpha)}\right)$

그러므로 삽입 또는 성공하지 못한 검색의 비용 증가가 삭제 또는 성공적인 검색의 비용 증가보다 빠르다. 비용은 해시 테이블을 사용해 특정 작업을 수행하기 위해 예상되는 액세스 수로 정의된다. 같은 선상에서 선형 탐색의 비용 증가는 무작위 탐색의 비용 증가보다 빠르다.

삭제

해시 테이블에서 개체는 검색 작업을 통해 성공적으로 발견된 경우에만 삭제될 수 있다. 삭제는 다음과 같은 몇 가지 사항을 따른다.

- 삭제된 개체의 슬롯은 삽입을 위해 재사용된다.
- 삭제된 개체의 슬롯은 순차 검색 작업을 방해하지 않는다. 즉, 네 개의 채워진 슬롯으로 된 탐사 시퀀스에서 두 번째 슬롯 위치의 개체가 삭제된 경우를 생각해 보자. 빈 두 번째 슬롯은 검색 작업을 종료시키지 않으며, 탐사 시퀀스의 모든 후속 슬롯(세 번째와 네 번째)이 검색된다.
- 중복된 키 값이 삭제된 개체의 슬롯에 삽입되지 않는다.

이 사항들을 만족시키기 위해 삭제된 개체의 슬롯은 특별하게 표시되는데 이를 삭제표시^{tombstone, 묘비}라고 한다. 삭제표시의 주요 특징은 다음과 같다.

- 개체가 삭제되었음을 표시한다.
- 검색이 완료되기 전에 만나면 멈추지 않고 탐사 시퀀스의 슬롯을 계속 검색하게 해준다.

- 삽입 작업을 하는 중에 만나면 새로운 개체에 대한 삽입을 허용한다. 그러나 새로운 개체를 삽입하기 전에 중복된 레코드가 삽입되지 않도록 하기 위해 전체 탐사 시퀀스(삭제표시 슬롯 제외)에 대해 검색 작업을 수행한다. 여러 개의 삭제표시가 있는 경우 새로운 개체는 첫 번째 만나는 삭제표시 슬롯에 삽입된다. 따라서 삭제표시 슬롯은 재사용 가능하다.

일반적으로 해시 테이블은 처음에 키 값의 집합을 사용해 생성되며, 나중에 삭제와 삽입이 발생하면서 삭제표시 집합이 생겨난다. 삭제의 초기 단계 동안에는 삭제표시 때문에 탐사 시퀀스의 평균 길이가 증가한다. 삭제표시는 본질적으로 개체 간의 거리를 증가시키기 때문이다. 새로운 삽입이 발생하면 삭제표시의 수도 줄어들기 때문에 탐사 시퀀스 내의 개체 간 평균 거리는 줄어든다. 하지만 이 감소가 상대적으로 중요하지 않을 수도 있다. 이것은 예제를 통해 설명될 수 있다. 처음에 삭제표시가 없을 때 평균 경로 거리가 1.3이라고 가정해 보자. 즉, 홈 슬롯을 넘어서는 모든 검색 작업에 대해 평균 0.3개의 슬롯이 액세스된다. 몇 번의 삭제 및 삽입 작업 후에 삭제표시로 인해서 평균 경로 거리가 1.6으로 증가했다. 1.6이라는 값이 별 거 아닌 것처럼 보일 수도 있지만 상대적으로 2배가 증가했기 때문에 문제가 될 수도 있다. 이 문제는 다음 방안으로 통해 해결할 수 있다.

- 삭제를 한 다음 탐사 시퀀스 내의 슬롯을 재구성하는 것은 평균 경로 거리를 줄이는 데 도움이 된다. 탐사 시퀀스의 슬롯을 재구성하는 가장 무식한 방법 중 하나는 삭제표시를 탐사 시퀀스의 뒤쪽 끝 방향으로 점차 이동시키는 것이다. 단순하게 삭제표시 뒤쪽의 개체들이 자기 앞의 슬롯과 차례로 스와핑하면 삭제표시는 뒤쪽으로 이동하게 된다. 그러나 이것은 모든 충돌 해결 정책 또는 탐사 함수에 대해서 동작하지 않을 수도 있다.
- 일련의 삭제와 삽입 작업 후에 새로운 해시 테이블에 개체들을 주기적으로 다시 해싱하면 평균 경로 거리를 낮출 수 있다. 재해싱rehashing을 하면 삭제표시가 제거되고, 자주 액세스되는 개체가 홈 슬롯에 배치될 기회가 늘어난다.

연습문제

1. 점프 검색 알고리즘에서 길이가 n인 입력 벡터에 대한 최소 비교 비용을 얻기 위해 필요한 최적의 점프 간격은 $\sqrt{n}$이다. 이것을 유도해 낼 수 있는가? 또한, 점프 간격이 $\sqrt{n}$일 때 최악의 경우 비교 비용은 얼마인가?

2. 벡터의 각 개체가 검색 작업 동안 액세스될 확률이 다음과 같은 조건으로 동일할 경우, 정렬되지 않은 벡터와 빈도를 기준으로 정렬된 벡터에서 검색의 비용을 추정하라.

    ○ $p_i = 1/n$, i는 주어진 벡터 내의 개체

    ○ $p_i = 1/n^2$, i는 주어진 벡터 내의 개체

    ○ $p_i = 1/2^n$, i는 주어진 벡터 내의 개체

3. 4자리 그리고 6자리 정수에 대한 중앙제곱법$^{\text{mid-square method}}$을 사용해 R에서 해시 함수를 구현하라.

4. 해시 테이블을 사용해 딕셔너리 추상 데이터 타입을 구현하라.

요약

6장에서는 검색과 해시 함수에 대한 기초를 수립했다. 정렬된 배열과 정렬되지 않은 배열에서의 검색도 다뤘다. 이 접근법은 키-값 쌍을 사용해 검색 작업을 위해 벡터를 정렬하는 것이다. 6장에서는 또한, 비교를 위해 키 값에 대한 예상 액세스 빈도를 이용하는 자기조직화 리스트 같은 접근법도 소개했다. 또 해싱의 개념을 소개하고 해시 함수, 오픈 해싱, 클로즈드 해싱과 같은 해싱에 대한 다양한 접근법을 다뤘다. 6장의 마지막 부분에서는 삭제 작업에 요구되는 사항들에 대해서도 다루었다. 다음 장인 7장에서는 2-3 트리, B-트리, B+ 트리과 같은 트리 기반 인덱싱 데이터 구조를 소개할 것이다.

7

인덱싱

7장에서는 디스크의 대용량 데이터를 조직화하기 위한 핵심적인 파일 구조인 인덱싱indexing 개념을 소개한다. 또한, 인덱싱은 데이터 액세스, 데이터 검색 및 메모리 할당과 관련된 효율성을 높이는 데 도움이 된다. 7장에서는 인덱싱의 기초를 세우고, 선형 인덱싱linear indexing, ISAMIndexed Sequential Access Method, 트리 기반 인덱싱과 같은 다양한 유형의 인덱싱을 다룰 것이다. 그리고 R을 사용해 선형 인덱싱과 개선된 선형 인덱싱인 ISAM 개념을 소개한다. 또한, 고급 트리 기반 인덱싱 데이터 구조도 다룰 것이다. 다음은 7장에서 자세히 다룰 주제들이다.

* 2-3 트리
* B-트리
* B+ 트리

선형 인덱싱

인덱싱은 키를 데이터 위치와 연결시키는 프로세스로 정의된다. 데이터 인덱스의 기본 필드는 검색키와 포인터를 포함한다. 검색키는 파일에서 레코드를 찾기 위해 사용되는 특성들의 집합이며, 포인터는 메모리에 저장돼 있는 데이터의 주소를 가지고 있다. 인덱스 파일은 그림 7.1과 같은 형태의 인덱스 엔트리^{index entry}라 불리는 레코드로 구성돼 있다.

▲ 그림 7.1 인덱스 엔트리의 예

인덱싱은 대용량 데이터셋을 조직화하는 데 도움이 된다. 데이터베이스는 다음과 같은 일반적인 특성을 갖는다.

- 레코드는 구조화된 테이블 형식 안에 존재한다.

- 레코드는 단일 또는 복합 키를 통해 검색된다.

- sum, min, max, average와 같은 집계 쿼리는 데이터셋을 요약하는 데 사용된다.

데이터베이스에서 인덱싱은 레코드가 고유성을 갖도록 하는 것이며, 이는 데이터를 빠르게 액세스하는 데 도움을 준다. 데이터베이스는 인덱싱을 사용하는 것과 관련된 다양한 파일시스템을 가지고 있다. 이것은 그림 7.2의 데이터베이스 예제에서 볼 수 있다. 이 데이터베이스는 세 개의 테이블로 구성돼 있다. Customer 테이블은 모든 고객 관련 정보를 저장하며, Order 테이블은 고객에 의해 발생한 모든 주문 정보를 트랜잭션 수준으로 저장하고, Employee 테이블은 직원 관련 정보를 저장한다.

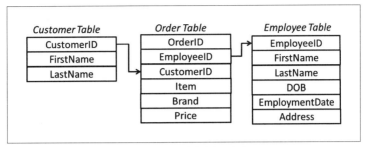

▲ 그림 7.2 데이터베이스의 예

데이터베이스의 모든 테이블은 기본키, 보조키, 외래키를 사용해 매핑될 수 있다. 데이터베이스의 열은 다음과 같이 분류될 수 있다.

- **기본키**Primary key: 기본키는 테이블의 각 행을 고유하게 식별해주는 열이다. 예를 들면, Customer 테이블의 CustomerID, Order 테이블의 OrderID, Employee 테이블의 EmployeeID가 기본키의 역할을 한다.

- **보조키**Secondary key: 보조키는 고유한 시퀀스를 갖지 않는 하나 또는 여러 개의 열이다. 예를 들어 Employee 테이블의 FirstName과 LastName은 테이블의 각 행에 대한 고유성을 대표하지 못하며, 이 열을 기본키로 사용하려면 두 번째 필드가 필요하다. 보조키는 M차원 공간에서 인덱싱을 위해 사용될 수 있다.

- **외래키**Foreign key: 외래키는 다른 테이블의 기본키를 가리키는 열이다. 예를 들면, Order 테이블의 CustomerID와 EmployeeID는 외래키이다. 외래키는 데이터베이스에서 여러 테이블간 상호작용을 위해 필요한 인터페이스를 제공한다.

선형 인덱싱에서 키는 정렬된 순서로 저장되며, 키의 값은 다음을 가리킬 수 있다.

- 파일시스템에 저장된 레코드
- 데이터셋의 기본키
- 기본키의 값

인덱스는 데이터와 그것을 매핑하기 위한 키의 전체 크기에 따라 메인 메모리 또는 저장소 디스크에 저장될 수 있다. 예를 들어 시퀀스를 기반으로 생성된 선형 인덱스를 그림 7.3에서 볼 수 있다.

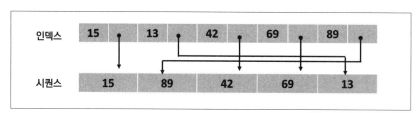

▲ 그림 7.3 시퀀스에 대한 선형 인덱싱의 예

선형 인덱스는 키 필드를 포함하고 있으며, 각 키 필드는 실제 데이터셋 위치와 연결된 포인터를 가지고 있다. 인덱스를 정렬하면 이진 검색을 사용한 효율적인 검색 쿼리가 가능해진다. 이진 검색은 특정 키 인덱스를 사용해 인덱스 파일에서 디스크 블록이나 레코드에 대한 포인터를 찾아낸다. 데이터 크기가 증가하면 메인 메모리에 인덱스를 저장하는 게 가능하지 않을 수 있다. 이 이슈를 해결하기 위한 방법 중 하나는 인덱스를 하드디스크에 저장하는 것이다. 하지만 이것은 메모리에서 인덱스를 액세스하는 것보다 비효율적이기 때문에 검색을 비용이 많이 드는 프로세스로 만든다. 이 이슈는 다단계 선형 인덱스^{multi-level linear index}를 사용함으로써 해결할 수 있다. 다단계 인덱스는 처리 시간을 최소화하기 위해 정렬된 인덱스와 이진 검색을 활용한다. 이진 검색에서 b_i 블록에 있는 인덱스를 검색하려면 log_2 bi만큼의 블록 액세스가 필요하다. 이진 검색이 수행되는 동안 각 단계마다 인덱스 파일의 검색 부분은 2배씩 줄어든다.

다단계 인덱싱은 팬아웃^{fan-out}(이하 fo)으로 불리는 블로킹 계수^{blocking factor}를 2보다 큰 값으로 사용해 검색할 인덱스의 부분을 줄이기 위해 이 속성을 활용한다. 따라서 검색 성능은 $log_{fo} b_i$로 향상된다. fo가 2이면 다단계 인덱싱의 처리 능력 향상은 없다. 2단계 선형 인덱싱의 예를 그림 7.4에서 볼 수 있다.

그림 7.4는 2단계 선형 인덱싱을 설명하고 있다. 첫 번째 기본 단계는 각 키에 고유한 값을 갖는 일반적인 순서로 정렬된 기본 인덱스이다. 마찬가지로 두 번째 단

계는 첫 번째 단계에 대한 기본 인덱스이다. 두 번째 단계는 첫 번째 단계의 각 블록에 대해 하나의 엔트리만 가지고 있는 블록 앵커block anchor이다.

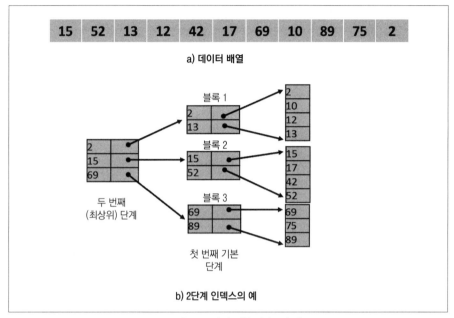

a) 데이터 배열

블록 1

블록 2

블록 3

두 번째
(최상위) 단계

첫 번째 기본
단계

b) 2단계 인덱스의 예

▲ 그림 7.4 2단계 선형 인덱스의 예

모든 단계에서 블로킹 계수 또는 팬아웃 계수는 인덱싱하는 동안 동일하게 유지된다. 첫 번째 단계가 n_1개의 엔트리를 갖고, 블로킹 계수는 bf이며 이것은 또한, 팬아웃 계수 fo와 같다. 그러면 첫 번째 단계는 (n_1/fo) 블록이 필요하며, 이것은 곧 두 번째 단계에서 필요로 하는 엔트리의 수이다. 따라서 한 단계가 추가될 때마다 블록 수는 팬아웃 계수에 의해 줄어든다. 이 접근법은 여러 단계의 인덱스를 만들기 위해 여러 번 반복될 수 있으며, 모든 인덱스를 대표하는 하나의 블록만 필요할 때까지 반복된다. 다단계 선형 인덱싱은 첫 번째 단계 인덱스가 고유한 키를 대표한다면 기본 인덱스, 보조 인덱스, 클러스터링 인덱스와 같은 여러 유형의 인덱스에 사용될 수 있다. 선형 인덱싱은 데이터셋을 구조화하는 데 매우 효율적이다. 하지만 가장 큰 단점은 삽입이나 삭제 작업이 선형 인덱스에 매우 큰 변화를 요구하기 때문에 처리 성능에 심각한 영향을 줄 수 있다는 것이다.

ISAM

ISAM은 IBM과 잉그레스 DBMS에 의해 추진되었으며, 기본키 정렬의 선형 인덱싱 철학을 사용한다. ISAM에서 파일은 디스크의 실린더^{cylinder}로 나뉜다. 실린더는 디스크 드라이브의 여러 플래터^{platter}에 있는 트랙들의 집합으로 헤드를 통해 읽을 수 있다. ISAM은 삽입 또는 삭제 작업에 대한 선형 인덱싱의 제한을 그 정적 구조로 인해 어느 정도 해결하지만 작은 변경에 대해서만 적합하다. 따라서 ISAM은 일반적으로 자주 업데이트되지 않는 데이터베이스에 적용된다. 정적 인덱스 할당은 빈번한 삽입과 삭제 작업을 비용이 많은 드는 프로세스로 만든다. 하지만 레코드를 동시 액세스할 수 있기 때문에 데이터 구조의 효율성을 높이는 데 도움이 된다. 삽입/삭제 작업과 관련된 ISAM의 단점은 나중에 B-트리 기반 인덱싱에 의해 해결됐다. ISAM은 트리 기반 인덱싱이 적용되기 전에 사용된 접근법이다.

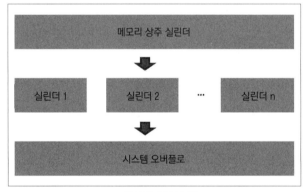

▲ 그림 7.5 ISAM 구조

ISAM 데이터 구조는 그림 7.5와 같이 메모리 상주 실린더 인덱스, 실린더 인덱스, 시스템 오버플로^{system overflow}로 구성된다. 메모리 상주 실린더는 각 실린더의 가장 높은 값의 키를 가지고 있다. 마찬가지로 각 실린더 인덱스는 각 블록에서 가장 높은 값의 키를 갖는다. ISAM에서 각 실린더는 다음과 같이 구성돼 있다.

- **실린더 인덱스**: ISAM에서 각 실린더는 업데이트를 통해 각 블록에서 가장 높은 값의 키를 항상 유지하는 인덱스를 포함하고 있다.

- **레코드**: 레코드를 저장하는 데이터 블록

- **오버플로**: 오버플로는 레코드 삽입을 위해 실린더가 가지고 있는 영역이다. 새 레코드를 삽입할 때 실린더 인덱스를 기준으로 해당 오버플로가 식별된다.

ISAM 구조에서 시스템 오버플로는 실린더 오버플로[1]가 삽입에 활용될 때 같이 사용된다. 이것은 검색 시간을 크게 증가시킬 수 있다.

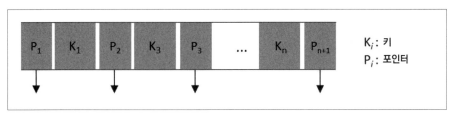

▲ 그림 7.6 ISAM 노드 구조

ISAM의 노드 구조는 그림 7.6에 보이는 것처럼 n개의 키와 $n+1$개의 포인터로 이루어져 있다. 노드 구조의 한 예를 다음 그림에서 볼 수 있다.

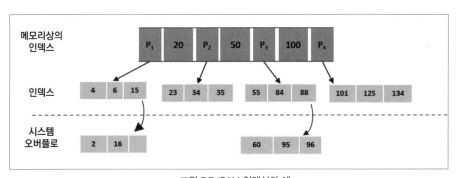

▲ 그림 7.7 ISAM 인덱싱의 예

---

1 실린더 오버플로는 레코드가 저장되는 기본 영역에 빈 공간이 없어서 새로운 레코드의 삽입이 불가능할 때 사용하기 위해 각 실린더마다 예비적으로 확보해두는 영역이다. – 옮긴이

삽입으로 인해 시스템 오버플로 안의 레코드가 증가하면 ISAM의 성능은 감소한다. 이 문제는 일반적으로 메모리 상주 실린더 인덱스를 업데이트해 레코드의 불균형을 최소화하는 데이터베이스 재구성을 통해 처리된다. 효율성을 높인 ISAM 구조가 다음 절에 설명할 트리 기반 구조에 사용된다.

트리 기반 인덱싱

선형 인덱싱은 데이터베이스의 레코드가 드물게 삽입 또는 삭제되는 정적인 데이터베이스에서 효과적인다. 선형 인덱싱의 성능을 향상시킨 ISAM도 업데이트가 제한된 데이터베이스에서 사용된다. ISAM은 두 단계의 선형 인덱싱 스키마를 사용하기 때문에 최상위 단계 인덱스가 메모리에 올리기 너무 크면 데이터베이스가 작동을 하지 않을 수도 있다. 그러므로 데이터베이스가 커질수록 좀 더 좋은 조직화 방법이 필요해진다. 6장에서 제안되었던 한 가지 방법은 기본키와 보조키를 저장하는 인덱싱을 위해 이진 검색 트리를 잠재적으로 활용할 수 있다는 것이다. 이진 검색 트리는 중복값 저장이 가능하고, 가용 메모리가 충분하다면 삭제 및 삽입 작업을 수행하는 데 효율적인 구조를 제공한다. 그러나 이진 검색 트리가 가진 유일한 단점은 불균형 트리가 될 수 있다는 점이다.

불균형은 특히 트리가 디스크에 저장되는 시나리오에서 이슈가 된다. 모든 작업에서 리프 노드$^{leaf node}$로 가는 경로의 데이터를 디스크로부터 메모리로 가져와야 하기 때문이다. 따라서 삽입 또는 검색과 같은 작업의 처리 시간을 최소화하기 위해서는 그림 7.8에 보이는 것처럼 각 서브 트리는 같은 블록에 저장하는 것이 권장된다.

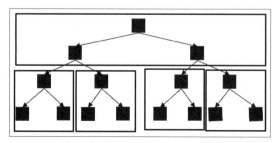

▲ 그림 7.8 이진 검색 트리를 블록으로 분할한 예

그림 7.8에서 블록 내의 서브 트리가 메모리로 로드된다. 그러면 이 시나리오에서 모든 작업은 두 개의 블록만 로드하면 된다. 이진 검색 트리의 노드 구조에 대한 R 코드는 다음과 같다.

```r
bstnode <- function(key, value) {
  node <- new.env(hash = FALSE, parent = emptyenv())
  node$key <- key       # 노드 키
  node$value <- value   # 노드 값
  node$left <- NULL     # 왼쪽 자식 노드 키
  node$right <- NULL    # 오른쪽 자식 노드 키
  class(node) <- "bstnode"
  return(node)
}
```

그림 7.9에 보이는 것처럼 트리가 불균형일 경우, 전체 트리가 메인 메모리에 상주하고 있지 않다면 데이터 로드 요구 사항은 크게 증가할 수 있다. 이 경우 작업 시간은 $O(log\ n)$으로 제한되며, 여기서 n은 트리의 깊이depth를 나타낸다.

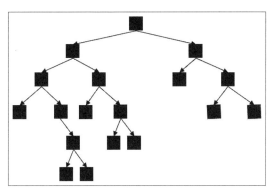

▲ 그림 7.9 불균형 트리의 예

트리 기반 인덱싱에서 해결해야 할 두 가지 주요 쟁점은 다음과 같다.

● 트리를 어떻게 균형으로 유지할 것인가

● 어떻게 루트 노드에서 리프 노드로 가는 경로를 최소화할 것인가

이진 검색 트리에서 트리의 균형을 유지하는 것은 일반적으로 데이터의 재구성을 요구하기 때문에 비용이 매우 많이 든다. 다음 절에서 논의할 2-3 트리는 리프들이 같은 레벨에 있게 함으로써 트리의 균형을 유지하는 초기 프레임워크다. 2-3 트리는 나중에 B-트리로 확장되며, 뒤에서 자세히 설명할 것이다.

2-3 트리

2-3 트리는 트리의 각 내부 노드가 하나의 키와 두 개의 노드 또는 두 개의 키와 세 개의 노드를 갖는 트리 기반 인덱싱의 한 유형으로, 균형 트리로 분류된다. 또한, 2-3 트리에서 모든 리프 노드는 같은 레벨에 존재한다. 2-노드 구조의 예를 그림 7.10에서 볼 수 있다.

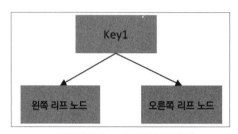

▲ 그림 7.10 2-노드 트리 구조의 예

2-노드 구조는 하나의 키와 두 개의 자식 노드(또는 서브 트리)로 구성돼 있다. 왼쪽 서브 트리에 있는 모든 키는 부모의 키(Key1)보다 작으며, 오른쪽 서브 트리의 모든 키는 부모 키보다 크다. 마찬가지로 그림 7.11에 보이는 것과 같이 3-노드 구조는 두 개의 키와 세 개의 자식 노드를 갖는다.

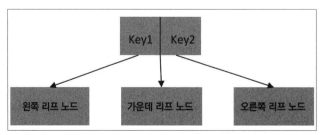

▲ 그림 7.11 3-노드 트리 구조의 예

216

3-노드 구조에서 키는 정렬된 순서대로 배열되며, 첫 번째 키가 가장 작다. 왼쪽 서브 트리의 모든 키는 Key1보다 작다. 가운데 서브 트리에 있는 모든 키는 Key 보다 크고 Key2보다 작다. 그리고 오른쪽 서브 트리의 모든 키는 Key2보다 크다. 2-3 트리의 노드 구조는 다음과 같이 나타낼 수 있다.

```
tttnode <- function(lkey = NULL, lvalue = NULL, rkey = NULL, rvalue =
NULL) {
  node <- new.env(hash = FALSE, parent = emptyenv())
  node$lkey <- lkey        # 왼쪽 노드 키
  node$lvalue <- lvalue    # 왼쪽 노드 값
  node$rkey <- rkey        # 오른쪽 노드 키
  node$rvalue <- rvalue    # 오른쪽 노드 값
  node$left <- NULL        # 왼쪽 자식 노드 키
  node$center <- NULL      # 가운데 자식 노드 키
  node$right <- NULL       # 오른쪽 자식 노드 키
  class(node) <- "tttnode"
  return(node)
}
```

2-3 트리의 노드 구조는 두 개의 키-값 쌍과 세 개의 자식 노드로 구성된다. 2-3 트리의 노드에서 삽입 작업은 다음과 같은 단계를 통해 수행될 수 있다.

- 트리가 비어 있는 경우, 새로운 노드를 만들거나 그렇지 않으면 값이 속해 있는 리프 노드를 찾는다. 예를 들어 새로운 트리에 70을 추가해 보자.

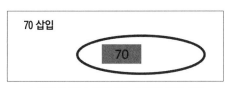

▲ 그림 7.12(a) 비어 있는 트리에 값을 삽입

앞의 그림에서 보이는 것처럼 삽입은 다음에 나오는 코드와 같이 `tttnode`를 사용해 새 노드를 생성함으로써 수행될 수 있다.

```
extttree <- tttnode(70, 70)
```

- 또 다른 값을 삽입하면 루트 노드에 삽입을 수행할 공간이 있는지 확인하고, 여유 공간이 없으면 값을 삽입할 리프 노드를 찾는다. 예를 들어 exttttree에 새 값을 추가하면 빈 공간이 있는지 검사한 후 그에 따라 개체를 삽입한다.

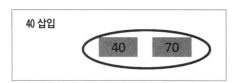

▲ 그림 7.12(b) exttttree에 두 번째 값을 삽입

- 트리는 양쪽 키 값 모두를 사용해 확인되며, 만약 노드에 빈 공간이 있으면 값을 삽입한다. 삽입을 하기 전에 값을 정렬할 필요가 있다.

```r
# 노드가 비어 있는지 확인하는 함수
check_empty <- function(node) {
  ifelse((is.null(node$lkey) & is.null(node$rkey)), T, F)
}
```

루트 노드에 삽입하는 코드는 다음과 같다.

```r
# 노드에 빈 공간이 있으면 개체를 삽입하는 함수
leaf_insert <- function(node, key, val) {
  if (check_empty(node))
    return(tttnode(lkey = key, lvalue = val))
  if (is.null(node$rkey)) {
  if (key > node$lkey) {
    node$rkey <- key
    node$rvalue <- val
  } else {
    node$rkey <- node$lkey
    node$rvalue <- node$lvalue
    node$lkey <- key
    node$lvalue <- val
  }
} else {
  node$left <- tttnode(key, val)
}
  return(node)
}
```

- 노드에 세 개의 개체가 존재하게 되면 중앙값이 부모 노드로 승격된다. 예를 들어 extttree에 개체 80을 추가하면 트리는 그림 7.12(c)와 같이 업데이트된다.

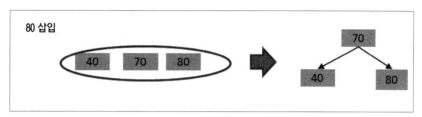

▲ 그림 7.12(c) extttree에 개체 80을 삽입

앞 단계는 트리를 생성하면서 반복될 것이다. 2-3 트리에 개체를 추가하는 일반화된 의사 코드는 다음과 같다.

```r
ttinsert <- function(node = NULL, key, val) {
  if (check_empty(node))
    return(tttnode(lkey = key, lvalue = val))
  if (is.null(node$left))
    node <- leaf_insert(node, key, val)
    # 내부 노드에 개체 추가
    if (key < node$lkey) {
      subtree = ttinsert(node$left, key, val)
      if (identical(subtree, node$left)) {
        return(node)
      } else {
        assign("left", subtree, envir = node)
        return(node)
      }
    } else if (ifelse(is.null(node$rkey), T, key < node$rkey)) {
      subtree = ttinsert(node$center, key, val)
      if (identical(subtree, node$center)) {
        return(node)
      } else {
        assign("center", subtree, envir = node)
        return(node)
      }
    } else {
      subtree = ttinsert(node$right, key, val)
      if (identical(subtree, node$right)) {
```

```
        return(node)
    } else {
    assign("right", subtree, envir = node)
    return(node)
    }
  }
}
```

이 구현에는 삽입이 이루어지는 위치를 재귀적으로 결정하는 것이 포함된다. 삽입 프로세스의 두 부분은 다음과 같다.

○ 루트 노드에 키와 값을 삽입한다.

○ 내부 노드에 키와 값을 삽입한다. 노드는 삽입이 수행될 현재 트리 또는 서브 트리이며, key와 val은 각 트리에 삽입될 키와 값(레코드)이다.

● 앞에 언급한 삽입 프로세스가 반복되면서 노드는 필요에 따라 분할되거나 부모 노드로 승격된다. 예를 들어 두 단계에 걸쳐 95와 99를 추가해보자. 트리는 그림 7.12(d) 및 그림 7.12(e)와 같이 업데이트될 것이다.

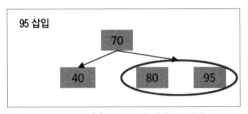

▲ 그림 7.12(d) extttree에 개체 95 삽입

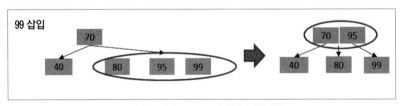

▲ 그림 7.12(d) extttree에 개체 99를 삽입

220

- 2-3 트리의 또 다른 핵심 중 하나는 키를 사용해 값을 검색하는 점이다. 2-3 트리에서 검색을 수행하는 의사 코드는 다음 R 함수와 같다.

```r
search_keys <- function(node, key) {
  if (is.null(node))
    return(NULL)    # 빈 노드
  if (node$lkey == key)
    return(node$lvalue)
  if (!is.null(node$rkey) & node$rkey == key)
    return(node$rvalue)
  if (key < node$lkey) {
    sort_keys(node$left, key)
  } else if (is.null(node$rkey)) {
    sort_keys(node$center, key)
  } else if (key < node$rkey) {
    sort_keys(node$center, key)
  } else {
    sort_keys(node$right, key)
  }
}
```

또 한 가지 중요한 측면은 삭제이다. 2-3 트리에서 키를 삭제할 때는 (거의 모든 트리 기반 데이터 구조에서와 마찬가지로) 오직 리프 노드에서만 키를 삭제한다. 따라서 삭제의 가장 쉬운 시나리오는 리프 노드에 두 개의 키만 있는 경우이다. 하지만 내부 노드에서 삭제가 필요한 경우에는 리프에서 삭제를 수행한 다음 이 삭제의 효과를 트리 위쪽으로 전파시킨다. 트리 기반 데이터 구조에서의 삭제에 대한 자세한 내용은 8장에서 B-트리의 일반화를 논의하면서 다룰 것이다.

B-트리는 데이터베이스에서 매우 폭넓게 사용되는 데이터 구조이다. B-트리는 저장 장치에서 데이터 검색 이슈를 해결하기 위해 2-3 트리를 일반화한 것으로 다음 절에서 논의한다.

B-트리

메모리 효율성은 데이터 구조와 알고리즘을 설계할 때 고려돼야 할 주요 부분이다. 메모리는 넓은 의미에서 두 유형으로 분류될 수 있다.

- 메인 메모리(RAM)

- 하드디스크, CD-ROM, 테이프 등과 같은 외부 저장소

메인 메모리에 저장된 데이터는 최소 액세스 시간을 갖기 때문에 대부분의 알고리즘에서 선호된다. 반면에 데이터가 외부 드라이브에 저장돼 있다면 일반적으로 외부 저장소에서 데이터를 액세스하는 것은 시간이 많이 걸리기 때문에 액세스 시간이 중요해진다. 또한, 데이터의 크기가 증가할수록 검색은 이슈가 된다. 이 이슈를 다루기 위해 데이터는 외부 저장 장치에서 페이지나 블록 같은 청크^{chunk}에 저장되며, 인덱싱은 이 블록을 검색하는 데 사용된다. B-트리는 외부 저장 장치로부터 데이터를 액세스하기 위해 널리 사용되는 데이터 구조 중 하나이다. B-트리는 1972년에 바이엘$^{R.\ Bayer}$과 매크라이트$^{E.\ M.\ McCreight}$에 의해 제안되었으며, 특히 데이터가 외부 메모리에 저장되는 경우에 이진 검색 트리보다 성능이 우수하다.

B-트리는 자체적으로 균형을 유지하는 검색 트리이며, 각 노드가 외부 장치의 블록에 해당한다. B-트리의 각 노드는 데이터 항목과 다음 블록의 주소를 저장하고 있다. B-트리의 특징은 다음과 같다.

- 트리는 하나의 루트 노드를 가지며, 트리가 비어 있는 경우에 각 노드는 하나의 레코드와 두 개의 자식을 가질 수 있다.

- B-트리에서 리프가 아닌 노드는 $d/2$에서 $d-1$개 범위의 정렬된 레코드 값을 가질 수 있으며, $d/2+1$에서 d개 사이의 자식을 가질 수 있다. 여기서 d는 차수이다.

- i번째 서브 트리에 있는 키는 $(i+1)$번째 키보다 작고 $(i-1)$번째 키(존재할 경우)보다 크다.

- B-트리는 자체적으로 균형을 유지한다. 즉, 모든 리프 노드는 같은 레벨에 존재한다.

B-트리는 다음을 포함해 외부 메모리로부터 데이터를 액세스하는 것과 관련된 모든 이슈를 해결해준다.

- B-트리는 외부 장치로부터 읽기/쓰기를 수행할 때 요구되는 작업의 수를 최소화한다.
- B-트리는 비슷한 키들을 같은 페이지에 갖고 있다. 따라서 요구되는 액세스를 최소화할 수 있다.
- B-트리는 또한, 효율적인 데이터 분산을 통해 공간 활용성을 최대화한다.

차수가 4인 B-트리의 예를 그림 7.13에서 볼 수 있다. 트리의 차수는 리프가 아닌 노드(즉, 루트 노드와 내부 노드)가 지원하는 최대 자식 노드의 수로 정의된다.

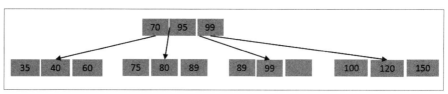

▲ 그림 7.13 4차 B-트리의 예

4차인 B-트리에는 3 개의 키가 있고 내부 노드는 4 개의 자식 노드를 가질 수 있다. B-트리는 2-3 트리를 d차로 일반화한 것이며, 차수는 디스크 블록을 채우는 크기를 고려해 결정된다. B-트리에서의 검색은 키가 존재하는지 확인하기 위해 노드에서 이진 검색을 사용하는 2-3 트리의 전략을 일반화한 것이다. 마찬가지로 B-트리에서의 삽입은 노드에 키가 삽입될 수 있는지 확인하는 2-3 트리의 삽입 프로세스를 일반화한 것이다. 삽입할 공간이 있으면 키가 삽입되고, 필요에 따라 노드가 분할된다. 삽입 작업에는 삽입이 수행될 적절한 리프 노드를 찾는 작업이 필요하다. 만약 리프 노드에 공간이 있으면 값은 바로 리프 노드에 삽입된다. 현재 리프 노드가 이미 꽉 차 있는 경우에는 두 개의 리프로 분할되고 그중 하나가 현재

값을 저장한다. 부모 노드는 새로운 키와 자식 포인터를 저장하게 업데이트된다. 부모 노드가 모두 차 있는 경우에는 파급 효과가 일어나 B-트리의 특성이 만족될 때까지 업데이트가 수행된다. 파급 효과는 최상단에 있는 루트 노드까지 영향을 미칠 수 있다. 루트 노드까지도 꽉 차 있는 경우에는 새로운 루트 노드가 생성되고 현재의 루트 노드는 두 개로 분할된다.

B-트리에서 삽입의 예는 다음 그림을 통해 볼 수 있다.

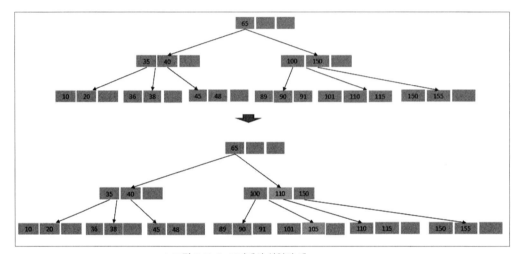

▲ 그림 7.14 B-트리에서 삽입의 예

(개체 105가 리프 노드에 삽입되면 리프 노드가 모두 채워져 있기 때문에 상위 노드로 업데이트가 전파된다)

마찬가지로 B-트리에서의 삭제는 그림 7.15와 같이 수행될 수 있다. 삭제는 한 노드의 개체 수가 $d/2$보다 적어져서 트리를 불균형으로 만들 수 있다. 따라서 트리의 균형을 맞추기 위해 재조정이 수행된다.

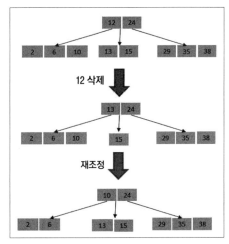

▲ 그림 7.15 B−트리에서 삭제의 예

B−트리에 의해 제공되는 일반화는 2-3 트리보다 데이터 구조를 더 강력하게 만들기 때문에 현재 대부분의 데이터베이스에서 B−트리나 그 변형 구조를 사용하고 있다. B−트리가 개발된 이후 수많은 변형이 제안됐다. 그중 가장 많이 사용되는 것은 B* 트리와 B+ 트리이다. B* 트리는 모든 노드가 절반(d/2)이 아닌 2/3 이상의 값을 갖도록 한다. 따라서 삽입시에 발생하는 오버플로 상황에서 B* 트리는 인접한 노드가 채워질 때까지 분할을 지연시키는 지역적인 재분배 전략(인접 노드로 재배치)이 적용된다. 분할될 때는 일반적으로 2개가 아닌 3개의 노드로 분할된다. B+ 트리는 가장 많이 활용되는 B−트리의 변형으로 다음 절에 자세히 설명한다.

B+ 트리

데이터가 선형 인덱싱 전략에 따라 정렬된 순서로 저장돼 있다면 쿼리는 빠르게 실행된다. 따라서 이는 정적인 데이터에 매우 적합하다. 하지만 삽입과 삭제 작업이 추가돼야 하는 경우에는 전체 데이터를 재작성해야 할 필요가 생기기 때문에 적합하지 않다. 저장된 데이터를 처리할 때 B−트리는 데이터를 블록 단위로 읽기 때문에 외부 저장 장치에서 데이터를 인덱싱하는 데 적합하지만, 삽입과 삭제 작업 시 잠재적으로 빈 공간이 많이 생길 수 있다. 이 이슈를 해결하기 위해 B+ 트리는 B-트리를 일반화시켜 모든 값은 리프 노드에 저장되고 내부 노드는 오직 키만 포함하게 했다. 값을 저장하고 있는 모든 리프는 서로 연결되며, 내부 노드는 오직 리프로 작업을 가이드하기 위해서만 사용된다. B+ 트리는 자식 노드에 대해 최대 d개의 참조와 d-1개의 키를 저장한다. B+ 트리의 예는 그림 7.16에서 볼 수 있다.

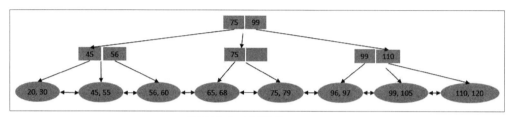

▲ 그림 7.16 B+ 트리의 예

B+ 트리는 모든 리프 노드가 루트 노드에서 같은 거리를 갖는다. 따라서 그림 7.16의 예제에서 모든 값을 검색하려면 디스크에서 3개의 노드(루트 노드, 2레벨 노드, 리프 노드)가 로드돼야 한다. 실무에서 깊이 d는 디스크 블록을 채울만큼 큰 수이다. 예를 들어 블록 크기가 6KB이며, 한 번에 8바이트를 읽고, 각 참조가 4바이트 오프셋인 경우에 d는 방정식 $8(d-1) + 4d \leq 8192$를 사용해 최댓값을 선택하므로, 여기서는 682가 된다. B+ 트리에서 다음 특성들은 유지돼야 한다.

- 한 노드가 하나 이상의 참조를 갖는 경우 그 노드는 키를 갖는다.
- 모든 리프는 루트 노드로부터의 거리가 같다.
- 리프 노드가 아닌 모든 N번째 노드는 k개의 키를 갖는다. 첫 번째 자식 서브 트리의 모든 키는 N의 첫 번째 키보다 작으며, i번째 서브 트리($2 \leq i \leq k$)의 모든 키는 N의 $(i-1)$번째 키와 i번째 키 사이의 값이다.
- 루트는 최소한 두 개의 자식 노드를 갖는다.
- 리프도 아니고 루트도 아닌 모든 노드(즉, 내부 노드)는 $floor(d/2)$에서 d 사이의 자식을 갖는다.
- 모든 리프는 최소한 $floor(d/2)$개의 키를 포함한다.
- 테이블의 모든 키는 왼쪽에서 오른쪽으로 정렬된 순서로 리프에 나타난다.

R로 구현한 B+ 트리 노드에 대한 의사 코드는 다음과 같다.

```
bplusnode <- function(node = NULL, key, val) {
  node <- new.env(hash = FALSE, parent = emptyenv())
  node$keys <- keys
  node$child <- NULL
  node$isleaf <- NULL
  node$d <- NULL
  class(node) <- "bplustree"
  return(node)
}
```

자식 노드는 그림 7.11에 보이는 것처럼 이중 링크드 리스트 유형으로 된 연결을 가지고 있다.

```
dlinkchildNode <- function(val, prevnode = NULL, node = NULL) {
  llist <- new.env(parent = emptyenv())
  llist$prevnode <- prevnode
  llist$element <- val
  llist$nextnode <- node
  class(llist) <- " dlinkchildNode"
  llist
}
```

위의 함수는 이중 링크드 리스트를 생성하는 데 활용할 수 있다. 새로운 객체의 경우, 다음처럼 새 이중 링크드 리스트에 값 1이 추가되면서 새 환경이 생성된다.

```
> dlinkchildNode(1)
<environment: 0x000000000d034c88>
attr(,"class")
[1] " dlinkchildNode"
```

B+ 트리는 삽입을 위해 복사 및 밀어넣기 방식을 사용한다. 예를 들어보자. 처음에 B+ 트리는 하나의 노드를 가지며, 노드 오버플로가 일어나면 B+ 트리는 노드를 두 개로 분할한다. 새 노드는 새 루트 노드로서 생성된다. 그림 7.17과 같이 오른쪽 노드의 첫 번째 키는 새 루트로 복사된다.

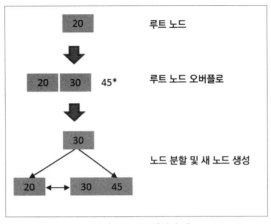

루트 노드

루트 노드 오버플로

노드 분할 및 새 노드 생성

▲ 그림 7.17 B+ 생성의 예

앞의 예제는 B+ 트리에 대한 삽입 프로세스를 수립하는 데 사용될 수 있다. 이는 2-3 트리 삽입과 매우 유사한 스키마를 따르며, 다음과 같은 단계로 설명된다.

● 노드가 비어 있으면 루트에 키를 삽입한다.

● 노드가 꽉 차 있으면 노드를 두 개로 분할하고 키를 두 노드에 균등하게 분배한다.

● 리프 노드일 경우, 두 노드 중 두 번째 노드의 최솟값을 복사해 재귀적 반복을 통해 이를 부모 노드에 삽입한다.

● 내부 노드일 경우, 분할하는 동안 중앙값을 빼놓은 후, 부모 노드에 이 빼놓은 값을 삽입하기 위해 삽입 알고리즘을 반복한다.

B-트리와 마찬가지로, B+ 트리도 완전 일치 쿼리를 지원한다. 즉, 주어진 키에 대한 값을 찾는다. 더 나아가 B+ 트리는 정의된 범위의 모든 값을 찾는 범위 쿼리에 대해서도 매우 효율적이다. 완전 일치 쿼리의 경우 B+ 트리는 루트 노드에서 리프 노드까지 단일 경로를 취한다. 키 56에 대한 검색 경로를 그림 7.18에서 볼 수 있다.

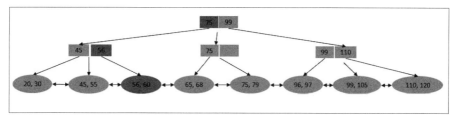

▲ 그림 7.18 B+ 트리에서 완전 일치 쿼리의 예

또한, B+ 트리는 정의된 범위에 속하는 모든 객체를 찾는 범위 쿼리를 매우 효율적으로 지원한다. 이것은 모든 리프 노드가 정렬돼 있고 서로 연결돼 있기 때문이다. 어떤 범위의 값 내에 놓인 모든 객체를 검색하면 가장 낮은 값의 키에 대한 완전 일치 검색을 수행하고, 그다음에 연결된 형제 리프 노드를 따라 검색 경로를 취한다. 범위 쿼리의 예를 그림 7.19에서 볼 수 있다.

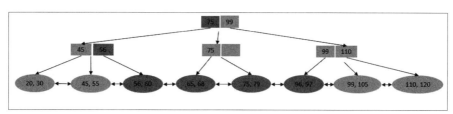

▲ 그림 7.19 B+ 트리에서 범위 쿼리의 예

앞의 그림은 [56, 97] 사이의 모든 개체에 대한 범위 쿼리 예제를 보여준다. B+ 트리는 처음에 트리 내에서 가장 낮은 값의 위치를 찾고, 그다음 97까지의 모든 값을 찾기 위해 리프 노드를 가로지른다. 범위 쿼리에 대한 R 의사 코드는 다음과 같다.

```
# 범위 쿼리를 위한 함수
querry_search <- function(node, key1, Key2) {
  # 링크드 리스트를 사용해 리프 노드에서 값을 얻는 함수
  search_range <- function(child, key1, key2, val = NULL) {
    if (child$element > key1 & child$key2) {
      val <- c(val, child$element)
      search_range(child$nextnode, key1, key2, val)
    } else {
      return(val)
    }
```

```
  }
  if (key1 > key2) {
    temp <- Key2
    key2 <- key1
    key1 <- temp
  }
  child <- search_lower_key(node, key1)    # 최하위 리프 검색
  rangeVal <- search_range(child, key1, key2) # 범위 반환
  return(rangeVal)
}
```

search_lower_key 함수는 2-3 트리 절의 search_key 함수와 유사한 구조를 사용
한다. 가장 낮은 키를 가진 리프 노드가 식별되면 search_range 함수는 가장 높은
제한값이 나올 때까지 모든 값을 찾기 위해 서로 연결된 리프 노드를 가로지른다.

B+ 트리에서 한 개체를 삭제할 때는 루트 노드에서 리프 노드까지의 경로가 식별
된 다음 리프로부터 개체를 삭제한다. 삭제 후에 리프 노드가 절반 이상 차 있다면
아무것도 할 필요가 없다. 하지만 삭제 후에 리프 노드의 크기가 절반 이하로 줄어
든다면 (=언더플로잉 노드^{underflowing node}) 알고리즘이 이웃 노드로부터 값을 가져와
재배치한다. 재배치가 불가능한 경우라면 언더플로잉 노드는 이웃 노드로 병합된
다. 삭제의 예는 그림 7.20에서 볼 수 있다.

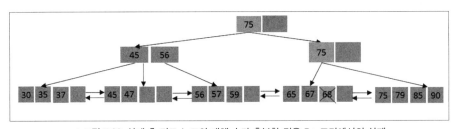

▲ 그림 7.20 삭제 후 리프 노드의 개체 수가 충분한 경우 B+ 트리에서의 삭제

그림 7.20에서 키 68을 삭제해도 트리는 불균형해지지 않는다. 하지만 계속해서
개체 67을 트리에서 삭제하면 그림 7.21과 같이 트리는 재조정되고 79가 부모 노
드로 밀어넣기 된다.

230

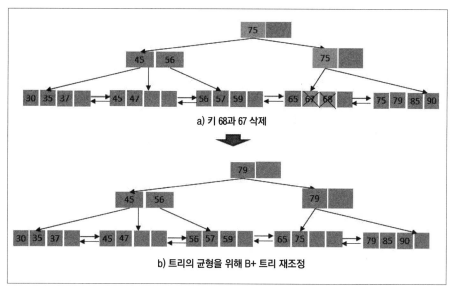

a) 키 68과 67 삭제

b) 트리의 균형을 위해 B+ 트리 재조정

▲ 그림 7.21 삭제 후에 리프 노드의 개체 수가 불충분한 경우 B+ 트리에서의 삭제

이웃 노드들도 트리 조건이 만족되지 않는 경우에는 노드들은 서로 병합되고 그에 따라 트리는 재구성된다.

또한, B+ 트리는 범위 쿼리의 효율성 때문에 count, sum, min, max, averag 등의 표준 집계 쿼리를 지원한다. B+ 트리를 사용해 집계 쿼리를 수행하는 한 가지 방법은 임시 집계값을 가지고 있는 것이다. 처음에 초기화된 값으로 시작된 집계변수는 트리에서 찾은 모든 값을 통해 업데이트된다. 검색이 완료되면 집계변수의 최종 값이 반환된다. 하지만 이 방법은 $O(log_b n + t/b)$의 시스템 런타임이 필요하므로 효율적이지 못하다. 여기서 t는 전체 키의 수이고 b는 트리의 평균 분기 계수 average branching factor이다. 이 방법은 또한, 집계를 위해 수많은 디스크 페이지를 액세스해야 하기 때문에 대용량 쿼리에는 적합하지 않다. B+ 트리에서 집계를 구현하는 더 효율적인 또 다른 방법은 집계를 하는 동안 서브 트리별로 집계값을 저장하는 것이다. 따라서 쿼리가 수행될 때 로컬 집계값들이 사용되므로 전체 서브 트리를 탐색하는 것을 피할 수 있다.

B-트리 분석

B+ 트리는 많은 관심을 받고 있으며, 데이터베이스 인덱싱에 폭넓게 사용되고 있다. B+ 트리를 분석하기 전에 실무적인 측면을 먼저 소개하겠다. B+ 트리에서 최소 점유 개체 수는 100이다. 따라서 B+ 트리에 대한 팬아웃 계수는 100에서 200 사이가 될 것이다. 실무적인 관점에서 B+ 트리의 평균 페이지 수용율은 약 66.7%(2/3)이다.

따라서 팬아웃 계수가 200인 페이지는 200*0.667 = 133 개의 개체를 포함할 수 있다. 전형적인 B+ 트리가 가질 수 있는 깊이와 개체 수의 관계는 표 7.1과 같이 추정할 수 있다.

깊이	평균 개체 수	리프 노드의 수
d=0	133	1
d=1	133^2=17,689	133
d=2	133^3=2,352,637	17,689
d=3	133^4=312,900,721	2,352,637
...	...	...
d=n	133^n	133^{n-1}

▲ 표 7.1 전형적인 B+ 트리의 객체 수와 깊이 사이의 관계

B+ 트리의 초기 레벨은 매우 적은 수의 페이지를 가지고 있다. 예를 들어 디스크 페이지의 크기가 4KB인 경우 처음 두 레벨은 4*134 = 536KB의 디스크 공간을 차지하며, 이는 메모리에 저장할 수 있을만큼 작기 때문에 검색할 때 리프 노드를 스캔해도 무리가 없다.

B-트리와 B+ 트리에서 작업의 I/O 비용은 $O(log_b n)$의 점근선을 보이며, 여기서 n은 트리의 전체 레코드 수이고 b는 트리의 평균 분기 계수이다. B-트리와 B+ 트리에서 삽입, 삭제, 검색에 대한 작업 시간은 두 데이터 구조가 모두 루트에서 리프까지 경로를 취하기 때문에 같다. 메인 메모리상에서 각 노드의 소비 시간이 $O(d)$

라고 가정해 보자. B-트리는 모든 노드가 최소한 절반 이상 차 있어야 하기 때문에 평균 분기 계수는 $d/2$이 되며, 여기서 d는 차수이다. 따라서 B+ 트리에서 작업은 $O(log_{d/2} n)$의 점근선을 갖는다. 검색, 삽입 및 삭제 작업은 $O(d \, log_{d/2} n)$의 런타임을 요구한다. 시스템 런타임을 더 줄이기 위해 B+ 트리는, 특히 대량의 레코드를 삽입할 때 입력값을 정렬하고 페이지 크기의 블록에 순차적으로 리프 노드를 채우는 대량 적재bulk load 접근법을 사용한다. 키가 정렬돼 있으면 대량 적재 방법은 삽입 작업 런타임을 $O(n/S)$로 줄여준다. 여기서 S는 리프에 저장된 키의 수이다.

연습문제

1. 10,400개의 블록을 가지고 있는 2 단계 인덱스를 다단계 선형 인덱싱을 사용해 표현하려고 한다. 다단계 인덱싱에서 블로킹 계수 또는 팬아웃 계수는 블록당 52개 엔트리이다.

    ○ 인덱싱에 필요한 단계는 몇 개인가?

    ○ 두 번째 단계에 필요한 블록 수는 몇 개인가?

    ○ 2 단계 선형 인덱싱을 사용할 때 데이터셋에 최적인 최소 블로킹 계수는 무엇인가?

2. 2-3 트리에서 개체를 삭제하는 코드를 작성하라. 또한, 높이가 h인 2-3 트리에서 리프 노드의 수는 2^{h-1}에서 3^{h-1} 사이임을 증명하라.

3. 디스크 블록이 8,192인 컴퓨터 시스템에서 16 바이트 키와 64 바이트 필드를 가진 레코드를 저장하려고 한다. 4 MB 크기의 선형 인덱스를 사용한다면 파일에 저장 가능한 최대 레코드 수는 얼마인가? 레코드가 정렬돼 있고 디스크 파일에 순차적으로 패키징된다고 가정하라.

4. 다음 그림과 같은 균형 이진 트리에서 노드 g에 자식이 삽입되면 얼마나 많은 노드가 불균형이 되는가?

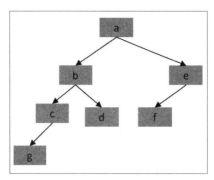

▲ 그림 7.22 균형 이진 트리

5. B+ 트리에 1, 3, 6, 2, 7, 9, 10가 순서대로 삽입되는 것을 도식화하라.

6. m개의 키와 $m+1$개의 리프를 담을 수 있는 가용성을 가진 내부 노드인 N을 추정하라. m을 $m+2$ 리프 노드에 할당해보면 리프의 분할로 인해 새로운 노드가 생성돼 m의 오른쪽 형제 노드가 될 것이다.

7. B+ 트리를 생성하고 관리하는 프로그램을 작성하라. 프로그램에는 다음 작업이 구현돼야 한다. 생성, 삽입, 삭제, 트리를 표시한다.

요약

7장에서는 인덱싱의 기본을 다뤘다. 선형 인덱싱과 그 확장판인 ISAM에 대한 기초도 세웠다. 선형 인덱싱은 시간의 흐름에 따라 변하지 않는 정적인 데이터셋에 적합한 방법이지만, 업데이트가 필요해지면 매우 높은 연산 비용이 든다. 이 데이터베이스 업데이트 이슈를 해결하기 위해 ISAM 인덱싱 접근법이 도입됐다. 하지만 여전히 소규모의 업데이트에만 적합할 뿐이다.

또한, 7장에서는 이진 검색 트리 기반 구조를 활용해 검색 및 업데이트 비용을 최소화하는 트리 기반 인덱싱 구조를 다뤘다. 그와 함께 다양한 트리 기반 인덱싱 접근 방법도 설명했다. 가장 원시적인 버전은 2개의 키와 3개의 자식을 갖는 2-3 트리이다. 2-3 트리 인덱싱 방법은 좋은 시작점이지만, 디스크 저장소에 있는 데이터 검색에는 느리다는 단점이 있다.

이 접근법은 균형 트리이면서 디스크 저장소에 대해서도 적합한 인덱싱 구조인 B-트리로 발전했다. B-트리의 향상된 버전으로 데이터를 오직 리프에만 저장하는 B+ 트리에 대해서도 7장 뒷부분에서 얘기했다. B+ 트리는 데이터를 리프에만 저장하고 모든 리프는 서로 연결돼 있기 때문에 효율적으로 다양한 유형의 집계 쿼리를 실행할 수 있다. 다음 장인 8장에서는 객체간의 관계를 이해하는 데 매우 유용한 그래프 기반 데이터 구조를 소개한다.

8

그래프

그래프는 네트워크를 다룰 수 있는 데이터 구조이다. 그래프는 다음과 같이 다양한 분야에서 널리 사용되고 있다.

- **교통**: 두 장소 사이를 이동하기 위한 가장 짧은 경로 탐색
- **통신 네트워크**: 서로 연결된 컴퓨터 및 시스템 네트워크 최적화
- **관계 이해**: 가족 또는 조직 전체의 관계 트리 생성
- **수문학**Hydrology: 다양한 유체들의 흐름 체계 시뮬레이션 분석 수행

8장에서는 그래프에 대한 기초를 설명하고 다음과 같은 주제들을 다룰 것이다.

- 용어와 표현
- 그래프 구현
- 그래프 순회
  - 깊이 우선 탐색Depth-first search

- 너비 우선 탐색Breadth-first search
- 위상 정렬Topological sort
- 최단 경로 문제
  - 단일 소스 최단 경로
- 최소 비용 신장 트리Minimum-cost spanning trees
  - 프림Prim 알고리즘
  - 크루스칼Kruskal 알고리즘

용어와 표현들

그래프(G)는 간선edge(E)을 사용해 상호 연결한 정점들vertex(V)의 네트워크이다. $|V|$는 정점의 수를 나타내고, $|E|$는 간선의 수를 나타낸다. $|E|$의 값은 0에서 $|V|^2 - |V|$ 범위에 있다. 간선이 방향성을 갖는지 여부를 기준으로 그래프는 방향성 그래프directed graph와 무방향성 그래프undirected graph로 분류된다. 방향성 그래프에서 간선은 한 정점에서 다른 정점을 향한 방향을 갖지만, 무방향성 그래프에서는 (간선에 방향성이 없기 때문에) 각 정점이 다른 정점과 방향성 있게 연결될 확률이 같다. 모든 정점이 적어도 하나의 간선과 연결돼 있다면 무방향성 그래프는 연결돼 있다고 말할 수 있다. 만약 정점이 인덱싱돼 있다면 레이블된 그래프labeled graph라고 하며, 간선이 어떤 값(비용 또는 가중치)과 연관돼 있다면 가중치 그래프weighted graph라고 부른다. 인접한 정점 P와 Q가 간선으로 연결돼 있으면 이웃이라고 부르며 (P, Q)로 표시하고, 연결하고 있는 간선을 사건incident이라고 한다. 그림 8.1은 각각 무방향성, 방향성, 가중치를 갖는 레이블된 그래프를 보여준다.

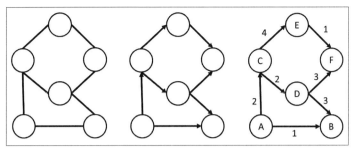

▲ 그림 8.1 무방향성 그래프, 방향성 그래프, 왼쪽에서 오른쪽으로 방향성을 갖는 레이블된 그래프

n개의 정점이 있는 그래프를 가정해 보자. 서로 연결된 정점의 시퀀스(v_1, v_2, v_3 ... v_n)를 경로path라고 하며, 경로의 모든 정점이 고유할 경우 그 경로를 단순하다고 한다. 이 경우에 경로의 길이는 간선의 수이며, 정점의 수보다 하나가 적다(n-1). 만약 주어진 경로에 있는 정점이 고유하지 않고 경로의 길이가 2보다 크다면 이 경로는 사이클cycle이 된다. 경로의 모든 중간 정점은 고유하고 첫 번째와 마지막 정점이 같다면 사이클은 단순하다. 사이클이 없는 무방향성 그래프를 비사이클 그래프acyclic graph라고 하며, 사이클이 없는 방향성 그래프를 방향성 비사이클 그래프DAG, Directed Acyclic Graph라고 부른다.

그래프는 그림 8.2에 보이는 것과 같이 여러 개의 서브 그래프로 분할할 수 있다.

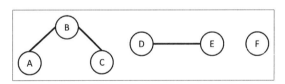

▲ 그림 8.2 세 개의 서브 그래프로 분할. 단일 정점도 그래프를 형성한다

자유 트리free tree는 사이클이 없는 무방향성 그래프의 단순한 형태이다. |V|-1개의 간선을 갖는다.

n개의 정점이 있는 그래프(G)를 두 가지 형태로 표현할 수 있다. 이것들은 수학적 연산을 수행할 때 사용된다.

- **인접 행렬**adjacency matrix: 인접 행렬은 $n \times n$ 배열이며 행은 출발from 정점을, 열은 도착to 정점을 나타낸다. 행렬에서 숫자는 두 정점 간의 직접적인 연결을 표시하는 것일 수도 있고, 또는 두 정점을 연결하는 간선의 가중치 또는 거리를 가리킬 수도 있다. 인접 행렬에서 각 위치는 숫자 값을 가질 수 있기 때문에 메모리에서 1비트를 차지한다. 따라서 총 메모리 요구 사항의 점근선은 $\theta(|V|^2)$이다.

- **인접 리스트**adjacency list: 이름이 말해주듯이, 인접 리스트는 길이가 n인 링크드 리스트의 배열이다. 배열의 각 위치는 연결된 정점을 담고 있는 링크드 리스트에 대한 포인터를 저장하며, 각 링크드 리스트는 또한, 연결하고 있는 간선의 값을 저장한다. 인접 행렬과 달리 인접 리스트의 메모리 요구 사항은 정점의 수($|V|$)와 간선의 수($|E|$)에 달려 있다. 배열은 정점의 메모리 요구 사항과 관련이 있고, 리스트는 간선의 메모리 요구 사항과 관련이 있다. 따라서 총 메모리 요구 사항의 점근선은 $\theta(|V| + |E|)$이 된다.

앞에서 이야기한 두 가지 형태는 방향성 및 무방향성 그래프를 변형시키고 저장할 때 사용된다. 또한, 상호 연결된 간선의 수를 기준으로 그래프는 희소sparse 또는 조밀dense그래프로 구분될 수 있다. 상대적으로 적은 수의 간선을 가진 그래프를 희소 그래프라고 하며, 상대적으로 많은 수의 간선을 가진 그래프를 조밀 그래프라고 한다. 또한, 모든 정점이 상호 연결돼 있는 경우 (조밀 그래프의 특수한 경우)이 그래프는 완전하다고 말할 수 있다.

두 개의 정점 P와 Q가 있다. 이 두 정점이 P에서 Q로 향하는 방향을 가진 방향성 그래프에 속해 있으면 인접 행렬의 경우에 (P행, Q열)의 위치만 간선의 값으로 채워지고, (Q행, P열)의 위치는 공란으로 남는다. 마찬가지로 인접 리스트의 경우에 배열에는 P와 Q가 모두 있지만 간선 값은 Q를 향한 포인터를 저장하고 있는 P의 링크드 리스트에만 할당된다. 만약 P와 Q가 무방향성 그래프에 속해 있다면, 인접 행렬의 경우에는 P와 Q가 연결된 모든 위치에 간선 값이 채워지고, 인접 리스트의 경우에는 두 간선 값 모두 P와 Q의 링크드 리스트에 할당될 것이다. 그림 8.3은 방향성 그래프와 무방향성 그래프를 각각 그에 해당하는 인접 행렬과 인접 리스트로 표현한 것이다.

인접 행렬에서 1은 (행에서 열로) 방향이 있는 연결을 표시하고, 0은 연결이 없음을 나타낸다.

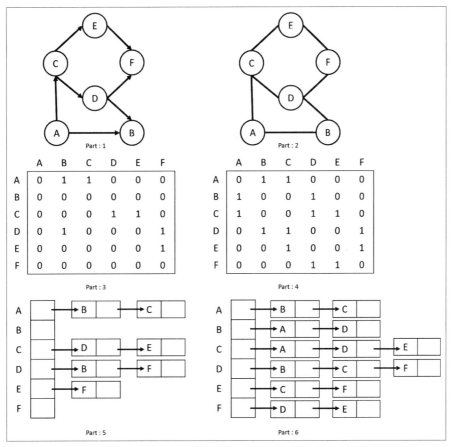

▲ 그림 8.3 인접 행렬과 인접 리스트를 사용해 그래프를 설명한다. 파트 1은 방향성 그래프, 파트 2는 무방향성 그래프다. 파트3과 5는 방향성 그래프의 인접 행렬과 인접 리스트이고, 파트 4와 6은 무방향성 그래프의 인접 행렬과 인접 리스트다

이제 인접 행렬과 인접 리스트의 메모리 효율성을 분석해 보자. 차이를 만드는 첫 번째 요인은 그래프의 간선 수이다. 인접 행렬의 행렬 형식은 간선의 존재 유무와 상관없이 각 위치가 메모리를 요구하지만, 인접 리스트의 링크드 리스트 형식은 그래프에 간선이 있는 경우에만 메모리 요구가 발생한다. 그와 반대로 인접 리스

트는 포인터 저장을 위한 추가적인 메모리가 필요하기 때문에 가끔 상대적으로 비용이 많이 들 수 있다. 비용은 주로 간선 값에 달려 있다(단순히 연결의 존재를 표시하는 이진 플래그의 경우에 비용이 더 많이 든다). 따라서 조밀 그래프의 경우에는 간선의 수가 많기 때문에 (이로 인해 더 많은 간선 값을 갖는다) 인접 행렬이 상대적으로 더 효율적이다. 희소 그래프의 경우에는 간선의 수가 적기 때문에 (이로 인해 저장할 포인터의 수가 적다) 인접 리스트가 상대적으로 더 효율적이다.

차이를 만드는 두 번째 요인은 1회의 반복에 필요한 연산의 수이다. 점근적으로 인접 행렬은 인접 리스트보다 비용이 많이 든다. 인접 행렬의 경우 한 번의 반복을 위해서는 행렬 안에 있는 모든 위치를 스캔해야 하지만 인접 리스트의 경우에는 포인터를 사용해 링크된 연결만 스캔하면 되기 때문에 불필요한 조회를 줄일 수 있다. 따라서 인접 행렬의 시스템 런타임은 $\theta(|V|^2)$이고 인접 리스트의 시스템 런타임은 $\theta(|V| + |E|)$이다. 인접 행렬의 성능은 희소 그래프일 경우 상대적으로 낮으며, 조밀 그래프에서 인접 리스트를 사용하는 경우와 거의 비슷하다.

그래프 구현

주어진 그래프에 대한 함수를 구현하기 위한 추상 데이터 타입(Graph_ADT)을 만들어 보자. 그래프 분석을 위한 추상 데이터 타입의 주요 기능은 다음과 같다.

● 고정된 정점 수

● 간선의 추가 및 삭제

● 그래프를 따라 순회하는 알고리즘을 지원하는 방문 표시 mark 배열을 제공

정점은 0이 아닌 정수 값으로 표시하며, 정점 이름이나 애플리케이션에서 미리 결정된 값을 추가로 저장할 수 있다.

다음은 그래프 구현을 위해 널리 사용되는 몇 가지 추상 데이터 타입 함수이다.

- `num_vert`: 이 함수는 그래프의 정점 수를 반환한다.
- `num_edge`: 이 함수는 그래프의 간선 수를 반환한다.
- `weightEdge`: 이 함수는 인접한 두 정점을 연결하는 간선의 가중치를 반환한다. 입력은 연결된 두 정점의 쌍이며 출력은 가중치를 나타내는 숫자값이다.
- `assignEdge`: 이 함수는 그래프의 간선에 가중치를 부여하기 위해 사용된다. 입력은 두 정점의 쌍이다. 0은 연결이 없음을 의미하고(그러므로 값 할당이 필요 없음), 음수값은 연산 결과를 왜곡할 수 있으므로 0이 아닌 양수값을 사용한다.
- `deleteEdge`: 이 함수는 간선의 가중치를 삭제할 때 사용된다. 입력은 해당 간선으로 연결된 두 정점의 쌍이다.
- `firstVertex`: 이 함수는 주어진 정점에 연결된 정점들의 정렬된 리스트를 기반으로 첫 번째 간선의 정점 인덱스를 반환한다. 입력은 그래프의 한 정점이다.
- `nextVertex`: 이 함수는 주어진 정점과 연결된 첫 번째 정점^{firstVertex}과 마찬가지로, 주어진 정점과 두 번째로 연결된 후속 정점의 인덱스를 반환한다. V1이 V2 그리고 V3와 연결돼 있으며 V2의 인덱스 값이 V3보다 작다고 가정해 보자. 그러면 `firstVertex` 함수는 V2가 V3보다 인덱스 값이 작기 때문에 V2를 반환할 것이고, `nextVertex` 함수는 V2의 후속 인덱스를 갖는 V3를 반환할 것이다.
- `isEdge`: 이 함수는 간선이 존재하는 경우에는 1을, 없으면 0을 반환한다.
- `getMark`: 이 함수는 `mark` 배열로부터 주어진 정점에 대한 표시값을 반환한다.
- `initMark`: 이 함수는 `mark` 배열에서 표시돼 있지 않은 정점에 방문 표시를 한다.

각 그래프 알고리즘은 그 실행이 종료되기 전에 모든 정점을 순회(방문)해야 한다. `firstVertex` 함수와 `nextVertex` 함수는 그래프에서 이런 유형의 탐색을 쉽게 해준다. 이것은 일반적으로 루프를 이용해 구현되며 각 정점은 자신과 연결된 모든 정점을 탐색한 다음에 해당 간선의 가중치를 얻는다.

다음 R 코드는 그래프 추상 데이터 타입을 구현한 것이다. 입력으로 정점의 수 n을 사용한다.

```r
Graph_ADT <- setRefClass(Class = "adjacency_Matrix",
  fields = list(n = "integer"),
  methods = list(
    # n개의 정점이 있는 그래프를 초기화
    Initialize = function(n) {},

    # 정점과 간선의 수를 반환
    num_vert = function() {},
    num_edges = function() {},

    # 정점 v1과 v2 쌍을 가진 간선의 가중치 반환
    weightEdge = function(v1, v2) {},

    # 정점 v1과 v2 쌍을 가진 간선에 가중치(wt) 부여
    assignEdge = function(v1, v2, wt) {},

    # 정점 v1과 v2 쌍을 가진 간선의 가중치 삭제
    deleteEdge = function(v1, v2) {},

    # 정점 v에 연결된 첫 번째 정점 반환
    firstVertex = function(v) {},

    # 정점 v와 그 이웃 w에 대해 그다음으로 연결된 정점 반환
    nextVertex = function(v, w) {},

    # 정점 v1과 v2 쌍을 가진 간선의 존재 여부 확인
    isEdge = function(v1, v2) {}
  )
)
```

Graph_ADT 함수는 인접 행렬 또는 인접 리스트를 사용해 구현할 수 있다. 8장에서는 인접 행렬과 인접 리스트 모두를 사용한 그래프 추상 데이터 타입의 예제를 보여줄 것이다. 하지만 그래프 객체의 생성은 다루지 않는다. 그래프 객체 대신에 간선 기반 그래프를 작성하는 데 assignEdge 함수를 사용할 수 있다.

인접 행렬 구현에서, R의 리스트를 사용한 `mark` 객체는 `setMark` 함수의 출력을 저장하며, `getMark` 함수가 주어진 정점의 mark를 추출할 때 사용된다. R의 매트릭스를 사용한 `mat` 객체는 $n \times n$ 차원의 정수 배열로서 간선의 가중치를 저장한다. 행은 출발 정점을, 열은 도착 정점을 나타낸다. 두 정점 사이에 연결이 없는 경우에 간선의 가중치는 0이다.

```r
adjacencyMatrix <- setRefClass(Class = "adjacencyMatrix",
  fields = list(n = "integer"),
  methods = list(
    # n개의 정점이 있는 그래프를 초기화
    Initialize <- function(n) {
      numVertices <<- as.integer(n)   # n개의 정점
      numEdges <<- 0L      # 연결되지 않은 간선 가중치
      mark <<- list()    # mark 리스트 초기화

      # 모든 정점의 mark를 0으로 초기화 (미방문)
      for (i in 1:numVertices)
      mark[[i]] <<- 0L

      # nxn 매트릭스를 생성하고 가중치를 0으로 초기화
      mat <- matrix()
      for (i in 1:numVertices)
      for (j in 1:numVertices)
      mat[i, j] <<- 0L
    },

    # 정점의 수
    num_vert <- function() return(numVertices),

    # 간선의 수
    num_edges <- function() return(numEdges),

    # 정점 인덱스 v의 첫 번째 인접 이웃 반환
    firstVertex <- function(v) { },

    # firstVertex를 사용해 인덱스 w를 얻은 후
    # 인덱스 v의 후속 인접 정점 인덱스를 반환
```

```
    nextVertex <- function(v, w) { },

    # 정점 인덱스 v1과 v2에 연결된 간선에 가중치 부여
    assignEdge <- function(v1, v2, wt) { },

    # 정점 인덱스 v1과 v2에 연결된 간선 삭제
    deleteEdge <- function(v1, v2) { },

    # 정점 인덱스 v1과 v2 사이에 간선이 존재하는지 확인
    isEdge <- function(v1, v2) {
      return(mat[v1, v2] != 0)
    },

    # 정점 인덱스 v1과 v2에 연결된 간선의 가중치 반환
    weightEdge <- function(v1, v2) {
        return(mat[v1, v2])
    },

    # 정점 인덱스 v1의 mark 반환
    getMark <- function(v1) {
      return(mark[[v1]])
    },

    # 정점 인덱스 v1의 mark 값을 1로 설정
    initMark <- function(v1, val) {
      mark[[v]] <<- val
    }
  )
)
```

주어진 정점 V에 대해 firstVertex 함수는 mat 매트릭스의 V행을 스캔해 첫 번째 간선과 그에 따른 정점을 찾는다. 만약 첫 번째 정점을 찾는 데 실패하면 $n+1$ 값을 반환한다. nextVertex 함수는 정점 V와 연결된 후속 간선을 찾는 데 사용된다. 간선이 발견되면 nextVertex 함수는 그 간선에 연결된 정점의 인덱스 값을 반환하고, 발견되지 않으면 $n+1$ 값을 반환한다. 다음 R 코드는 firstVertex와 nextVertex를 구현한 것이다.

```r
# 정점 인덱스 v의 첫 번째 인접 이웃을 반환
firstVertex <- function(v) {
  for (i in 1:numVertices)
  if (mat[v, i] != 0)
    return(i)
    return(numVertices + 1)
},

# firstVertex를 사용해 인덱스 w를 얻은 후
# 인덱스 v의 후속 인접 정점 인덱스를 반환
nextVertex <- function(v, w) {
  for (i in (w + 1):numVertices)
  if (mat[v, i] != 0)
    return(i)
    return(numVertices + 1)
},
```

assignEdge 함수는 그래프에 간선을 추가할 때 사용하며, deleteEdge 함수는 간선을 삭제할 때 사용한다. weightEdge 함수는 주어진 정점 쌍의 간선 값을 반환한다. assignEdge와 deleteEdge 함수에 대한 R 코드는 다음과 같다.

```r
# 정점 인덱스 v1과 v2에 연결된 간선에 가중치 부여
assignEdge <- function(v1, v2, wt) {
  if (wt < 0)
  stop("Weight should be positive")
  # 가중치가 부여되었기 때문에 간선의 개수를 증가시킨다.
  if (mat[v1, v2] == 0)
  numEdges <<- numEdges + 1L
  # 0을 wt로 교체
  mat[v1, v2] <<- wt
},

# 정점 인덱스 v1과 v2에 연결된 간선 삭제
deleteEdge <- function(v1, v2) {
  if (mat[v1, v2] != 0)
  numEdges <<- numEdges - 1L
  mat[v1, v2] <<- 0
},
```

인접 리스트의 경우, 데이터 구조가 인접 행렬의 경우처럼 단순하지 않다. 여기서는 길이 n인 vertex 리스트를 초기화하고, 리스트의 각 개체는 데이터 구조로서 링크드 리스트를 사용하는 각 간선에 할당된다. 이 링크드 리스트는 간선의 가중치와 함께 연결된 정점의 인덱스 값을 저장한다. 입력으로 전체 정점의 수 n을 사용한다.

```r
adjacencyList <- setRefClass(Class = "adjacencyList",
  fields = list(n = "integer"),
  methods = list(
    # n개의 정점이 있는 그래프를 초기화
    Initialize <- function(n) {
      numVertices <<- n    # n개의 정점
      numEdges <<- 0L   # 연결되지 않은 간선 가중치
      mark <<- list() # mark 리스트 초기화

      # 모든 정점의 mark를 0으로 초기화(미방문)
      for (i in 1:numVertices)
      mark[[i]] <<- 0L

      # 정점 리스트에 각 정점에 대한 간선의 링크드 리스트 생성
      vertex <- list()
      for (i in 1:numVertices)
      vertex[[i]] <<- llistofEdges()
    },

    # 정점의 수
    num_vert <- function() return(numVertices),

    # 간선의 수
    num_edges <- function() return(numEdges),

    # 정점 인덱스 v의 첫 번째 인접 이웃 반환
    firstVertex <- function(v) { },

    # firstVertex를 사용해 인덱스 w를 얻은 후
    # 인덱스 v의 후속 인접 정점 인덱스를 반환
    nextVertex <- function(v, w) { },

    # 정점 인덱스 v1과 v2에 연결된 간선에 가중치 부여
```

```R
    assignEdge <- function(v1, v2, wt) { },

    # 정점 인덱스 v1과 v2에 연결된 간선 삭제
    deleteEdge <- function(v1, v2) { },

    # 정점 인덱스 v1과 v2 사이에 간선이 존재하는지 확인
    isEdge <- function(v1, v2) {
      pos <- currentPos(vertex[[v1]], firstAdjVert(vertex[[v1]]))
      while (pos < length(vertex[[v1]])) {
        adjVert <- nextAdjVertex(vertex[[v1]], vertex[[v1]][pos])
        if (adjVert == v2) {
          return(TRUE)
        } else {
         pos = pos + 1
        }
      }
    },

    # 정점 인덱스 v1과 v2에 연결된 간선의 가중치 반환
    weightEdge <- function(v1, v2) {
      if (isEdge(v1, v2)) {
        adjEdge <- getValue(vertex[[v1]], v2)
        return(adjEdge)
      } else {
        return (0)
      }
    },

    # 정점 인덱스 v1의 mark 반환
    getMark <- function(v1) {
      return(mark[[v1]])
    },

    # 정점 인덱스 v1의 mark 값을 1로 설정
    initMark <- function(v1, val) {
      mark[[v]] <<- val
    }
  )
)
```

firstVertex 함수와 nextVertex 함수는 인접한 정점을 결정하기 위해 다음 R 코드와 같이 리스트를 스캔한다.

```r
# 정점 인덱스 v의 첫 번째 인접 이웃 반환
firstVertex <- function(v) {
  if (length(vertex[[v]]) == 0)
  # 인접한 정점 없음
  return(numVertices + 1)
  # 첫 번째 인접 정점으로 이동
  adjVert <<- firstAdjVert(vertex[[v]])
  # AdjVert의 현재 위치
  pos <<- currentPos(vertex[[v]], adjVert)
  # 연결하고 있는 간선의 값
  adjEdge <<- getValue(vertex[[v]], adjVert)
  return(adjVert)
},

# firstVertex를 사용해 인덱스 w를 얻은 후
# 인덱스 v의 후속 인접 정점 인덱스를 반환
nextVertex <- function(v, w) {
  if (isEdge(v, w)) {
    if (pos + 1 > length(vertex[[v]])) {
      # w의 다음 인접 정점으로 이동
      adjVert <<- nextAdjVertex(vertex[[v]], w)
      # 인접 정점의 현재 위치
      pos <<- currentPos(vertex[[v]], adjVert)
      # 연결하고 있는 간선의 값
      adjEdge <<- getValue(vertex[[v]], adjVert)
      return(adjVert)
    }
    # 연결된 간선 없음
  } else
  return(numVertices + 1)
},
```

assignEdge 함수와 deleteEdge 함수는 주어진 정점의 링크드 리스트들을 순회한다. 다음 R 코드는 그래프의 인접 리스트 표현을 구현한다.

```r
# 정점 인덱스 v1과 v2에 연결된 간선에 가중치 부여
assignEdge <- function(v1, v2, wt) {
  if (wt < 0)
  stop("Weight should be positive")
  # v1과 v2 사이에 간선이 존재하는지 확인
  if (isEdge(v1, v2)) {
    # 간선 가중치 wt와 함께 정점 v2 삽입
    insertVertex(vertex[[v1]], v2, wt)
  }
},

# 정점 인덱스 v1과 v2에 연결된 간선 삭제
deleteEdge <- function(v1, v2) {
  if (isEdge(v1, v2)) {
    removeEdge(v1, v2)
    numEdges <<- numEdges - 1L
  }
},
```

그래프 순회

그래프에서 연결된 간선을 따라 여러 노드(정점)를 가로지르는 것을 그래프 순회라고 한다. 순회는 일반적으로 체계적이지만 가끔은 무작위적일 수도 있다. 하지만 두 시나리오 모두에서 순회는 명시된 시작 노드에서 출발해 명시된 최종 노드에서 끝난다. 일반적으로 시작 노드와 종료 노드는 직접 연결되지 않는다. 간접적으로 연결을 설정하기 위해 선택적으로 조직화된 탐색이 여러 연결된 경로에 걸쳐인스턴스화된다. 그래프 순회 알고리즘은 일반적으로 주어진 시작 노드에서 시작돼 주어진 최종 노드에서 종료되기 전에 연결된 후속 노드를 탐색하게 설계된다.

추가로 순회 알고리즘은 다음과 같은 몇 가지 이슈를 고려해야 한다.

- **무한 루프**: 그래프가 사이클을 포함하고 있으면 무한 루프에 빠질 수 있다.
- **단절된 그래프**: 명시된 시작 노드에서 출발한 순회는 가끔 순회 경로가 연결돼 있지 않아서 모든 노드를 거치지 않은 채 종료될 수 있다.

이 이슈들은 보통 순회하는 경로를 지나면서 만나는 노드를 기록함으로써 해결된다. 일반적으로 한 번 표시된 노드는 특별히 명시하지 않는 한 다시 방문하지 않는다. 따라서 무한 루프가 발생하는 것을 막을 수 있다. 더 나아가, 한 번의 순회에서 모든 노드를 방문하지 못한 경우 표시가 안 된 노드로부터 출발하는 새로운 순회가 시작돼 모든 노드를 최소한 한 번은 방문할 때까지 계속된다.

다은 R 코드는 그래프 순회 알고리즘의 구조를 보여준다. 입력으로 Graph_ADT와 정점의 수 n, 정점들의 벡터 vertices가 사용된다.

```
graph_Traverse <- function(Graph_ADT, n, vertices)
{
  # 0으로 표시를 초기화
  verticesMarks <- list()
  for (i in 1:n)
  verticesMarks[[i]] <-
  Graph_ADT$initMark(vertices[i], 0) # 0은 미방문을 의미함

  # 표시 안 된 노드가 있는지 확인하고 순회를 시작
  for (i in 1:n)
  if (Graph_ADT$getMark(vertices[i]) == 0)
  initTraverse(verticesMarks, vertices[i])
}
```

다음은 그래프 순회 알고리즘(initTraverse 함수)을 구현하기 위한 몇 가지 접근법이다.

- 깊이 우선 탐색DFS, Depth-first search
- 너비 우선 탐색BFS, Breadth-first search
- 위상 정렬Topological sort

깊이 우선 탐색

DFS는 그래프 순회 알고리즘을 재귀적으로 구현한 것으로 방향성 및 무방향성 그래프 모두에 적용할 수 있다. 순회의 각 단계에서 DFS는 현재 검토 중인 노드와 직접 연결된 모든 미방문 노드를 재귀적으로 확인하고 방문한다. 동시에 경로를 따라 방문한 모든 노드가 방문 순서대로 스택에 push된다. 순회를 하는 동안 직접 연결된 노드 중에 방문하지 않은 노드가 없는 노드를 만나게 되면 (즉, 한 경로의 끝까지 가게 되면), 그 뒤쪽에서 연결된 노드 중에 방문하지 않은 노드가 있는 노드로 돌아갈 때까지 그 경로의 노드들을 스택에서 제거POP한다. 이런 방식으로 경로를 추적해 순회가 종료되기 전에 모든 노드를 방문할 수 있게 진행할 순회 경로를 결정한다. 다음 R 코드는 세 개의 입력을 가진 DFS 알고리즘을 구현한다. 입력은 Graph_ADT, n(그래프의 노드 수), v(DFS 수행을 시작할 노드)이다.

```
DepthFirstSearch <- function(Graph_ADT, n, v)
{
  # 노드 v 이전의 모든 노드를 방문했고 처리했는지 확인
  preVisit(v)

  # 노드 v에 1로 방문 표시
  VerticesMarks <- list()
  VerticesMarks[[v]] <- Graph_ADT$initMark(v, 1)

  # v에 연결된 모든 노드가 1로 표시될 때까지 반복적으로 방문
  # 노드 v에 연결된 첫 번째 이웃 정점
  node <- Graph_ADT$firstVertex(v)

  # conVert 함수를 사용해 node가 이웃 노드에 속하는지 확인
  while (node %in% conVert(v)) {
    # node가 미방문 노드인지 확인
    if (Graph_ADT$getMark(VerticesMarks[[node]] == 0))
    # 재귀적으로 DFS 실행
    DepthFirstSearch(Graph_ADT, n, node)
    # node에 다음 이웃 정점을 할당
```

```
    node <- Graph_ADT$nextVertex(v, node)
  }


  # 나머지 미방문 노드에 대한 사후 처리 실행
  postVisit(v)
}
```

무방향성 그래프에서 DFS 알고리즘의 예를 그림 8.4에서 볼 수 있다.

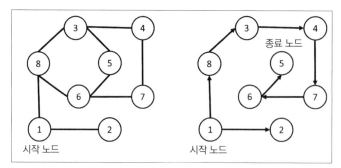

▲ 그림 8.4 무방향성 그래프(왼쪽)와 DFS 알고리즘을 사용한 최종 탐색 경로(오른쪽)

그림 8.4는 무방향성 그래프의 처음 모습과 DFS 알고리즘을 사용해 얻은 최종 탐색 경로를 보여준다. 그림 8.5는 스택을 사용한 DFS의 동작 원리를 자세히 설명하고 있다. nextVertex 함수는 직접 연결된 미방문 노드 중에서 가장 낮은 인덱스 값을 가진 노드를 선택한다. 오직 한 방향으로만 이동할 수 있는 방향성 그래프와는 대조적으로 앞의 예제 그래프는 방향성이 없기 때문에 DFS 알고리즘은 어떤 방향으로든 이동할 수 있다.

DFS 알고리즘의 점근선은 $\theta(|E|+|V|)$이다. $|E|$는 각 노드를 찾아가는 것(간선은 오직 한 번만 지나감)을 나타내고, $|V|$는 각 노드에 대한 방문(1회)을 나타낸다.

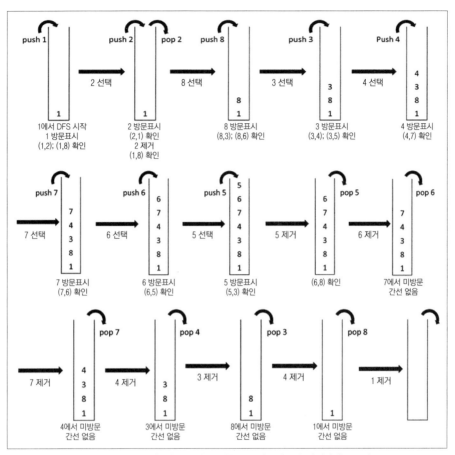

▲ 그림 8.5 노드 1을 시작 정점으로 한 DFS 알고리즘의 재귀적인 프로세스

너비 우선 탐색

BFS는 다음을 제외하고는 DFS 알고리즘과 비슷한 원리로 동작한다.

- BFS는 DFS와는 달리 재귀적인 구현이 아니다.

- 방문 표시된 노드를 추적하기 위해 BFS는 스택이 아닌 큐를 사용한다.

- 다음 노드로 이동하기 전에 BFS는 현재 노드와 직접 연결된 미방문 노드를 모두 방문한다. DFS가 각 반복 시 미방문 연결 노드 중 하나만 방문하는 것과 다르다.

다음 R 코드는 네 개의 입력을 갖는 BFS 알고리즘을 구현한 것이다. 입력은 Graph_ADT, startVertex(순회를 시작하는 노드), queue(방문 순서에 따라 연결된 노드를 추적하는 큐), n(그래프의 전체 노드 수)이다.

```r
BreadthFirstSearch <- function(Graph_ADT, startVertex, queue, n)
{
  # 시작 정점으로 큐를 초기화한다.
  queue <- initQueue(startVertex)

  # 첫 번째 정점을 1로 표시
  VerticesMarks <- list()
  VerticesMarks[[v]] <- Graph_ADT$initMark(v, 1)

  # 큐에서의 연속적인 처리 시작
  while (length(queue) != 0) {
    # 큐에서 첫 번째 개체 추출
    v <- extQueue(queue)

    # v에 직접 연결된 모든 노드에 대한 전처리
    preVisit(v)

    # 방문한 노드를 1로 표시하고 큐에 추가
    node <- firstVertex(v)
    while (node %in% conVert(v)) {
      if (getMark(graph[node] == 0)) {
        graph <- Graph_ADT$initMark(node, 1)
        queue <- initQueue(node)
      }
      node <- Graph_ADT$nextVertex(startVertex, node)
    }
  }
}
```

그림 8.6은 무방향성 그래프의 처음 모습과 BFS 알고리즘을 사용해 얻은 최종 탐색 경로를 보여준다.

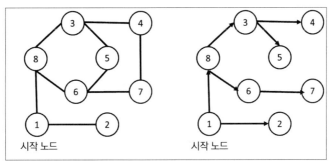

▲ 그림 8.6 무방향성 그래프(왼쪽)와 BFS 알고리즘을 사용한 최종 탐색 경로(오른쪽)

큐를 사용하는 BFS 알고리즘의 동작 원리를 그림 8.7에서 볼 수 있다.

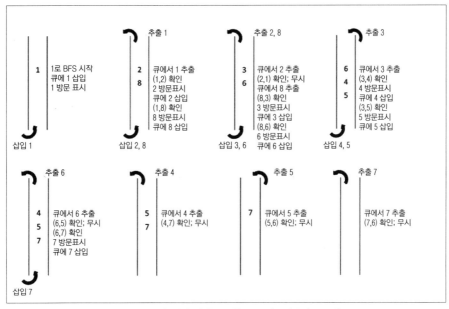

▲ 그림 8.7 1을 시작 정점으로 한 BFS 알고리즘의 프로세스

위상 정렬

위상 정렬 알고리즘은 주로 노드가 이전 노드에 조건적으로 종속돼 있는 (즉, 방향성 그래프) 시나리오에서 사용된다. 다시 말해서 현재 노드에 대한 그래프 순회는 앞에 연결된 모든 노드가 방문된 (처리된) 경우에만 일어난다. 이 알고리즘은 일반적으로 각 단계가 순서를 가지고 계획되는 업무에서 사용된다. 예를 들어 건물을 건축할 때 기초가 완성될 때까지는 기둥이 세워질 수 없고, 기둥에 세워지기 전에는 지붕을 만들 수 없다. 즉, 기초를 놓은 다음에 기둥을 세우고 그다음에 지붕을 놓는 것과 같다.

DAG는 위상 정렬 알고리즘의 기초를 형성한다. DAG에서 모든 노드는 방향성을 갖고 연결돼 순서가 있게 되고, 사이클이 없기 때문에 (이미 방문해 표시된) 선행 노드와 충돌하지 않는다. 따라서 DAG는 서로 연결된 노드 사이에 선형적인 순서를 가지므로 위상 정렬 알고리즘을 구현하기에 적합하다. 그림 8.8은 위상 정렬 알고리즘을 구현할 수 있는 DAG의 한 예를 보여준다. 이 그래프의 위상 정렬은 1, 2, 3, 4, 5, 6, 7, 8이다.

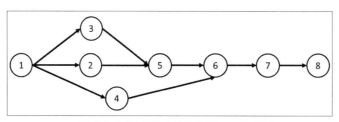

▲ 그림 8.8 위상 정렬을 수행할 수 있는 그래프의 예

위상 정렬 알고리즘은 DAG에 DFS와 BFS 알고리즘을 모두 적용해 수행될 수 있다. DFS 접근법을 사용할 경우, 한 노드를 방문하면 preVisit 함수를 사용하는 전처리를 수행하지 않으며, 반면에 재귀적 구현 시에 같은 노드를 다시 방문하게 되면 해당 노드는 postVisit 함수를 사용해 출력을 반환한다. 따라서 출력으로 반환된 노드의 순서는 역순이다. 앞의 DAG 예제에 DFS 알고리즘을 적용한 출력은 8, 7, 6, 4, 5, 2, 3, 1이다. 위상 정렬은 이 출력을 다시 반전시키며, 그 결과는 1, 3, 2, 5,

4, 6, 7, 8이 된다. 이것은 중위 탐색^{in-order search}이라고도 불린다. 중위 탐색[1]은 정렬된 결과를 출력한다.

다음 R 코드는 재귀적인 DFS 알고리즘을 사용해 위상 정렬을 구현한다. 입력은 Graph_ADT, n (그래프의 전체 노드 수), vertices (정점들의 벡터)이다.

```
# 위상 정렬을 수행하는 메인 함수
Topological_DFS_sort <- function(Graph_ADT, n, vertices)
{
  # 모든 노드를 0으로 초기화(미방문)
  verticesMarks <- list()
  for (i in 1:n)
  verticesMarks[[i]] <<- Graph_ADT$initMark(vertices[i], 0)

  # 반복적인 순회를 통해 모든 노드 처리
  for (i in 1:n)
    if (Graph_ADT$getMark(vertices[i]) == 0)
    topological_secondary(Graph_ADT, i)
}

# 메인 함수를 보조하는 재귀 함수
topological_secondary <- function(Graph_ADT, i)
{
  # 노드를 1로 표시(방문)
  verticesMarks[[i]] <<- Graph_ADT$initMark(vertices[i], 1)

  # 연결된 노드 전체에 순회를 수행
  v <- Graph_ADT$firstVertex(vertices[i])
  while (v %in% conVert(vertices[i])) {
    if (Graph_ADT$getMark(vertices[i] == 0))
    topological_secondary(vertices, v)
    v <- Graph_ADT$nextVertex(vertices[i], v)
  }
  return(v)
}
```

---

1 중위 탐색(in-order search)은 왼쪽 자식 노드 –> 루트 –> 오른쪽 자식 노드 순으로 탐색한다. 전위 탐색(pre-order search)은 루트 –> 왼쪽 자식 노드 –> 오른쪽 자식 노드 순으로 탐색한다. 후위 탐색(post-order search)은 왼쪽 자식 노드 –> 오른쪽 자식 노드 –> 루트 순으로 탐색한다. – 옮긴이

BFS 접근법의 경우, 위상 정렬은 큐를 사용해 구현된다. 여기서 노드는 자신의 인덱스 값(이전 절에서 설명)뿐만 아니라 각 노드의 전제 조건도 함께 고려돼 큐에 삽입된다. 널리 사용되는 전제 조건 중 하나는 각 노드의 진입 간선^{inward edge}의 수이다. 진입 간선의 수는 각 노드에 대한 제약사항을 결정한다. 각 노드마다 진입 간선의 수가 계산되면 그중에서 이 값이 0인 노드가 시작 노드로 간주되고, 미리 정해진 순서대로 (예를 들면 인덱스 값 기반) 큐에 배치된다. 그다음엔 각 노드가 큐에서 추출되고 그와 연결된 노드들이 큐에 푸시되는 큐 프로세스가 시작된다. 한 노드가 큐에서 추출되면 그와 직접 연결된 노드들의 진입 간선 수는 1씩 줄어든다. 그다음에 진입 간선 수가 0으로 줄어든 노드는 큐로 푸시된다. 노드가 큐에서 추출되는 순서는 위상 정렬의 출력을 결정한다. 가끔 모든 노드를 방문하지 않았는데도 큐가 비어 버리는 경우가 생길 수 있다.

이런 상황은 그래프에 사이클이 존재하거나 어떤 노드가 전제 조건을 위반할 때 발생한다. 앞의 예제에 BFS 알고리즘을 사용한 위상 정렬 출력은 1, 2, 3, 4, 5, 6, 7, 8이다.

다음 R 코드는 BFS를 사용한 위상 정렬을 구현한다. 입력은 Graph_ADT, n(그래프의 전체 노드 수), vertices(정점들의 벡터), queue(방문 순서에 따라 연결된 노드들을 추적하기 위한 큐)이다.

```
Topological_BFS_sort <- function(Graph_ADT, queue, n, vertices)
{
  # 각 노드의 진입 간선 수를 추적하기 위한 리스트 초기화
  countEdge <- list()

  # 각 노드의 진입 간선 수를 0으로 초기화
  for (i in vertices)
  countEdge[[i]] <- 0

  # 각 노드의 진입 간선 수 집계 및 할당
  for (i in vertices) {
    v <- Graph_ADT$firstVertex(vertices[i])
    while (v %in% conVert(vertices[i])) {
      countEdge[[v]] <- countEdge[[v]] + 1
      v <- Graph_ADT$nextVertex(vertices[[i]], v)
```

```
          }
      }

      # 진입 간선의 수가 0인 노드로 큐 시작
      for (i in vertices)
      if (countEdge[[i]] == 0)
      queue <- Graph_ADT$initQueue(i)

      # 큐를 통해 노드 처리
      while (length(queue) != 0) {
        v <- extQueue(queue)
        print(v)
        w <- Graph_ADT$firstVertex(v)
        while (w %in% conVert(vertices[v])) {
          # 진입 간선의 수 1씩 감소
          countEdge[[w]] <- countEdge[[w]] - 1
          if (countEdge[[w]] == 0)
          # 진입 간선 수가 0일 경우
          queue <- initQueue(w)
          w <- Graph_ADT$nextVertex(vertices[v], w)
        }
      }
}
```

최단 경로 문제

수많은 도로가 있는 도시의 P 지역에서 Q 지역까지 운전을 해야 한다고 가정해 보자. 도로망이 조밀하기 때문에 다양한 옵션을 통해 Q 지역으로 이동할 수 있지만 당신은 최단 경로를 알고 싶다. 그러나 최단 경로는 심한 교통 체증이 있을 수 있다. 그래서 여러분은 거리를 희생하는 대신 최소한의 이동 시간을 갖는 새로운 경로를 얻고 싶다. 제약 조건을 더해서, 모든 경로는 양방향 이동을 허용하지 않는다. 최단 경로는 다양한 제약 조건을 만족시키면서 가능한 최상의 경로를 제안해야 한다. 그래프에서 각 노드는 지역에 해당하고 간선은 연결된 도로에 해당한다고 할 수 있다. 간선의 가중치는 거리 또는 이동 시간에 비교될 수 있다. 또한, 그래프는 차선이 양방향 이동을 허용하는지에 따라 방향성 또는 무방향성일 수 있다. 그러므로 모든 제약 조건을 만족시키는 최단 경로를 추측하는 것은 쉽지 않다. 그림 8.9는 각각의 거리와 방향을 가진 도로망을 보여준다.

노드 A에서 F로 이동해야 한다고 가정해 보자. 여기서 A와 F를 연결하는 가능한 경로는 5개가 있다. 각 경로는 중간 수준의 노드 집합으로 (하나의 직접 연결은 제외) 구성돼 있으며, 이 노드들을 연결한 간선은 노드 A에서 F까지의 거리를 계산하는 데 사용된다. A-E-F 경로는 거리는 33이고, A-C-F 경로의 거리는 19이다. 또한, A-B-F의 거리는 26, A-B-D-F의 거리는 18, 직접 연결된 A-F의 거리는 25이다. 따라서 A에서 F까지의 최단 거리는 18이다. 이제 다음과 같은 흥미로운 점들이 드러난다.

- 모든 직접 연결이 최소 비용을 갖는 것은 아니다. 여기서 A에서 F까지의 최단 거리는 직접 연결이 아니다.
- 중간 노드의 수가 적은 경로가 낮은 비용을 갖는 것도 아니다. 여기서 최단 경로에 있는 중간 노드의 수는 최댓값(즉, 2)이다.
- C와 D처럼 직접 연결되지 않은 노드는 서로 무한의 거리를 갖는 것으로 가정한다.
- 모든 거리(또는 비용/가중치)는 양수값을 갖는 것으로 가정한다. 음수값은 방향성 그래프에서 반대 방향을 의미하며, 무방향성 그래프에서 0은 연결되지 않았음을 의미한다.

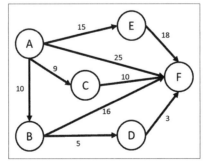

▲ 그림 8.9 6개의 노드가 (A에서 F로) 연결된 도로망의 예

단일 소스 최단 경로

이 절에서는 그래프 G에서 주어진 단일 소스(즉, 시작 정점 V)에 대해 가능한 모든 최단 경로를 분석하는 것을 다룬다. 최단 경로는 시작 정점 V와 그래프 내의 다른 모든 정점 사이에서 결정된다. 즉, 시작 정점 V에서 종료 정점 W 사이의 최단 거리 계산은 시작 정점 V에서 (최악의 경우) 다른 모든 중간 정점까지 가능한 모든 최단 경로를 찾는 것이 포함된다. 이것은 하나의 시작 소스에서 네트워크를 통해 다른 여러 소스로 데이터를 전송하는 컴퓨터 라우팅 네트워크에서 널리 사용된다. 데이터를 전송하는 데 걸리는 시간 또는 간선 네트워크 연결에 걸리는 시간이 그래프 네트워크의 비용 계수를 좌우한다.

앞에서 살펴본 것처럼, 그래프는 방향성과 간선의 가중치를 기준으로 분류할 수 있다. 무방향 무가중치(또는 동일 가중치) 그래프의 경우에는 BFS 알고리즘이 단일 소스 최단 경로를 추정하는 데 많이 사용된다. 간선의 가중치가 다르게 할당되는 경우에는 방향에 상관없이 단일 소스 최단 경로를 추정하는 다익스트라 알고리즘Dijkstra's algorithm을 주로 사용한다. 다익스트라 알고리즘의 주요 특징은 다음과 같다.

- 소스 정점과 다른 모든 정점 사이에서 가능한 최단 거리를 선택한다.
- 또한, 소스 정점에서 다른 모든 정점으로 가는 가능한 최단 경로에 대한 약도outline를 저장한다.

처음에 그래프의 각 정점에는 무한값이 부여된다. 이 값은 주어진 소스 정점으로부터의 거리를 나타낸다. 우선 소스 정점의 값은 0으로 설정되고, 그와 인접한 모든 이웃 정점은 실제 거리값으로 업데이트된다. 그다음에 최솟값을 갖는 정점이 추출돼 그 정점과 인접한 표시되지 않은 정점의 값이 업데이트된다. 이 프로세스는 모든 정점들이 추출되고 모든 값들이 처리될 때까지 계속된다. 마지막으로 알고리즘은 두 개의 주요 출력을 반환한다. 첫 번째 출력은 소스 정점 V에서 다른 정점까지의 가능한 최단 거리를 표시하며, 두 번째 출력은 각 정점과 그의 부모 정점 사이의 연결을 보여준다. 두 번째 출력은 주어진 소스 정점 V로부터 다른 정점으로의 최단 경로를 추정하기 위해 사용된다.

다익스트라 알고리즘 구현 시에 모든 정점과 그 거리 값은 처음에 우선순위 큐 priority queue에 저장된다. 우선순위 큐는 키-값 쌍을 삽입하고 (push 함수) 추출할 때 (extractMinVertex 함수) 사용된다. push 함수는 새로운 키-값 쌍을 우선순위 큐에 삽입하며, extractMinVertex 함수는 최솟값을 가진 키-값 쌍을 추출한다. 여기서 값은 소스 정점으로부터 키(정점)가 갖는 거리를 나타낸다. 정점은 순차적으로 추출되고, 처리되고, 두 개의 해시 맵에 저장된다. 첫 번째 해시 맵은 소스 정점으로부터의 최단 거리를 저장하고, 다른 해시 맵은 소스 정점으로부터 최단 경로를 추적하기 위한 부모 정점을 저장한다.

우선순위 큐 함수의 구현에는 R5 클래스를 사용했다. R 코드는 다음과 같다.

```
PriorityQueueInit <- setRefClass("PriorityQueueInit",
  fields = list(keys = "integer", values = "integer"),
  methods = list(
    push = function(key, value) {
      keys <<- append(keys, key)
      values <<- append(values, value)
    },
    extractMinVertex = function() {
      minPos <- which(values == min(values))
      key <- keys[[minPos]]
      value <- values[[minPos]]
      return(list(key = key, value = value))
    }
  )
)
```

다음 R 코드는 앞의 우선순위 큐 함수와 두 개의 해시 맵hashmap (R의 hashmap 패키지 이용)을 사용해 다익스트라 알고리즘을 구현한다. 이 함수에 대한 네 개의 입력은 Graph_ADT, 소스 정점인 sourceVertex, 정점들의 벡터인 vertices, 전체 정점의 수인 n이다.

```r
DijkstraShortestPath <- function(Graph_ADT, sourceVertex, vertices, n) {
  library(hashmap)   # 새 hashmap 인스턴스를 생성하기 위해

  # 새 우선순위 큐를 초기화
  priorityQueue <- PriorityQueueInit$new()

  # 소스 정점에서 모든 정점으로의 최단 거리를 저장하기 위한 해시맵 초기화
  distanceMap <- hashmap(keys = vertices, values = rep(0, n))

  # 소스 정점에서 모든 정점으로의 최단 경로를 추적하기 위해 필요한
  # 부모 정점을 저장할 또 다른 해시맵 초기화
  parentMap <- hashmap(keys = sourceVertex, values = "NULL")

  # 모든 정점의 값을 무한대로 초기화한 우선순위 큐
  for (i in vertices)
  priorityQueue$push(vertices[i], Inf)

  # 소스 정점의 거리를 0으로 설정
  priorityQueue$values[which(priorityQueue$keys == sourceVertex)] <- 0

  # 우선순위 큐로부터 모든 정점이 추출될 때까지 반복
  while (length(priorityQueue$keys) != 0) {
    # 우선순위 큐에서 최솟값을 가진 정점 추출
    headVertex <- priorityQueue$extractMinVertex()

    # headVertex의 키를 currentVertex에 할당
    currentVertex <- headVertex$key

    # currentVertex의 키와 그 값을 distanceMap에 추가
    distanceMap[[currentVertex]] <- headVertex$value

    # currentVertex에 직접 연결된 모든 정점 확인
    for (conVert in getConVertex(graph, currentvertex)) {
      # 해당 간선의 값
      edgeValue <- getEdgeValue(graph, currentvertex, conVert)

      # 우선순위 큐가 인접 연결 정점(conVert)을 포함하고 있는지 확인
      if (!priorityQueue$keys %in% conVert) {
        next
      }
```

```
# 인접 정점의 거리 추정
updDistance <- distanceMap[[currentVertex]] + edgeValue

# 우선순위 큐 내의 인접 정점의 값을 사용해 parentmap 업데이트
if (priorityQueue$values[which(priorityQueue$keys == conVert)]
> updDistance) {
  priorityQueue$values[which(priorityQueue$keys == conVert)]
  <- updDistance
  parentmap[[conVert]] <- currentVertex
}
    }
  }
}
```

최악의 경우 시나리오에서 우선순위 큐의 크기가 $|V|$, 삽입 및 추출 작업의 수는 $|E|$이기 때문에 이 구현의 시간 복잡도는 $\theta(|E| \, log(V))$이다. 하지만 이 구현의 메모리 요구 사항은 최악의 경우 시나리오에서 우선순위 큐와 거리 맵의 크기가 $|V|$이고 부모 맵의 크기가 $|E|$이기 때문에 $\theta(|E| + |V|)$가 된다.

그림 8.9를 가지고 다익스트라 알고리즘의 동작을 이해해 보자. 소스 정점 A는 값을 0으로, 나머지 정점은 무한대 값으로 초기화한다. 그러면 최솟값을 갖게 된 A를 추출해 그것과 연결된 모든 정점을 확인한다. 정점 B, C, E, F를 각각의 간선 거리값으로 업데이트한다. 그다음으로 나머지 정점 중에 최솟값을 갖는 정점 C를 추출한다. 이제 C에서 연결된 정점을 검색하면 F가 나온다. F의 현재값은 간선 (A, F) 기준으로 25이다. 하지만 C로부터 연결된 간선을 기준으로 A에서 F까지의 거리는 간선 (A, C)와 (C, F) 거리의 합인 19가 된다(25보다 작다). 따라서 F의 값을 19로 업데이트하고 C를 F의 부모 노드로 할당한다. 이제 업데이트된 정점의 값을 기준으로 표시되지 않은/방문하지 않은 정점 중 최소 거리인 것을 선택하고, 그 인접 정점을 계속 업데이트한다. 표 8.10은 모든 추출이 끝난 후 최종적으로 업데이트된 정점 값을 보여준다.

	A	B	C	D	E	F
초기화	0	∞	∞	∞	∞	∞
A 추출	0	10	9	∞	15	25
C 추출	0	10	9	∞	15	19
B 추출	0	10	9	15	15	19
D 추출	0	10	9	15	15	18
E 추출	0	10	9	15	15	18

▲ 표 8.10 다익스트라 알고리즘을 사용해 모든 추출이 완료된 후 업데이트된 정점 값

최소 비용 신장 트리

최소 신장 트리MST, Minimum Spanning Tree는 간선에 방향성이 있고 가중치(음수 아닌)
가 있는 그래프에서 동작한다. n개의 정점을 가진 그래프 G가 있다고 하자. 신장
트리는 모든 n개의 정점이 n-1개의 간선으로 서로 연결돼 있는 그래프 G의 서브
그래프이다. 따라서 서브 그래프에는 사이클이 있을 가능성이 없다. 만약 신장 트
리가 사이클을 갖는다면 가장 높은 비용을 갖는 간선 하나를 제거할 것을 추천한
다. 간선 가중치의 합이 최소인 신장트리를 MST라고 한다. 이것은 최소 길이의 전
력 케이블을 사용해 모든 가정을 연결하는 것과 같은 애플리케이션에 널리 사용된
다. 여기서 각 간선의 가중치는 케이블의 길이이고 정점은 도시의 주택이라고 할
수 있다. 최소 비용 신장 트리를 찾기 위해 사용하는 가장 일반적인 알고리즘은 프
림 알고리즘Prim's algorithm과 크루스칼 알고리즘Kruskal's algorithm이다. 그림 8.11은
무방향성 가중치 그래프에 대한 최소 비용 신장 트리를 보여준다.

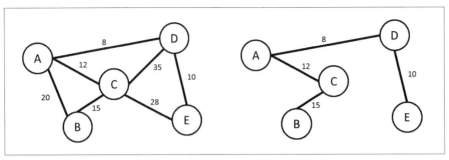

▲ 그림 8.11 무방향성 그래프(왼쪽)와 그것의 최소 비용 신장 트리(오른쪽)

프림 알고리즘

프림 알고리즘은 다익스트라 알고리즘과 비슷한 선상에서 동작하면서 그래프의 모든 정점을 연결하는 최소 비용 간선을 찾는다. 다익스트라 알고리즘의 경우 최소 비용 간선의 선택은 주로 소스 정점에 달려 있지만, 프림 알고리즘의 경우에는 소스 정점에 의존하지 않는다. 이제 프림 알고리즘의 동작 원리를 자세히 알아보자. 그래프 G는 n개의 정점이 있고 모든 간선은 양수의 비용으로 가중치가 돼 있다. 처음에 그래프에서 임의의 정점 V를 선택해 순회를 시작한다. 그다음에 그와 연결된 모든 간선을 탐색해 그중에 최소 비용인 간선을 선택한다. 그렇게 최소 비용을 기준으로 선택된 다음 정점이 W라고 하자. 그러면 이제 V-W와 연결된 모든 간선을 다시 탐색한 후 최소 비용의 간선을 선택한다. 그리고 새로 선택된 이 정점을 V-W에 추가한다. 이와 같은 방법으로 그래프의 모든 정점을 방문할 때까지 최소 비용 간선 탐색은 계속된다. 최종적으로 선택된 간선의 집합은 한 정점으로부터 다른 모든 정점을 순회할 수 있는 최소 신장 트리를 형성할 것이다. 각 단계에서 알고리즘은 표시된 특정 정점과 연결된 모든 간선을 비교해 최소 간선 비용을 가진 새 (표시되지 않은) 정점을 선택하려고 하기 때문에 프림 알고리즘은 탐욕적으로 작동한다고 할 수 있다.

알고리즘의 주요 목적은 최소 비용 간선을 선택하는 것이지만, 선택된 정점들이 최소 비용 신장 트리를 형성하는지에는 관심이 없다. 그래서 프림 알고리즘의 결과가 실제로 최소 비용 신장 트리인가에 대한 의문점이 생긴다. 이것에 대한 증명은 독자들이 연습문제로 해보길 바란다.

그림 8.11에 보이는 예제 그래프로 프림 알고리즘의 동작 원리를 이해해 보자. 정점 A로 알고리즘을 시작해 A와 연결된 모든 간선을 스캔한다. 간선 (A, D)의 비용이 8로서 최소이기 때문에 정점 D가 선택된다. 그러면 이제 간선 (A, D)가 MST로 할당되고 정점 A-D에 연결된 모든 간선을 스캔한다. 간선 (D, E)의 비용이 10으로 최소 비용이기

때문에 정점 E가 선택된다. 이제 간선 (D, E)가 MST로 할당되고 정점 A-D-E에 연결된 모든 간선을 스캔한다. 간선 (A, C)의 비용이 12로 최소이기 때문에 정점 C가 선택된다. 간선 (A, C)은 MST에 할당되고 정점 C-A-D-E에 연결된 모든 간선을 스캔한다. 간선 (C, B)가 최소 비용 15를 가지고 있기 때문에 정점 B가 선택된다. 그러면 간선 (C, B)가 MST로 할당된다. 따라서 최소 비용 신장 트리는 최소 비용 간선을 사용해 연결된 모든 정점이다.

프림 알고리즘과 다익스트라 알고리즘 구현 시의 주요 차이점은 추출을 통해 정점의 값이 업데이트되는 방식에 있다. 다익스트라 알고리즘에서 각 정점의 거리값은 현재 위치한 정점의 값과 그 정점에 연결돼 있는 간선의 값에 따라 업데이트된다. 그러나 프림 알고리즘에서 각 정점의 거리값은 오직 현재 정점과 연결된 간선값에만 좌우된다. 다익스트라 알고리즘은 각 정점이 소스 정점을 향한 근접성을 추구하는 반면에, 프림 알고리즘은 각 정점이 그래프 내의 모든 정점을 향한 근접성을 추구한다고 볼 수 있다.

다음 R 코드는 프림 알고리즘을 구현하며, 다익스트라 알고리즘과 같은 우선순위 큐를 사용한다.

```
primMST <- function(Graph_ADT, vertices, n)
{
  library(hashmap)    # 새 hashmap 인스턴스 생성을 위해
  # 우선순위 큐 초기화
  priorityQueue <- PriorityQueueInit$new()

  # 소스 정점에서 모든 정점으로의 최단 거리를 저장하기 위한 해시맵 초기화
  distanceMap <- hashmap(keys = vertices, values = rep(0, n))
```

```r
# 최종 MST 결과를 저장하기 위한 리스트 초기화
MSTResult <- list()

# 모든 정점의 값을 무한대로 초기화한 우선순위 큐
for (i in vertices)
priorityQueue$push(vertices[i], Inf)

# 무작위로 한 정점을 시작 정점으로 선택
startVertex <<- vertices[sample(1:n, 1)]

# 시작 정점의 거리를 0으로 설정
priorityQueue$values[which(priorityQueue$keys == startVertex)] <- 0

# 우선순위 큐로부터 모든 정점이 추출될 때까지 반복
while (length(priorityQueue$keys) != 0) {
  # 우선순위 큐에서 최솟값을 가진 정점 추출
  headVertex <- priorityQueue$extractMinVertex()

  # headVertex의 키를 currentVertex에 할당
  currentVertex <- headVertex$key

  # currentVertex의 키와 그 값을 distanceMap에 추가
  distanceMap[[currentVertex]] <- headVertex$value

  # currentVertex에 직접 연결된 모든 정점 확인
  for (conVert in getConVertex(graph, currentvertex)) {
    # 해당 간선의 값
    edgeValue <- getEdgeValue(graph, currentvertex, conVert)

    # 우선순위 큐가 인접 연결 정점(conVert)을 포함하고 있는지 확인
    if (!priorityQueue$keys %in% conVert) {
      next
    }

    # 간선값으로 거리를 업데이트
    updDistance <- edgeValue

    # 우선순위 큐에 있는 인접 정점의 값이 업데이트된 거리와 비교
    if (priorityQueue$values[which(priorityQueue$keys == conVert)]
    > updDistance) {
```

```
        priorityQueue$values[which(priorityQueue$keys == conVert)]
        <- updDistance
        MSTResult[[currentVertex]] <- conVert
      }
    }
  }
}
```

크루스칼 알고리즘

프림 알고리즘과 동일하게 크루스칼 알고리즘도 MST를 생성하기 위해 간선값을 기준으로 간선을 탐욕적으로 선택하는 알고리즘이다. '처음에 |V|와 같은 수로 모든 정점을 나눈다. 따라서 각 집합은 하나의 정점으로 구성돼 있다. 그다음에 최소 비용인 간선을 선택하고, 해당 간선의 출발 정점과 도착 정점에 대응하는 두 집합을 하나의 집합으로 결합한다. 그리고 그 간선을 MST에 추가한다. 모든 정점이 하나의 집합으로 결합될 때까지 최소 비용 간선을 선택하는 작업을 계속한다. 출발 정점과 도착 정점에 대응하지 않는 두 개의 집합을 결합할 때는 우선 출발 정점과 도착 정점을 포함한 집합을 찾고, 그에 따라서 두 집합을 결합한다. 특정 간선에 대해 출발 정점과 도착 종점이 모두 같은 집합에 속한 경우에는 이 간선을 무시하고 계속 진행한다.

그림 8.11에 있는 그래프를 통해 크루스칼 알고리즘을 이해해 보자. 처음에 5개의 정점을 5개의 서로 다른 집합으로 분할한다. 그다음에 모든 간선 중에 최소 가중치를 가진 (A, D)를 선택한다. A와 D는 서로 다른 집합이기 때문에 하나의 집합으로 결합하고 간선 (A, D)를 MST에 추가한다. 그다음에 두 번째로 최소 가중치를 가진 간선 (D, E)를 선택한다. D와 E는 서로 다른 집합이므로 하나의 집합으로 결합하고 간선 (D, E)는 MST에 추가한다. 그다음에 세 번째 최소 가중치를 가진 간선 (A, C)를 선택한다. A와 C는 서로 다른 집합이므로 하나의 집합으로 결합하고 간선 (A, C)는 MST에 추가한다. 그다음으로 네 번째 최소 가중치를 가진 간선 (C, B)를 선택한다. C와 B는 서로 다른 집합이므로 하나의 집합으로 결합하고 간선 (C, B)는 MST에 추가한다. 따라서 모든 정점이 하나의 집합에 존재하게 되

고 선택된 간선들은 MST를 형성한다. 그림 8.12는 그림 8.11에 있는 그래프에 대한 크루스칼 알고리즘의 동작을 단계별로 보여준다.

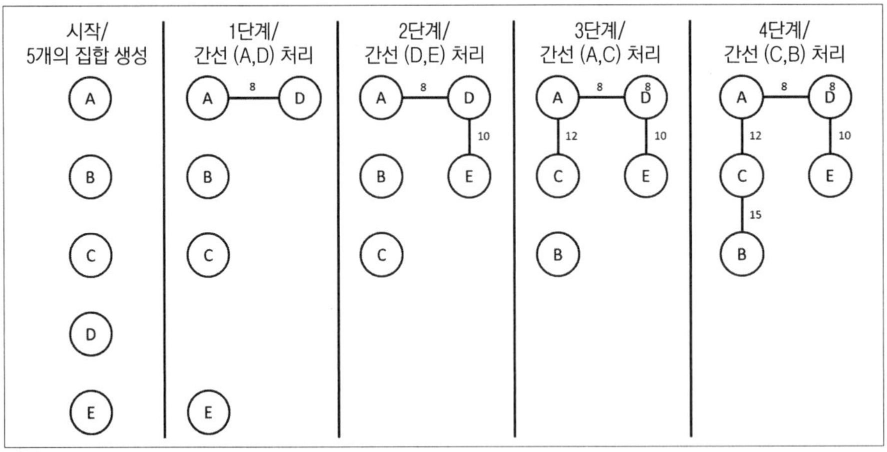

▲ 그림 8.12 예제 그래프에 대한 크루스칼 알고리즘 도식화

간선은 우선순위 큐 참조 클래스^{kruskalArray}를 사용해 간선 가중치의 순서대로 처리된다. 이때 간선 가중치를 미리 정렬시킬 필요가 없기 때문에 시스템 런타임을 줄일 수 있다. kruskalArray 참조 클래스에서 출발 및 도착 정점을 갖는 간선은 push 함수를 통해 추가되며, 최소 가중치를 갖는 간선은 extractMinEdge 함수를 통해 추출된다. 일단 간선이 추출되면 배열에서 제거된다. R5 클래스를 사용해 구현된 kruskalArray 참조 클래스는 다음과 같다.

```
kruskalArray <- setRefClass("kruskalArray",
  fields = list(
  fromVertex = "numeric",
  toVertex = "numeric",
  weight = "numeric"
  ),
  methods = list(
    # 간선과 함께 새 출발 정점과 도착 정점을 삽입
    push = function(f, t, w) {
      fromVertex <<- append(fromVertex, f)
      toVertex <<- append(toVertex, t)
      weight <<- append(weight, w)
```

```
    },
    # 최소 간선값을 갖는 출발 정점과 도착 정점을 추출
    # 또한, 배열에서 출발 정점, 도착 정점, 간선값을 제거
    extractMinEdge = function() {
      minPos <- which(weight == min(weight))
      from <- fromVertex[[minPos]]
      to <- toVertex[[minPos]]
      fromVertex <<- fromVertex[[-minPos]]
      toVertex <<- toVertex[[-minPos]]
      weight <<- weight[[-minPos]]
      return(list(from = from, to = to))
    }
  )
)
```

disjoinSetPointer 함수를 사용해 union, differ, find 연산을 수행한다. 서로
다른 두 정점 집합은 union 연산을 통해 결합되고, differ 연산은 두 집합이 공
통 원소를 갖지 않는지 확인할 때 사용된다. 정점을 하나 이상 가지고 있는 집
합의 경우 한 정점이 그 집합에 속하는지 확인하기 위해 find 연산을 사용한다.
disjoinSetPointer 함수는 R5 클래스를 사용해 다음과 같이 구현했다.

```
disjoinSetPointer <- setRefClass("disjoinSetPointer",
  fields = list(
    vertex = "vector",
    set1 = "vector",
    set2 = "vector",
    currentVertex = "integer"
  ),
  methods = list(
    # 두 집합을 결합
    union = function(set1, set2) {
      return(c(set1, set2))
    },

    # 두 집합이 공통 원소를 갖지 않는지 확인
    # 공통 원소가 없으면 TRUE 반환
    differ = function(set1, set2) {
      if (sum(set1 %in% set1) == 0) {
        return(TRUE)
      } else
```

```
          (return(FALSE))
    },

    # 정점이 집합에 속해 있는지 확인
    # currentVertex의 루트 반환
    # ROOT 함수는 벡터의 루트 반환
    find = function(currentVertex) {
      return(ROOT(vertex[currentvertex]))
    }
  )
)
```

다음 R 코드는 앞의 두 참조 클래스를 사용해 크루스칼 알고리즘을 구현한 것이다. 입력은 Graph_ADT, 전체 정점의 수인 n, 전체 간선의 수인 e 이다.

```
kruskalMST <- function(Graph_ADT, n, e)
{
  # disjoinSetPointer와 kruskalArray 참조 클래스 초기화
  vertexArray <- disjoinSetPointer$new()
  edgeArray <- kruskalArray$new()

  # 최종 MST 결과를 저장할 리스트 초기화
  MSTResult <- list()

  # edgeArray 모든 간선 추가
  for (i in 1:n) {
    j <- firstVertex(i)
    while (i <= n) {
      edgeArray$push(i, j, Graph_ADT$weightEdge(i, j))
    }
  }

  # n개의 집합 생성
  numMST <- n

  # 간선 가중치를 기준으로 집합을 반복적으로 결합한다.
  # 간선은 최솟값을 가진 것부터 추출된다.
  for (i in 1:e) {
    while (numMST >= 1) {
      # 최소 간선값을 가진 출발 정점과 도착 정점
      temp <- edgeArray$extractMinEdge()
```

```
        fromVertex <- temp$from
        toVertex <- temp$to

        # 두 정점이 서로 다른 집합인지 확인
        if (vertexArray$differ(fromvertex, toVertex)) {
            # 서로 다른 집합이면 하나의 집합으로 결합
            vertexArray$union(fromvertex, toVertex)
            # 이 간선을 MST에 추가
            MSTResult[[i]] <- c(fromVertex, toVertex)
            # 집합의 수를 1 감소시킨다.
            numMST <- numMST - 1
        }
    }
  }
  return(MSTResult)
}
```

최악의 경우 시나리오에서 시스템 런타임을 기준으로 한 크루스칼 알고리즘의 점근선은 최소 비용 신장 트리를 생성하기 위해 모든 간선을 처리해야 하기 때문에 $\theta(|E| \log|E|)$이다. 하지만 최솟값 간선을 추출하는 총 수가 (앞의 예제에서 본 것처럼) 정점의 수와 대등한 경우가 많다. 그래서 일반적으로 평균 및 최선의 경우 시나리오에서 관찰되는 알고리즘의 시스템 런타임 점근선은 $\theta(|V| \log|E|)$가 된다.

연습문제

1. 다음 그래프에 대한 인접 행렬과 인접 리스트를 작성하라.

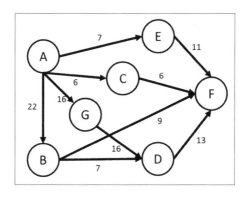

2. 앞의 그래프에 대해 DFS와 BFS 트리를 생성하라.

3. 다음 가설을 증명하라 : n개의 노드가 있는 무방향성 비사이클 그래프는 $n-1$개 이하의 간선을 갖는다.

4. 앞의 그래프에서 프림 알고리즘과 크루스칼 알고리즘을 사용해 최소 비용 신장 트리를 찾아라. 이 둘의 최소 비용 신장 트리는 같은가? 그렇지 않다면 어떤 상황이 서로 다른 최소 비용 신장 트리를 갖게 하는가?

5. 앞의 그래프 정점 B에서 시작해 다익스트라 알고리즘을 사용한 단일 소스 최단 경로를 얻을 수 있는가? 위 연습문제 4에서 얻은 간선들이 다익스트라 알고리즘을 사용해 얻은 간선과 겹치는가? 만약 그렇다면 겹치는 이유를 설명하라.

요약

8장에서는 그래프의 기초와 함께 용어 및 표현에 대해 소개했다. 또한, DFS와 BFS를 사용한 그래프에서의 탐색 기법을 다뤘다. 또한, 8장에서는 방향에 관계없이 단일 소스 최단 경로를 추정하는 데 사용하는 다익스트라 알고리즘을 다뤘다. 그리고 MST의 개념을 소개하고 방향성 가중치 그래프에서 MST를 추출하는 프림 알고리즘과 크루스칼 알고리즘을 다뤘다. 다음 장인 9장에서는 정적 알고리즘을 확장한 무작위 알고리즘을 알아보고 프로그래밍의 기초에 대해서도 소개할 것이다.

9

프로그래밍과
무작위 알고리즘

이전 장들에서 몇 가지 기본적인 데이터 구조와 알고리즘을 다뤘다. 9장에서는 정적 알고리즘(결정론적 알고리즘) 개념을 무작위 알고리즘random algorithm으로 확장한다. 결정론적 알고리즘은 입력 크기의 다항식을 사용하지만, 무작위 알고리즘은 무작위 소스를 입력으로 사용하고 자체적으로 선택한다. 9장에서는 라스베거스 및 몬테카를로 무작위 알고리즘과 그 사례를 소개할 것이다. 또한, 스킵 리스트 skip list와 그 확장 버전인 무작위 스킵 리스트를 소개한다. 무작위 스킵 리스트는 무작위 추출randomization 개념을 사용해 평균의 경우 시나리오에서 시스템 런타임을 줄이는 데 사용된다. 9장은 집중적인 작업의 시스템 런타임을 줄이기 위해 사용할 수 있는 프로그래밍의 기초부터 시작할 것이다. 그리고 동적 계획법dynamic programming과 방향성 비사이클 그래프DAG를 다룰 것이다. 9장에서 다룰 주제는 다음과 같다.

- 동적 계획법
  - 배낭 문제
  - 모든 쌍 최단 경로
- 무작위 알고리즘
  - 큰 값을 찾기 위한 무작위 알고리즘
  - 스킵 리스트

동적 계획법

동적 계획법은 복잡한 문제를 해결하기 위해 (문제를 하위 문제들로 나누어) 반복적인 수식을 사용하는 접근법이라고 정의할 수 있다. 문제의 서브 솔루션은 이전 상태의 서브 솔루션을 사용해 재구성된다. 동적 계획법 기반 접근법은 문제 해결에 다항식 복잡도polynomial complexity를 달성할 수 있으며, 전수 조사 알고리즘brute force algorithm과 같은 고전적인 접근법보다 훨씬 빠른 계산을 보장한다. 동적 계획법에 들어가기 전에, 동적 계획법을 구현하는 데 도움이 되는 DAG의 기초를 다시 짚어 보자. DAG는 방향성 비사이클 그래프이며, 모든 간선이 순차적으로 앞에서 뒤로 향하는 방향을 가지고 있다. DAG의 한 예를 그림 9.1에서 볼 수 있다.[1]

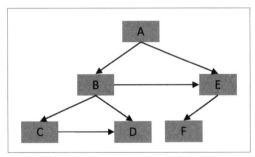

▲ 그림 9.1 DAG의 한 예

---

1 다항식 복잡도는 알고리즘의 시간 복잡도가 n의 다항식 이하가 되는 경우를 말한다. – 옮긴이

그림 9.1에서 정점이 도시를 나타내고 간선은 특정 도시에 도달하기 위해 따라가야 하는 경로를 나타낸다고 가정해보자. 목표는 루트 노드 A에서 노드 D까지 최단 경로를 결정하는 것이다. 그림 9.1은 다음과 같이 나타낼 수 있다.

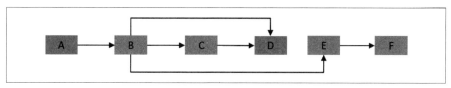

▲ 그림 9.2 그림 9.1의 다른 표현

$d(i, j)$는 정점 i에서 정점 j까지의 거리를 나타낸다. 그러므로 이 예에서 $d(A, B)$는 노드 A에서 B까지의 거리를 나타낸다. 또한, $mdist(k)$는 k 정점까지의 최단 거리를 나타낸다. 따라서 노드 A에서 D까지의 최소 거리는 다음과 같이 표현할 수 있다.

$Shortest\_Distance(A, D) = min\{ mdist(B) + d(B, D), mdist(D) + d(C, D)\}$

$mdist(k)$도 여러 개의 하위 문제들로 쪼갤 수 있다. DAG는 동적 계획법에 내재돼 있기 때문에 각 정점은 하위 문제의 역할을 하고 간선은 하위 문제들 사이의 의존 관계를 나타낸다. 동적 계획법의 접근법은 재귀와 매우 다르다. n번째 피보나치 수열을 계산하는 함수를 작성하는 예제를 살펴보자. 피보나치 수열은 {1, 1, 2, 3, 5, 8, ... }처럼 모든 수가 앞의 두 수의 합인 정수로 된 시퀀스이다. n번째 피보나치 수를 추정하는 함수는 R에서 재귀를 사용해 다음과 같이 작성할 수 있다.

```
nfib <- function(n) {
  assertthat::assert_that(n > 0) & assertthat::assert_that(n < 50)
  if (n == 1 || n == 2) return(1)
  val <- nfib(n - 1) + nfib(n - 2)
  return(val)
}
```

재귀적 접근법이 n번째 피보나치 수를 계산하는 방법을 살펴보자. 그림 9.3은 앞의 재귀 함수 $nfib$가 어떻게 6번째 피보나치 수를 추정하는지 보여준다.

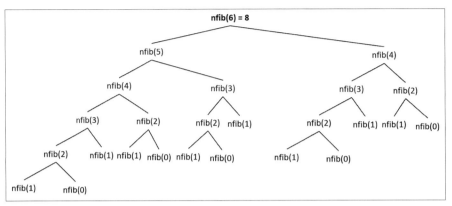

▲ 그림 9.3 6번째 피보나치 수를 계산하기 위해 nfib 함수가 호출되는 수

그림 9.3을 통해 재귀적 접근법은 낮은 값을 여러 번 계산하므로 알고리즘이 최적이 아님을 알 수 있다. 그림 9.4에 보이는 것처럼 반복적인 계산으로 인해 계산 시간은 기하급수적으로 늘어난다.

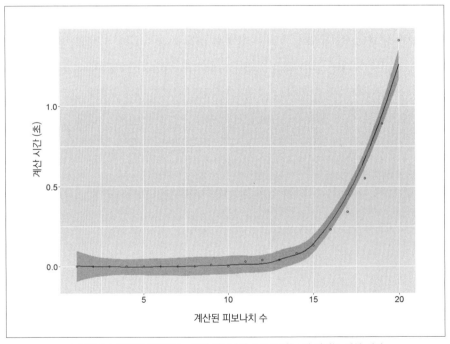

▲ 그림 9.4 재귀적 방법으로 n번째 피보나치 수를 구하는 데 걸리는 계산 시간

n번째 피보나치 수를 계산하는 다른 접근법은 DAG를 기초로 결정될 수 있다. 피보나치 DAG는 그림 9.5와 같이 나타낼 수 있다.

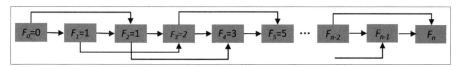

▲ 그림 9.5 피보나치 수열을 생성하기 위한 DAG 표현

그림 9.5는 n번째 피보나치 수가 마지막 두 개의 지연 값에 달려 있다는 것을 보여준다. 그러므로 다음의 R 코드와 같이 마지막 두 값을 저장함으로써 계산을 선형적으로 만들 수 있다.

```
nfib_DP <- function(n) {
  assertthat::assert_that(n > 0) & assertthat::assert_that(n < 50)
  if (n <= 2) return(1)
  lag2_val <- 0
  lag1_val <- 1
  nfibval <- 1
  for (i in 3:n) {
    lag2_val <- lag1_val
    lag1_val <- nfibval
    nfibval <- lag2_val + lag1_val
  }
  return(nfibval)
}
```

이 접근법은 복잡한 계산 문제를 해결하기 위해 문제를 여러 개의 하위 문제로 분할할 수 있을 때 매우 강력하다. 다음 절에서는 많은 변형을 가진 배낭 문제와 동적 계획법을 사용해 이 문제를 해결하는 방법에 대해 논의한다.

배낭 문제

배낭 문제knapsack problem는 배낭의 용량 제약 조건을 넘지 않은 상태에서 이익을 최대화할 수 있게 주어진 항목들을 선택하는 조합 최적화 문제combinatorial optimization problem이다. 가능한 항목과 배낭의 수에 따라서 다양한 유형의 배낭 문제가 있다. 0-1 배낭 문제는 각 항목을 한 번만 선택할 수 있다. 제한된 배낭 문제는 각 항목의 선택에 제약 조건이 있다. 다중 선택 배낭 문제는 여러 개의 배낭이 있고 항목도 다양한 집합에서 선택할 수 있다. 그리고 다중 제약 배낭 문제는 배낭의 크기와 무게에 제약이 있는 것과 같이 제약 조건을 하나 이상 가지고 있다.

여기서는 0-1 배낭 문제를 논의하고 동적 계획법을 사용한 솔루션을 제시할 것이다. 예를 들어 가용한 총 저장 용량 W에 n개의 데이터 파일을 저장하는 예제를 살펴보자. F는 저장된 파일의 집합이라고 가정한다.

$F = \{f_1, f_2, \dots, f_n\}$

S는 i번째 파일이 필요로 하는 저장 공간의 집합이다.

$S = \{s_1, s_2, \dots, s_n\}$

그리고 C는 파일을 얻기 위해 필요한 시스템 연산으로 $C = \{c_1, c_2, \dots, c_n\}$으로 표시한다. 목표는 저장 용량 S의 낭비를 최소화하게 파일을 선택하고, 파일 중 디스크에 저장되지 않은 파일을 재계산하는 데 필요한 시간을 최소화하기 위해 저장된 파일에 대한 컴퓨팅 시간을 최대화하는 것이다. 파일의 일부분만 저장될 수 없으므로 이것은 0-1 배낭 문제이다.

이 문제는 수학적으로 다음과 같이 표현할 수 있다.

$$maximize \sum\nolimits_{i \in F(*)} c_i$$
$$subject\ to \sum\nolimits_{i \in F(*)} s_i \leq W$$

앞에서 말한 문제는 동적 계획법을 사용해 풀 수 있다. 이 알고리즘은 테이블에 하위 문제에 대한 솔루션을 저장해 최적의 솔루션을 탐색하는 동안 반복적으로 재사용할 수 있다. 하지만 이는 하위 문제들의 결과를 저장할 추가적인 공간이 필요하다. 동적 계획법을 사용한 구현은 다음과 같다.

```
knapsack_DP <- function(W, S, C, n) {
  require(pracma)
  K <- zeros(n + 1, W + 1)
  for (i in 1:(n + 1)) {
```

```
    for (j in 1:(W + 1)) {
      if (i == 1 | j == 1) {
        K[i, j] = 0
      } else if (S[i - 1] <= j) {
        K[i, j] = max(C[i-1] + K[i-1, (j - S[i-1])], K[i-1, j])
      } else {
        K[i, j] = K[i - 1, j]
      }
    }
  }
  return(K[n + 1, W + 1])
}
```

이 문제는 파일과 필요한 저장 공간을 2차원에서 계산하는 솔루션을 찾도록 요구한다. 매트릭스 K는 주어진 제약 조건 하에서 목표를 만족시킬 수 있는 중간 결과들을 저장한다.

모든 쌍 최단 경로

모든 쌍 최단 경로APSP, all-pairs shortest path 문제는 모든 정점 쌍 사이의 최단 경로를 찾는 데 중점을 둔다. 방향성 그래프 $G(V, E)$가 있다고 가정해 보자. 만약 노드 u와 v가 연결돼 있으면 $(u, v) \in E$ 일 때 거리는 $d(u, v)$이다. 예를 들어 그림 9.6에서 $d(A, B) = 8$이다.

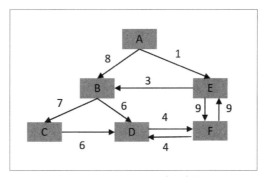

▲ 그림 9.6 방향성 그래프(DAG)의 예

APSP 알고리즘은 한 노드에서 다른 노드에 도달하는 최단 거리를 결정한다. 예를 들어 A에서 B까지의 최단 경로는 거리가 4인 A → E → B이다. 그래프 G에서 $d(u, v)$는 다음과 같이 정의할 수 있다.

$$d(u,v) = \begin{cases} 0 \text{ if } u = v \\ dist(u,v) \text{ if } u \neq v \text{ and } (u,v) \in E \\ \infty \text{ else} \end{cases}$$

APSP 문제를 해결하기 위한 한 가지 접근법은 플로이드 워셜 알고리즘Floyd-Warshall algorithm을 사용하는 것이다. 이 알고리즘은 동적 계획법을 사용한다. 이 접근법은 두 정점 u와 v를 연결하는 경로는 그들 사이에서 경로를 정의하는 0개 이상의 정점을 가질 수 있다는 관찰에 기반한 것이다. 플로이드 워셜 알고리즘을 R로 구현한 것은 다음과 같다.

```r
# 플로이드 워셜 알고리즘의 구현
floydWarshall <- function(graph) {
  nodes <- names(graph)
  dist <- graph
  for (n in nodes) {
    for (ni in nodes) {
      for (nj in nodes) {
        if ((dist[[ni]][n] + dist[[n]][nj]) < dist[[ni]][nj]) {
          dist[[ni]][nj] <- dist[[ni]][n] + dist[[n]][nj]
        }
      }
    }
  }
  return(dist)
}
```

이 구현은 처음에 모든 중간 정점을 허용하지 않고 시작한다. 따라서 초기 솔루션은 단순히 graph를 dist 리스트에 할당한 초기 거리 행렬이다. 알고리즘은 그다음에 각 단계에서 추가적인 중간 정점을 도입해 거리를 계산하고, 그것을 이전 단계에서 얻은 최선의 추정치와 비교해 최단 경로를 선택하는 프로세스를 진행한다.

이 접근법은 문제를 하위 문제들로 쪼갠다. 정점 k를 지나는 정점 u, v 사이의 최단 거리 $d(u, v)$는 최단 거리 $d(u, k)$와 $d(k, v)$의 합이다. 플로이드 워셜 구현은 $O(n^3)$의 시스템 런타임을 필요로 한다. 표 9.1에 보이는 그래프에 대한 APSP 문제의 출력은 다음 예제 코드를 사용해 확인할 수 있다.

```
# 그래프 구조 정의
graph <- list()
graph[["A"]]=c("A"=0, "B"=8, "C"=Inf, "D"=Inf, "E"=1, "F"=Inf)
graph[["B"]]=c("A"=Inf, "B"=0, "C"=7, "D"=6, "E"=Inf, "F"=Inf)
graph[["C"]]=c("A"=Inf, "B"=Inf, "C"=0, "D"=6, "E"=Inf, "F"=Inf)
graph[["D"]]=c("A"=Inf, "B"=Inf, "C"=Inf, "D"=0, "E"=Inf, "F"=4)
graph[["E"]]=c("A"=Inf, "B"=3, "C"=Inf, "D"=Inf, "E"=0, "F"=9)
graph[["F"]]=c("A"=Inf, "B"=3, "C"=Inf, "D"=4, "E"=9, "F"=0)
APSP_Dist <- floydWarshall(graph)    # APSP 출력 결과 얻기
```

graph는 R의 리스트로 저장되고 노드 이름을 사용해 호출할 수 있다. 마찬가지로, 결과도 리스트 객체로 반환된다. 플로이드 워셜 알고리즘으로부터의 결과는 표 9.1과 같다.

	A	B	C	D	E	F
A	0	4	11	10	1	10
B	Inf	0	7	6	19	10
C	Inf	13	0	6	19	10
D	Infg	7	14	0	13	4
E	Inf	3	10	9	0	9
F	Inf	3	10	4	9	0

▲ 표 9.1 노드 간 최단 거리를 표시한 플로이드 워셜 알고리즘의 출력

이 테이블에서 Inf는 두 노드 사이에 직접 또는 간접적인 연결이 없음을 나타낸다.

무작위 알고리즘

계산 작업의 비용이 매우 비싼 시나리오에서는 무작위성을 도입하면 정확성을 희생하는 대신 계산 작업을 줄일 수 있다. 알고리즘은 그림 9.7과 같이 두 가지로 분류할 수 있다.

- 결정론적 알고리즘
- 무작위 알고리즘

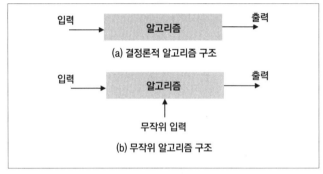

▲ 그림 9.7 알고리즘 구조의 두 가지 유형

결정론적 알고리즘은 문제를 정확하게 해결하며, 시스템 런타임은 입력 크기의 다항식 복잡도를 필요로 한다. 반면에 무작위 알고리즘은 입력 소스도 무작위이고 실행하는 동안 자체적으로 선택한다.

큰 값을 찾기 위한 무작위 알고리즘

정렬되지 않은 리스트에서 최댓값을 찾는 계산 비용은 $O(n)$이다. 결정론적 알고리즘은 최댓값을 결정하기 위해 $O(n)$의 시스템 런타임을 필요로 한다. 하지만 시간이 매우 중요한 시나리오에서 n이 매우 크다면 실제 값을 찾는 대신에 실제 값에 가까운 솔루션을 결정하는 근사 알고리즘approximation algorithm이 사용된다. 무작위 알고리즘은 목적에 따라 다음과 같이 분류될 수 있다.

- **라스베거스 알고리즘**: 라스베거스 알고리즘은 어떤 확률로 실패한다. 그래서 타당한 결과를 얻을 때까지 알고리즘을 계속할 수는 있지만 시간이 무한대로 걸릴 수도 있다. 따라서 라스베거스 알고리즘은 일반적으로 정해진 시간 내에 나온 타당한 결과를 사용한다(알고리즘이 실패하면 오류가 발생한다). 5장에서 다뤘던 퀵 정렬이 라스베거스 알고리즘의 한 예이다.

- **몬테카를로 알고리즘**: 몬테카를로 알고리즘은 알고리즘이 실패할 때를 테스트 할 수 없다. 하지만 반복 횟수를 늘리고 예상되는 결과를 취함으로써 실패 확률을 줄일 수 있다.

 일반적으로 라스베거스 알고리즘이 선호된다. 하지만 실패 확률과 데이터 자체에 포함돼 있는 불확실성을 낮춰야 하는 경우와 같이 몬테카를로 알고리즘이 유용한 시나리오도 있을 수 있다. 예를 들어 샘플 데이터를 사용해 도시의 평균 높이를 추정하려고 한다. 샘플을 사용해 평균을 추정하고 기대값과 관련 변동성 계수를 얻기 위해서는 몬테카를로 알고리즘을 실행해야 한다. 샘플이 모집단을 제대로 대표하지 못할 경우 잘못된 답을 얻을 가능성은 언제나 있지만 모집단 데이터셋이 없으면 그것조차 알아낼 수가 없다.

무작위 알고리즘의 비용은 예상 범위expected bound와 높은 확률 범위high probability bound를 기준으로 한다. 예상 범위는 모든 무작위 선택을 사용해 얻은 평균 결과로 구성되며, 반면에 높은 확률 범위는 일반적으로 샘플 크기로 대표되는 정확도의 상한에 대한 정보를 제공한다. 크기가 n인 배열에서 가장 큰 값을 찾는 예를 생각해 보자. 확률적 알고리즘(무작위 알고리즘)은 n이 매우 큰 시나리오에서 매우 효과적이다. 이 접근법은 그림 9.8에 묘사한 것처럼 크기 n의 배열에서 m개의 개체를 무작위로 선택해 그중 최댓값을 결정한다.

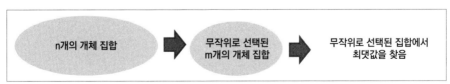

▲ 그림 9.8 최댓값 추정을 위한 무작위 알고리즘

m이 증가될수록 최댓값을 얻을 확률도 증가한다. n이 큰 수인 경우 $m \approx log_2(n)$을 사용하면 꽤 좋은 결과를 얻을 수 있다. 시뮬레이션을 사용해 $m \approx log_2(n)$인 경우의 성능을 추정해 보자. 예를 들어 $n=1,000,000$이라면 무작위 샘플링 수는 20이다. 전체 데이터를 20개의 블록으로 분할하면 에러율이 5%일 확률은 $1-\left(\frac{19}{20}\right)^{20} = 0.64$이다. 그리고 솔루션이 10%의 에러율로 사분위 중 첫 두 개에 있을 확률은 0.87이다. 에러 분포를 얻기 위해 $n=10,000,000$이고 $m=24$로 해 몬테카를로 시뮬레이션을 10,000번 실행했다. 그 결과는 그림 9.9에서 볼 수 있다.

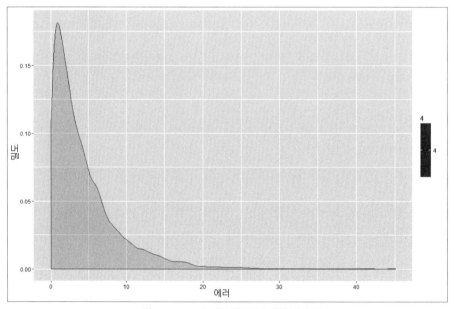

▲ 그림 9.9 log m 무작위 샘플링에 대한 에러 분포

n개의 숫자 중 절반보다 큰 숫자를 선택하는 것과 같은 다른 문제에 비슷한 접근법을 적용할 수 있다. 두 개의 숫자(n_1과 n_2) 중 큰 숫자를 선택했을 때 위쪽 절반에 속해 있을 확률은 다음과 같은 네 가지 상황이 있으므로 3/4가 된다.

● n_1과 n_2 모두 위쪽 절반에 속한 경우

● n_1과 n_2 모두 아래쪽 절반에 속한 경우

- n_1은 위쪽 절반에, n_2는 아래쪽 절반에 속한 경우

- n_1은 아래쪽 절반에, n_2는 위쪽 절반에 속한 경우

샘플링 수가 증가하면 정확도가 더 향상되기 때문에 올바른 솔루션을 얻을 가능성은 $1-\frac{1}{2^k}$으로 나타낼 수 있다. 여기서 k는 n으로부터 선택한 샘플 수이다.

스킵 리스트

스킵 리스트는 빌 퓨$^{Bill\ Pugh}$에 의해 1990년에 개발된 확률론적 데이터 구조이다. 이것은 링크드 리스트와 배열에서의 검색 제약사항을 해결하기 위해 개발됐다. 스킵 리스트는 불균형이 되기 쉬운 이진 검색 트리 및 이와 유사한 트리 기반 데이터 구조에 대한 대안을 제공한다. 8장에서 설명한 2-3 트리는 삽입과 삭제 작업에서 균형 유지를 보장하지만 구현하기 복잡하다. 스킵 리스트는 트리 기반 데이터 구조보다 구현하기 쉽다. 그러나 최적의 성능을 보장하지는 않는다. 평균의 경우 시나리오에서 검색 및 업데이트 시간이 $O(log\ n)$이 되도록 하기 위해 무작위 추출을 사용해 항목을 정렬하기 때문이다. 여기서 n은 딕셔너리의 항목 수이다. 스킵 리스트에서 평균 작업 시간은 키 및 입력값의 분포와 상관이 없다. 대신에 삽입 등의 작업시에 선택되는 무작위 시드^{seed} 값에 좌우된다. 이는 구현 복잡성과 알고리즘 성능 간 타협의 좋은 예이다.

스킵 리스트는 정렬된 링크드 리스트의 확장판이라고 할 수 있다. 정렬된 링크드 리스트는 노드들이 순서대로 배열된 링크드 리스트라고 정의할 수 있다. 정렬된 링크드 리스트의 한 예를 그림 9.10에서 볼 수 있다.

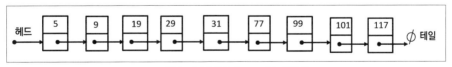

▲ 그림 9.10 정렬된 링크드 리스트의 예

정렬된 링크드 리스트에서 삽입 또는 검색 작업은 리스트를 스캔하는데 평균의 경우 $O(n)$의 런타임을 필요로 한다. 스킵 리스트는 노드 건너뛰기를 허용하는 정렬된 링크드 리스트의 확장판이다. 스킵 리스트의 예를 그림 9.11에서 볼 수 있다.

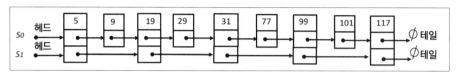

▲ 그림 9.11 1차 스킵 리스트의 예

그림 9.11은 정렬된 리스트의 모든 각 노드를 연결한 S_0 링크와 하나씩 건너뛰며 노드를 연결한 S_1 링크가 있는 1차 스킵 리스트의 예를 보여준다. 스킵 리스트의 노드는 다음 R 코드와 같이 표현할 수 있다.

```
skListNode <- function(val, height = 1) {
  # 새로운 환경을 생성하는 함수
  create_emptyenv = function() {
    emptyenv()
  }
  # 스킵 리스트의 노드 생성
  skiplist <- new.env(parent = create_emptyenv())
  skiplist$element <- val
  skiplist$nextnode <- rep(list(NULL), height)
  class(skiplist) <- "skiplist"
  skiplist
}
```

skipListNode 함수의 nextnode는 스킵 리스트의 차수에 따라 가변 길이가 될 수 있다. 스킵 리스트는 n차일 수 있으며, 2차 스킵 리스트의 예를 그림 9.11(b)에서 볼 수 있다.

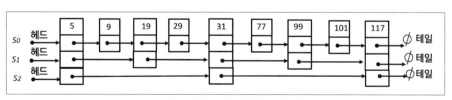

▲ 그림 9.11(b) 2차 스킵 리스트의 예

스킵 리스트에서 높은 차수는 더 큰 점프를 허용하며, 이는 검색, 삽입 및 삭제 작업의 실행 시간을 줄이는 데 도움이 된다. 스킵 리스트 내의 값 101에 대한 검색 작업의 예를 그림 9.12에서 볼 수 있다.

▲ 그림 9.12 스킵 리스트에서의 검색 예제

점선은 스킵 리스트에서 값 101을 검색하는 동안 따라가는 경로를 보여준다.

스킵 리스트에서 값을 검색하는 코드는 다음과 같다.

```
# 스킵 리스트에서 값을 찾는 함수
findvalue <- function(skiplist, searchkey) {
  for (i in level:1) {
    skiplist <- skiplist$nextnode[[i]]    # 헤드 값
    while (!is.null(node) && node$element > searchkey) {
      skiplist <- skiplist$nextnode[[i]]
    }
    skiplist = skiplist$nextnode[0]
    if (!is.null(skiplist) && searchkey == skiplist$element) {
      return(skiplist$element)    # 개체 반환
    } else {
      return(NULL)     # 개체 없음
    }
  }
}
```

스킵 리스트는 nextnode에 환경의 배열로 저장된다. 그림 9.12에 보이는 예제의 경우 검색 작업은 최상위 레벨인 S_2에서 시작된다. while 루프는 종료되기 전까지 헤드에서 31로 그리고 117로 계속 이동한다. 그다음에 검색 작업은 S1 레벨로 내려가 $31 \rightarrow 99 \rightarrow 117$의 경로로 이동한다. 노드 117에서 while 루프는 다시 종료되고, 포인터는 노드 99를 가리키고 있고, 레벨은 S_0로 조정된다. 검색은 117을 향해 다시 전진하며 searchkey 와 비교하고 101에서 멈춘다.

앞의 스킵 리스트 예제는 S_0층이 n개의 노드를 연결하고, S_1은 1/2개의 노드를 연결하며, S_k는 $\frac{1}{2^k}$개의 노드를 연결하고 있기 때문에 이상적인 스킵 리스트라고 할 수 있다. 거리가 균등한 간격이고 완벽히 균형잡힌 스킵 리스트이다. 하지만 삽입 및 삭제 작업 시에 이 균형을 유지하기 위해서는 그에 따라 모든 연결을 업데이트 해야 하기 때문에 비용이 많이 든다. 이 이슈를 해결하기 위해 무작위 수준으로 할당된 노드를 갖는 무작위 스킵 리스트가 만들어졌다..

데이터셋 D에 대해 높이가 h이고 $\{S_0, S_1, \dots, S_h\}$의 링크로 구성된 무작위 스킵 리스트 S를 가정해 보자. S_i는 정렬된 순서로 헤드에서 시작해서 테일로 끝나는 D의 일부 항목 집합을 매핑하고 있다. 또한, S는 다음 특성을 만족해야 한다.

- S_0는 정렬된 순서로 데이터셋의 모든 노드를 연결하고 있어야 한다.
- $i = 1, \dots, h-1$에 대해 리스트 S_i는 D로부터 무작위로 선택된 노드로 구성돼 있다. 선택은 S_1 레벨에서는 50%의 선택 확률, S_2는 25%의 선택 확률과 같은 식으로 기하 분포geometric distribution를 사용해 수행된다. 기하 분포는 R의 stat 라이브러리 중 rgeom(n, prob) 함수를 사용해 시뮬레이션할 수 있다.

무작위 스킵 리스트의 예를 그림 9.13에서 볼 수 있다.

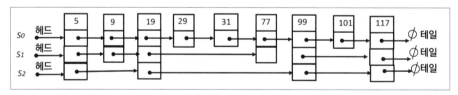

▲ 그림 9.13 무작위 스킵 리스트의 예

검색 알고리즘은 무작위 스킵 리스트에 그대로 적용된다. 노드 삽입 작업도 역시 새 노드의 높이를 결정하기 위해 무작위 추출이 사용된다. 검색 작업은 노드가 삽입될 위치를 결정하는 데 사용될 수 있다. 검색 전략은 삽입 위치를 결정하기 위해 사용하는 앞의 findvalue 함수와 유사하다. 연결은 무작위 높이에서 역방향 및 순방향 스캔을 기반으로 업데이트된다. 삽입 작업의 예는 그림 9.14에서 볼 수 있다.

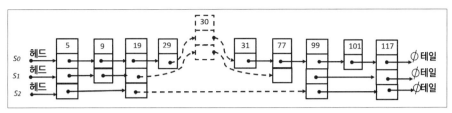

▲ 그림 9.14 높이 2를 가진 무작위 스킵 리스트에 값 30인 노드를 삽입하는 예.
점선은 이미 존재하는 스킵 리스트에 삽입되는 새로운 연결을 보여준다

무작위 높이는 임의의 값이 선택되지 않도록 하기 위해 최댓값으로 조정된다. 고정된 높이는 $h = max(l0, 2log\ n)$처럼 n의 함수나 최댓값 제약 조건을 갖는 다른 분포를 통해 정한다. 삭제 알고리즘은 삽입과 유사한 구조를 따르며, 값이 제거되면 각 높이에서 삭제된 노드 다음 노드와 연결하면 되기 때문에 구현이 매우 쉽다. 삭제의 예는 그림 9.15에서 볼 수 있다.

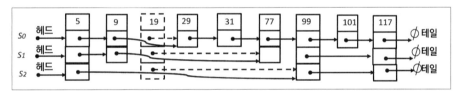

▲ 그림 9.15 무작위 스킵 리스트에서 노드 19를 삭제하는 예.
점선은 제거되는 연결을 나타내고 곡선은 가장 가까운 노드에 연결된다

스킵 리스트의 확률론적 분석

스킵 리스트는 구현하기 매우 쉽다. 하지만 스킵 리스트는 삽입 시 특정 최대 높이 이상을 넘지 않도록 막지 않은 시나리오에서는 무한 루프에 빠질 수 있으므로 최선의 데이터 구조가 아닐 수 있다. 높이가 h이고 n개의 항목을 가진 스킵 리스트를 생각해 보자. 삽입, 삭제, 검색 작업에 대한 최악의 경우 시나리오는 $O(n+h)$이다. 스킵 리스트에 대한 최악의 경우 시나리오는 이 책에서 논의된 다른 구현들보다 상당히 열악하다. 하지만 작업이 무작위화되기 때문에 아주 과대평가된다. 따라서 삽입, 삭제, 검색 작업에 대한 시스템 런타임을 더 잘 추정하기 위해서는 확률이 필요하다.

한 항목이 높이 k에 도달할 확률은 $k > 1$일 때 $\frac{1}{2^k}$이다. 항목이 n개일 경우, n개의 항목이 높이 k에 도달할 확률 Pk는 $\frac{n}{2^k}$이다. 스킵 리스트의 높이 h가 k보다 클 확률은 k 번째 레벨이 최소한 한 개의 위치를 가질 확률과 같고 P_k보다 크지 않다. 즉, 확률적으로 h는 $3log\, n$ 보다 크며, 다음과 같이 나타낼 수 있다.

$$P_{3\log n} \leq \frac{n}{2^{3\log n}} = \frac{n}{n^3}$$

앞의 방정식은 상수 c에 대해 다음과 같이 일반화시킬 수 있다.

$$P_{c\log n} \leq \frac{n}{2^{c\log n}} = \frac{n}{n^c} = \frac{1}{n^{c-1}}$$

10,000개의 항목이 있는 스킵 리스트에서 확률은 1억분의 1이다. 따라서 매우 높은 확률로 스킵 리스트의 높이는 $O(log\, n)$이다. 마찬가지로 스킵 리스트의 어떤 높이에서 스캔하는 데 걸리는 시간은 $O(1)$이며, 스킵 리스트가 $O(log\, n)$의 레벨을 갖고 있을 확률이 높기 때문에 검색은 $O(log\, n)$의 시스템 런타임이 예상된다.

앞에서 본 것처럼, 위치 k에 예상되는 항목 수는 $\frac{n}{2^k}$이며, 이것은 n개의 항목을 가진 스킵 리스트가 필요로 하는 저장 공간을 추정하는 데 사용할 수 있다.

$$\sum_{k=1}^{h} \frac{n}{2^k} = n\sum_{k=1}^{h} \frac{1}{2^k}$$

앞의 방정식은 기하학적 합계를 통해 줄일 수 있다.

$$\sum_{k}^{h} = 1\frac{1}{2^k} = \frac{\left(\frac{1}{2}\right)^{h+1} - 1}{\frac{1}{2} - 1} = 2\left(1 - \frac{1}{2^{h+1}}\right) < 2 \; for \; all \; n \geq 0$$

따라서 예산되는 공간 요구 사항은 $O(n)$이다.

연습문제

1. 고전적인 문제 중 하나는 힌두교 사원에서 영감을 얻은 하노이 타워이다. 다음 그림과 같이 3개의 기둥과 64개의 디스크가 제공되며, 각 디스크는 아래에 있는 디스크보다 작다.

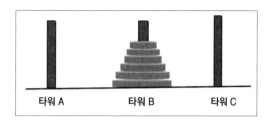

○ 두 가지 제약 조건 하에서 64개의 디스크 모두를 하나의 기둥에서 다른 기둥으로 옮겨야 한다. 한 번에 한 디스크만 옮길 수 있으며, 작은 디스크 위에 큰 것을 놓을 수 없다. 하노이 타워 문제를 해결하기 위해 동적 계획법 기반 접근법을 작성하라.

2. 두 입력 문자열의 편집 거리^{edit distance}를 구하는 함수를 구현하라. 편집 거리는 삽입, 삭제, 치환으로 정의된다. 함수는 하나의 거리를 다른 거리로 수정하기 위해 요구되는 최소 편집 거리를 결정해야 한다.

3. 길이가 n인 줄이 있다. 이 줄을 l[0], l[1], ..., l[m]까지 m개로 잘라야 하는데 각 부분의 곱이 최댓값이 되려면 어떻게 줄을 잘라야 하는지 결정하는 함수를 작성하라. 줄의 각 부분 길이는 최소 1 이상이어야 하고 정수의 길이로만 자를 수 있다.

4. 다음 그래프에 대한 모든 쌍 최단 거리 행렬을 작성하라.

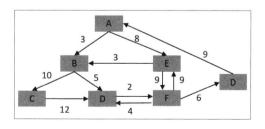

5. 한 반에 m명의 학생이 있다. 30 문제인 시험을 치뤘다. 감독관은 무작위로 8개의 질문을 선택해 채점으로 그것으로 등급을 나눈다. 등급은 A나 D 중 하나이다. 50% 이상 정답이면 A에 할당되며, 그렇지 않으면 D에 할당된다. D 대신에 A를 받는 사람에 대해 예상되는 에러를 결정하기 위한 몬테카를로 시뮬레이션을 설정하라.

6. 스킵 리스트에서 노드를 삭제하는 함수를 작성하라.

7. 범위 $[1, m]$의 숫자가 포함된 스킵 리스트를 만드는 함수를 작성하라. 여기서 m은 상수가 아니다. 그리고 e1.key=q가 개체 e2(e2.key=p)에 대한 포인터가 되도록 개체 e1을 찾는 쿼리를 작성하라. k가 개체 e1과 e2 사이의 거리일 때 $p<q$ 이면 예상 시간은 $O(log\ k)$ 이다.

요약

9장은 프로그래밍의 기초와 무작위 알고리즘에 집중했다. 동적 계획법의 개념을 세웠으며, 동적 계획법과 재귀적 반복의 차이를 알아보았다. 또한, DAG가 동적 계획법에서 어떻게 사용되는지 살펴보았다. 배낭 문제의 두 가지 유명한 예제와 두 가지 APSP를 9장에서 다뤘으며, 동적 계획법을 사용해 그 문제들에 대한 솔루션을 제시했다. 무작위 추출을 사용해 최댓값을 결정할 때 적용하는 무작위 알고리즘을 소개했다. 또한, 스킵 리스트와 그 확장 버전인 무작위 스킵 리스트를 소개했다. 스킵 리스트에 대한 확률적 분석을 주요 작업 및 데이터 저장에 대해 다뤘다. 다음 10장에서는 함수형 프로그래밍 개념을 소개할 것이다. 함수형 프로그래밍은 출력이 항상 입력에 기반해 결정되도록 런타임 중에 상태를 제거함으로써 깔끔하고 분명한 코드를 작성하는 기능을 제공한다.

10
함수형 데이터 구조

데이터 구조는 알고리즘의 핵심 요소이다. 힙, 큐, 스택, 트리, 해시 테이블은 프로그래밍 언어에서 널리 사용되는 데이터 구조의 여러 형태이다. 그 중 일부는 트리나 해시 테이블과 같이 주로 검색에 사용되고, 힙, 큐, 스택과 같은 나머지는 삽입및 삭제 등의 업데이트를 위해 사용된다. 10장에서는 평범한 데이터 구조에서 함수형 데이터 구조로 확장하기 위한 기초를 수립할 것이다. 10장에서 배울 개념은다음과 같다.

- 함수형 데이터 구조
- 지연된 평가lazy evaluation
- 함수형 큐
- 함수형 스택

함수형 데이터 구조

함수형 데이터 구조는 주로 함수형 프로그래밍 언어에서 구현되는 데이터 구조의 특별한 형태이다. R은 함수의 생성 및 처리를 위한 도구를 제공함으로써 함수형 프로그래밍을 지원한다. 예를 들어 R은 함수를 변수에 할당하고 그것을 함수 내에서 인수로 전달하는 것을 지원한다. R은 동적으로 함수를 생성하고 함수의 결과로서 그것을 반환하는 클로저 함수^{closure function}를 지원한다. 예를 들어 함수를 인수로 취하는 함수는 다음과 같다.

```
arg_function <- function(g) g(seq(1, 100, by=1))
```

arg_function 함수는 mean이나 sd 같은 함수를 인수로 취하며, 그 코드 예제는 다음과 같다.

```
> arg_function(mean)
[1] 50.5
> arg_function(sd)
[1] 29.01149
```

함수형 데이터 구조는 지속성 데이터 구조라고도 한다. 함수형 데이터 구조에 대해 수행된 모든 작업은 업데이트된 작업과 함께 데이터 구조의 새로운 복사본을 생성한다는 의미에서 불변이기 때문이다. 함수형 데이터 구조의 원본은 항상 그대로 유지된다. 함수형 데이터 구조는 전통적인 데이터 구조와는 다른 특성을 가지고 있다. 함수형 데이터 구조는 구현시에 매우 유연하며 불변성^{immutability}과 지속성^{persistency}을 지원한다. 또한, 스레드 안정성^{thread-safe}도 지원한다. 이는 멀티스레드 환경에서 데이터 구조를 처리할 때 안정적인 실행을 보장한다.

다음은 불변성이 주는 이점들이다.

- 데이터 은닉 및 데이터 공유를 지원한다. 데이터 은닉은 데이터(함수 내에서 동적으로 생성됨)의 유출 가능성을 방지하고, 데이터 공유는 함수 내에서 필요에 따른 데이터의 자동 공유를 지원한다(포인터 기반).

- 함수형 데이터 구조는 변형을 지원하지 않기 때문에 외부 동기화를 할 필요가 없다. 그러나 통제된 변형을 통한 수정(추가 또는 삭제)을 일부 지원한다.
- 포인터가 장거리 연결되는 것을 방지한다.

다음은 지속성이 주는 이점들이다.

- 파괴적인 업데이트 대신에 데이터 구조에 대한 건설적인 업데이트를 통해 변형이 일어나도록 한다. 수정은 이전 버전은 그대로 유지하고 전체 데이터 구조가 복제되는 것으로 통합된다.
- 단순한 복사가 아닌 이전 버전의 공유와 같은 메모리 효율적인 방식의 복제를 지원한다.

다음은 스레드 안정성이 주는 이점들이다.

- 데이터 변형에 대한 걱정 없이 동시성 프로그래밍을 지원한다.
- 새로운 객체를 생성하는 동안, 변형은 포인터가 가리키는 스레드 내에서만 수행되며, 원본 데이터는 그대로 유지된다(불변).
- 공유 포인터를 사용하는 스레드 안전 참조 카운팅을 지원하고, 로그 프리^{log-free}로 최적화되기 때문에 메모리 효율적이다.

지연된 평가

함수형 프로그래밍 언어에서 사용되는 함수형 데이터 구조는 지연된 평가를 지원한다. 함수의 인수는 계산 결과가 함수 내에서 더 사용될 경우에만 평가된다. 더 나아가 인수가 평가되고 나면 계산 결과는 캐시^{cache}로 저장되고, 다시 필요한 경우 재계산을 하는 대신에 저장된 결과를 재사용한다. 이런 유형의 캐싱(메모이제이션 memoization이라고도 한다)은 주어진 인수(또는 부분 표현식)가 언제 평가되는지 결정하기 쉽지 않기 때문에 알고리즘의 점근적 복잡도를 추정하기 아주 어렵게 만든다.

지연된 평가는 함수형 데이터 구조를 구현할 때 핵심적인 역할을 한다. 지연된 평가가 포함된 알고리즘의 점근적 성능을 분석하는 것은 매우 어렵다. 하지만 다음 프레임워크는 지연된 평가가 포함된 알고리즘의 점근적 성능을 계산하기 위한 기초를 제공한다. 우선, 작업의 비용은 다음과 같이 분류된다.

- **비공유 비용**^{Unshared cost}: 작업의 실제 실행 시간으로 정의된다. 작업을 실행하기 전에 이 작업과 관련돼 연기된 모든 작업이 강제되고 메모된다.

- **공유 비용**^{Shared cost}: 현재 실행 중인 작업의 성능을 평가하기 위해 이전에 제외되었던 모든 연기된 작업의 실행 시간으로 정의된다. 공유 비용은 실현 비용과 미실현 비용으로 더 나눌 수 있다. 실현 비용은 전체 연산 중에 실행되는 연기된 작업의 런타임을 평가하는 반면, 미실현 비용은 전체 연산 중에 전혀 실행되지 않는 연기된 작업의 런타임을 평가한다.

- **전체 비용**^{Complete cost}: 지연된 평가를 사용해 구현된 작업의 실제 실행 시간으로 정의된다. 이것은 미실현 비용을 제외한 공유 비용과 비공유 비용의 합이다. 전체 연산 중에 실행되는 지연된 작업이 없으면 전체 비용의 최솟값은 비공유 비용과 같다.

- **상각 비용**^{Amortized cost}: 누적 채무의 개념을 사용해 계산된 전체 연산의 공유 비용으로 정의된다. 처음에 누적 채무는 0으로 설정되고, 지연이 발생할 때마다 누적된다. 그다음에 각 작업은 시작될 때 채무 상환을 한다. 채무가 완전히 상환되면 작업에 대한 지연이 강제되고 메모될 수 있다. 여기서 작업의 상각 비용은 작업의 비공유 비용과 각 작업에 의해 지불된 채무의 합이다.

따라서 작업 연기는 누적된 채무가 완전히 상환될 때만 강제되고 메모이제이션이 될 수 있다. 누적 비용의 총계가 실현된 공유 비용으로 제한되기 때문에 상각 비용은 실제 총 비용을 넘어설 수 없다.

함수형 스택

스택은 선입후출^{FILO, First In Last Out} 형식의 데이터 구조로, 삽입과 삭제는 일반적으로 스택의 최상단^{top}에서 발생한다. 이 형식은 깊이 우선 탐색^{DFS}에서 널리 사용된다. 이상적인 시나리오에서 삽입, 삭제 및 검색 작업은 매우 적은 시간이 요구되며, 일반적으로 최악의 경우 시나리오에 대해서 $O(1)$의 점근선을 갖는다. 따라서 최악의 경우 시나리오에서 n개의 개체 삽입 또는 삭제는 $O(n)$의 점근선을 가지며, 각 작업의 평균 점근선은 $O(1)$이다.

이제 R에서 완전 지속성 스택^{fully-persistent stack}의 구현에 대해 알아보자. 완전 지속성 스택 데이터 구조의 구현은 션 오닐^{Shawn T. O'Neil}이 제공한 rstackdeque 패키지를 사용하면 된다.

이 패키지에서 스택은 정렬되지 않은 링크드 리스트를 사용해 구현되며, 각 노드(리스트)는 데이터 개체와 다음 노드에 대한 참조로 구성돼 있다. 이 스택은 S3 객체로 스택의 헤드 노드를 통해 액세스 가능하다.

5개의 문자 개체를 가진 스택이 있다.

```
a <- as.rstack(c("p", "q", "r","s","t"))
```

일반적인 push 함수와 비슷하게 insert_top은 새 개체가 최상단에 추가된 스택을 반환하는 데 사용된다. 여기서 새로운 스택을 생성하는 대신에, 그림 10.1에 보이는 것처럼 스택 b의 헤드는 o 개체를 가리키고, o 개체는 차례로 스택 a를 가리킨다.

```
b <- insert_top(a, c("o"))
```

스택에서 최상단 개체를 삭제(pop)하는 경우에는 without_top 함수가 사용된다. insert_top과 마찬가지로 기본 스택이 파괴적으로 업데이트되는 것이 아니라 스택 c의 포인터는 그림 10.1에 보이는 것처럼 한 개체 오른쪽으로 이동한 위치를 가리킨다.

```
c <- without_top(a)
```

`peek_top` 함수는 스택의 최상단에 있는 데이터 개체를 반환할 때 사용된다.

d <- peek_top(a)

그림 10.1은 R에서 완전 지속성 스택의 구현을 도식화한 것이다.

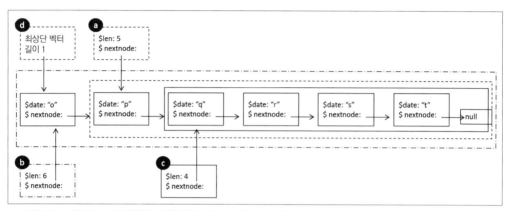

▲ 그림 10.1 삽입 또는 삭제 작업에 대한 완전 지속성 스택의 동작. (a) 5개의 문자를 가진 스택을 나타낸다. 각 문자는 다른 문자와 링크드 리스트로 연결돼 있다. (b) 스택 a의 최상단에 새 개체 "o"를 추가한 후의 스택. (c) 스택 a에서 최상단 개체를 삭제한 후의 스택. (d) 스택 b의 최상단 개체를 가진 문자 벡터

함수형 큐

큐는 선입선출FIFO, First In First Out 형태의 데이터 구조로 삽입된 순서와 같은 순서 대로 삭제가 발생한다. 큐를 구현하는 한 가지 방법은 후단(큐의 최상단)에서 개체를 삽입하고 반대편 끝인 전단(큐의 최하단)에서 개체를 삭제하는 것이다. 일부 큐는 양쪽 끝 모두에서 삽입과 삭제를 지원한다. 이를 덱deque 또는 양방향 큐double-ended queue라고 부른다. 큐와 덱은 너비 우선 탐색BFS 알고리즘에서 사용된다. 스택과 마찬가지로 이상적인 삽입, 삭제 및 검색 작업은 최악의 경우 시나리오에 대해 $O(1)$의 접근선으로 매우 적은 시간을 필요로 한다. 따라서 최악의 경우 시나리오에서 n개의 삽입 또는 삭제는 $O(n)$의 접근선을 가지며, 각 작업의 평균 접근선은 $O(1)$이다.

이제 rstackdeque 패키지를 사용해 빠른 완전 지속성, 느린 지속성 큐와 덱을 구현해보자.

302

빠른 완전 지속성 큐

빠른 완전 지속성 큐^{fast fully-persistent queue}는 주로 재귀적으로 정의된 작업과 지연된 평가에 의해 관리된다. 즉, 이 큐의 첫 번째 개체는 즉시 액세스할 수 있고, 나머지 개체는 시언 시간을 갖고 평가되는 지연 리스트^{lazy list}를 사용해 구현된다. 개체는 오직 액세스될 때만 평가되기 때문에 이것은 대규모의 리스트를 반복적으로 처리하는 경우에 유용하다.

빠른 지속성 큐를 구현하는 R 함수는 rpqueue이다. 이것은 l, r, lhat이란 세 개의 리스트로 구성돼 있다. 여기서 개체는 큐의 후단에서 삽입되고, 큐의 전단에서 삭제된다. 즉, 새 개체의 삽입은 r 리스트의 최상단에서 일어나고, 기존 개체의 삭제는 l 리스트의 전단에서 일어난다. 이 지연 리스트는 rstacks으로 구현되며, 모든 노드의 nextnode는 delayedAssign 함수를 통해 할당된다. 이것들은 첫 번째 평가 후에 캐시에 저장된다.

일반적으로 큐는 l 스택의 길이를 최소한 r 스택의 길이와 동일하게 유지하려고 한다. 그러나 삽입이나 삭제 작업 동안에는 같은 길이를 유지할 수 없게 된다. 삽입 작업으로 인해 r 스택의 길이는 증가하고, 삭제 작업으로 인해 l 스택의 길이는 감소한다. 이 작업들이 끝난 후 r 스택의 마지막 개체 집합을 l 스택에 추가함으로써 l 스택과 r 스택은 다시 조정된다. 이러한 재조정은 l 스택과 r 스택 내에서 발생하는 삽입 또는 삭제에 따라 $O(1)$의 점근선을 필요로 한다. 재조정에 따라 lhat에 l 스택의 데이터가 할당된다. 그리고 나서 차후의 각 삽입 또는 삭제 작업에 따라 lhat의 개체는 하나씩 제거된다. lhat이 비게 되면 l 스택과 r 스택의 길이가 평가되고 개체들은 재조정돼 다시 작업의 반복 시간이 지연된다.

예제를 사용해 완전 지속성 큐의 동작을 알아보자. 길이가 4인 지속성 큐가 있다.

```
a <- as.rpqueue(c("p","q","r","s"))
```

왼쪽 스택 l에는 p, q, r 개체가 할당되고, 오른쪽 스택 r에는 s 개체가 할당되며, lhat 스택에는 q와 r이 할당된다. 다음 그림 10.2는 삽입과 삭제 작업에 따른 지속성 큐의 동작을 보여준다. 삽입 작업은 insert_back 함수를 사용해 수행되며,

삭제 작업은 `without_front` 함수를 통해 수행된다.

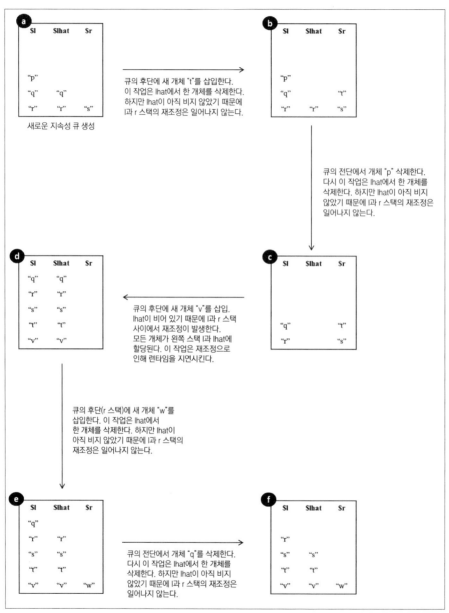

▲ 그림 10.2 삽입 또는 삭제 작업에 따른 완전 지속성 큐의 동작. (a) 새로운 지속성 큐. (b) 큐 a의 후단에 새 개체 "t"를 삽입한 후의 큐. (c) 큐 b에서 전단에 있는 개체를 삭제한 후의 큐. (d) 큐 c의 후단에 새 개체 "v"를 삽입한 후의 큐. (e) 큐 d의 후단에 새 개체 "w"를 삽입한 후의 큐. (f) 큐 e에서 전단에 있는 개체를 삭제한 후의 큐

다음은 앞의 그림에서 사용한 R 코드이다.

```
b <- insert_back(a, "t")     # 새 개체 "t" 삽입
c <- without_front(b)        # b에서 전단 개체 삭제
d <- insert_back(c,"v")      # 새 개체 "v" 삽입
e <- insert_back(d,"w")      # 새 개체 "w" 삽입
f <- without_front(e)        # e에서 전단 개체 삭제
```

느린 지속성 큐와 양방향 큐

큐는 왼쪽 스택과 오른쪽 스택, 두 개의 스택으로 구현된다. 왼쪽 스택은 삭제 작업에 사용되는 큐의 첫 번째 개체 집합을 가지고 있으며, 오른쪽 스택은 삽입 작업에 사용되는 큐의 마지막 개체 집합을 가지고 있다. 다른 한편, 왼쪽 스택 역시 삽입 작업에 사용될 수 있으며, 오른쪽 스택도 삭제 작업에 사용될 수 있다. 오른쪽 스택은 그림 10.3에 보이는 것처럼 개체를 역순으로 가지고 있다.

7 개의 문자를 개체로 가진 큐가 있다.

```
a <- as.rdeque(c("p", "q", "r","s","t","u","v"))
```

큐는 그림 10.3과 10.4에 보이는 것처럼 왼쪽 큐와 오른쪽 큐로 나눠진다. insert_front 또는 insert_back 함수를 통해 개체는 전단 또는 후단에 각각 삽입된다.

```
b <- insert_front(a, c("o"))
c <- insert_back(a, c("w"))
```

마찬가지로 개체는 without_front 또는 without_back 함수를 통해 큐의 전단 또는 후단에서 삭제될 수 있다.

```
d <- without_front(a)
e <- without_back(a)
```

다음 그림 10.3과 10.4는 R에서 느린 지속성 큐의 구현을 설명한다.

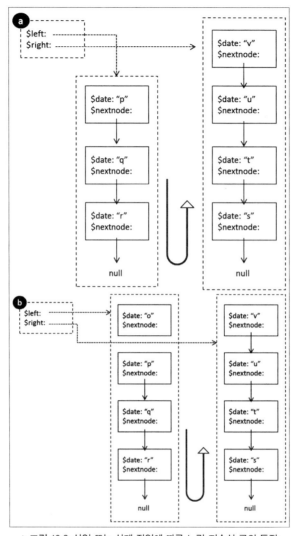

▲ 그림 10.3 삽입 또는 삭제 작업에 따른 느린 지속성 큐의 동작.
(a) 왼쪽 스택과 오른쪽 스택으로 구성된 큐. (b) 큐 a의 전단에 새 개체 "o"를 삽입한 후의 큐

그림 10.3은 느린 지속성 큐가 처음 7개의 문자 개체를 어떻게 저장하는지 보여준다(a). 큐의 왼쪽은 a$l 명령을 통해 확인할 수 있으며, 마찬가지로 큐의 오른쪽은 a$r 명령을 통해 내용을 확인할 수 있다. (b)는 `insert_front` 함수를 통해 개체 "o"가 추가되었을 때 함수형 큐가 어떻게 업데이트되는지 보여준다.

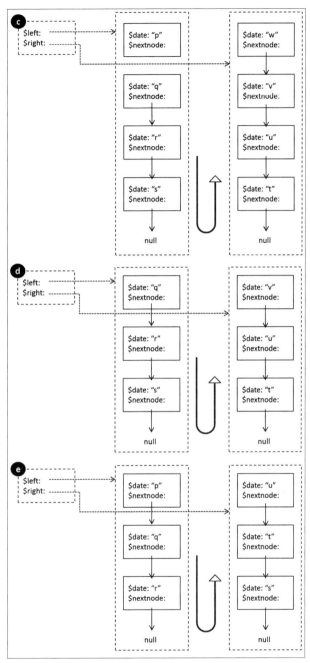

▲ 그림 10.4 (c) 큐 a의 후단에 새 개체 "w"를 삽입한 후의 큐.
(d) 큐 a에서 전단 개체를 삭제한 후의 큐. (e) 큐 a에서 마지막 개체를 삭제한 후의 큐

이 구현에서는 그림 10.4에 보이는 것처럼 모든 삽입 또는 삭제 작업 후에 균형을 유지하는 양방향 큐를 사용했다. 만약 왼쪽과 오른쪽 모두 매우 불균형하게 되면 먼저 둘 다 하나의 리스트로 분해된 다음에 다시 균형이 맞는 두 개의 스택으로 재구성된다.

요약

함수형 프로그래밍은 학문적인 목적 외에도 항공우주, 통신, 로보틱스와 같은 산업 분야에서 폭넓게 사용된다. 하스켈Haskell, 스칼라Scala, F#과 같은 순수한 함수형 언어가 이들 산업에서 유명해졌다. 불변성과 지속성은 투명성, 시뮬레이션, 효율성 관점에서 이 데이터 구조를 더욱 강력하게 만든다. 10장에서는 함수형 데이터 구조, 지연된 평가의 개념, 함수형 스택과 함수형 큐에 대한 자세한 분석을 다뤘다.

찾아보기

에이콘출판의 기틀을 마련하신 故 정완재 선생님 (1935-2004)

R 데이터 구조와 알고리즘

효율적인 데이터 구조와 알고리즘으로 애플리케이션의 속도와 성능을 높이자

발 행 | 2017년 7월 7일

지은이 | PKS 프라카시, 아슈튜니 스리 크리슈나 라오
옮긴이 | 김 우 현

펴낸이 | 권 성 준
편집장 | 황 영 주
편 집 | 나 수 지
디자인 | 박 주 란

에이콘출판주식회사
서울특별시 양천구 국회대로 287 (목동)
전화 02-2653-7600, 팩스 02-2653-0433
www.acornpub.co.kr / editor@acornpub.co.kr

한국어판 ⓒ 에이콘출판주식회사, 2017, Printed in Korea.
ISBN 979-11-6175-020-0
ISBN 978-89-6077-210-6 (세트)
http://www.acornpub.co.kr/book/R-structures-algorithms

이 도서의 국립중앙도서관 출판시도서목록(CIP)은 서지정보유통지원시스템 홈페이지(http://seoji.nl.go.kr)와
국가자료공동목록시스템(http://www.nl.go.kr/kolisnet)에서 이용하실 수 있습니다.(CIP제어번호: CIP2017015225)

책값은 뒤표지에 있습니다.